블록체인

BLOCK

디지털에 가치를 더하다

심준식 지음

CHAIN

블록체인은 곧 인터넷만큼이나 **우리 시대의 삶**을,
그리고 **우리의 미래를 변화**시키는,
시대를 구분하는 **신뢰의 기술**이 될 것이다.

한국금융연수원
KOREA BANKING INSTITUTE

발/간/사

대표적인 글로벌 투자금융회사인 골드만삭스가 자사의 정체성을 'technology company'라 재정의할 만큼 이제 디지털금융 기술은 국내외 금융기관들의 생존을 좌우할 수 있는 핵심분야가 되고 있습니다. 이러한 추세에 맞추어 국내 금융기관들은 디지털금융 기술을 기반으로 기존의 조직체계를 혁신하고 새로운 비즈니스 모델을 구축하고자 디지털 트랜스포메이션을 추진하고 있습니다.

이와 같이 급변하는 금융환경에 대처하고 디지털 트랜스포메이션을 추진 중인 금융기관들의 니즈에 적극 부응하기 위해 한국금융연수원에서는 지난 2019년 7월 디지털금융 전문인력 양성에 특화된 금융DT Academy를 출범한 데 이어, 이번에 디지털금융 전문도서인 「KBI 디지털금융시리즈」를 발간하게 되었습니다.

「KBI 디지털금융시리즈」는 빅데이터, 인공지능, 블록체인, 클라우드, 디지털 마케팅, 디지털금융 비즈니스 등 디지털금융의 6개 핵심분야로 구분하여 각 분야에 정통한 실무전문가들이 이론과 구체적인 사례들을 모아 집필하고, 이에 더하여 각 분야별 디지털 전문가들로 구성된 금융DT Academy 자문단으로부터 감수를 받아 책의 완성도를 높였습니다. 동 시리즈는 디지털 트랜스포메이션을 추진하는 금융인뿐만 아니라 디지털금융에 관심이 있는 일반인에게도 디지털 금융에 대한 이론적·실무적 지식을 넓히는 데 큰 도움이 될 것으로 기대합니다.

그동안 「KBI 디지털금융시리즈」가 최종 나오기까지 많은 노력을 기울여온 집필자들, 자문위원들, 그리고 우리 원 관련 직원 여러분들께 깊이 감사드리며 앞으로 동 시리즈가 디지털금융에 대한 우리나라 최고의 실무지침서가 되기를 바랍니다.

한국금융연수원 원장 문재우

머/리/말

블록체인 기술은 빅데이터, 인공지능, 로보틱스와 함께 4차 산업혁명을 이끌 핵심 기술로 평가된다. 블록체인 기술이 주목받는 이유는 IoT 기기로 연결된 '초연결 사회'에서 쏟아지는 데이터를 신뢰할 수 있도록 해주는 '신뢰의 기술'이기 때문이다.

중동의 내전을 피해 탈출한 시리아의 난민이 마지막까지 손에 쥐고 있었던 것은 자국의 화폐도, 달러도, 금도 아니었다. 스마트폰이었다. 스마트폰만 있으면 길을 찾을 수도 있고, 가족과 통화를 하여 헤어진 가족과 다시 만날 수도 있으며, 돈을 이체할 수 있고 지급도 할 수 있기 때문이다.

종종 전쟁 난민 구호단체에서 모금 QR코드를 이용하여 비트코인을 모금하는 것을 볼 수 있다. 절체절명의 위급한 상황에서 국경을 넘나들며 사용할 수 있는 화폐로 시리아 중앙은행에서 발행하는 법정화폐보다 비트코인이 훨씬 뛰어난 기능을 갖췄다는 사실은 분명하다.

재미있는 사실은 비트코인 가격이 오르는 시기이다. 북한에서 핵실험을 하면 비트코인의 가격이 상승한다. 어쩌면 우리는 위급한 상황에서는 대한민국이 보증하는 한국은행에서 발행하는 원화보다 비트코인이 더 가치가 있을 수 있다는 사실을 이미 알고 있는 것이 아닐까?

역사를 보면 수많은 국가가 생성하고 소멸해왔다. 국가의 흥망성쇠에 따라 국가가 발행한 화폐는 가치가 오르기도 하고, 떨어지기도 하고, 사라지기도 한다. 그러나 발행 주체가 국가가 아닌 암호화폐는 특정 국가의 흥망성쇠에 영향을 받지 않고, 따라서 사라지지도 않을 것이다. 암호화폐의 근간이 되는 디지털 기술 역시 특정 국가의 흥망성쇠에 영향을 받지 않기 때문에 사라질 일이 없다. 이것이 바로 암호화폐를 '디지털 화폐'라고 부를 수 있는 이유다.

만약 대한민국에서 전쟁이 일어난다면, 한국은행이 발행하는 법정화폐의 가치는 폭락할 것이다. 원화로는 필요한 식량과 물품을 살 수 없을지 모른다. 전쟁과 같은 위급한 상황에서는 발행 주체가 특정 국가가 아닌, 국경을 넘어 이체와 지급이 자유로운 비트코인이 법정화폐보다 더 가치 있을 수 있다.

그럼 비트코인의 원천 기술인 블록체인 기술은 누가 만든 것일까? 블록체인 기술은 '사토시 나카모토'라는 개인이 발명했다고 흔히 알려져 있지만, 초기 문명사회부터 현재까지 인류가 갈망했던 평등과 권력의 분산화를 향한 생각과 노력이 시대에 맞는 기술을 만나 성취된 결과물이다. 블록체인 기술은 인류사회 문명의 발전에 따라 또 다른 시대에 또 다른 이름이나 기술로 불리며 계속해서 발전해나갈 것이다.

필자는 이 책을 통해 암호화폐 블록체인의 기반 기술과 작동원리를 알아보고, 실제 비즈니스에 적용할 방안을 고민했다. 한 발짝 더 나아가 이 기술이 기업과 대한민국의 미래 그리고 우리의 삶에 어떤 영향을 줄 수 있을지 살펴보고자 했다. 이해하기 쉽게 쓰려 했지만 난해한 부분도 있을 터인데, 이 책에 담긴 지식을 모두 기억할 필요는 없다. 중요한 것은 블록체인이 어떻게 우리의 삶을 바꿀지 예측하고 그 변화에 적응하는 일이다. 블록체인은 곧 인터넷만큼이나 우리 시대의 삶과 미래를 변화시키는, 시대를 구분하는 신뢰의 기술이 될 것이기 때문이다.

지도교수님께서 고려대학교 정보보호대학원 암호화폐연구소를 설립하고 블록체인과 암호화폐를 가르쳐주신 덕분에 이 책을 쓸 수 있었다. 저를 블록체인과 암호화폐의 세상으로 인도해주신 고려대학교 김형중 교수님께 진심으로 감사드린다. 책에 집중할 수 있도록 도와준 아내에게도 감사하다. 아울러 본서가 출판될 수 있도록 지원해 주신 한국금융연수원 문재우 원장님과 편집 및 교정의 노고를 아끼지 않은 한국금융연수원 출판미디어사업부 모든 직원에게 깊은 감사의 마음을 전한다.

사람은 서로 보이지 않는 선으로 연결되어 있다고 믿는다. 이 책을 통해 이제 우리는 연결되었다. 따뜻한 행복과 행운이 늘 함께하기를 바란다.

2020년 2월

심준식

Contents

Part 01

블록체인 개론

1장 블록체인과 암호화폐의 이해

1장 블록체인과 암호화폐의 이해

1절 블록체인의 이해

블록체인은 무엇인가? '블록체인은 중간자 없이 가치를 유통할 수 있도록 참여자들이 데이터를 분산해서 저장하는 신뢰의 기술'이라고 답할 수 있다.

블록체인은 디지털 시대 '신뢰의 기술'이다. 블록체인 기술은 금융거래를 비롯한 다양한 타인과의 거래에서 제3의 중개 기관의 보증 없이도, 신뢰 속에 거래를 할 수 있게 해준다. 블록체인 기술을 세상에 알린 첫 번째 사례가 (암호)화폐 '비트코인'인 이유가 바로 여기 있다. 바로 화폐가 '신뢰' 기반의 교환 매개체이기 때문이다.

비트코인은 2008년 사토시 나카모토(Satoshi Nakamoto)가 '비트코인: P2P 전자화폐 시스템(Bitcoin: A Peer to Peer Electronic Cash System)'라는 논문을 발표하면서 처음으로 그 원리가 공개되었다. 비트코인은 2009년 1월부터 실제로 발행되기 시작하였는데, 쉽게 말해서 전자 서명의 연속적인 흐름(a chain of digital signatures)이라고 설명할 수 있다.

블록체인은 중앙의 거대한 기관으로부터 통제권을 빼앗아 보통의 참여자들에게 나눠준다. 보통의 사람들에게 권력을 부여한다는 것은 블록체인 기술의 특징 중 가장 흥미로운 점이다. 어떻게 가능한가? 이를 이해하려면 우선 블록체인 기술이 무엇인지를 알아야 한다.

블록체인은 거래 내역이 블록 단위로 저장되고, 이 블록들이 체인 형태로 연결되는 데이터 저장방식 기술의 특징에서 연유된 이름이다. 기존에는 데이터가 중앙서버에 저장되는 통합 저장방식이었다면, 블록체인은 거래 내역이 블록 단위로 보관되며 이것이 체인 형태로 연결되어 여러 개의 컴퓨터가 참여하는 P2P 네트워크에 분산되어 저장된다.

미국에서 중고 자동차 거래를 해보신 분들은 자동차 등록증에서 이전 소유주들의 이름을 발견했을 것이다. 자동차 등록증에는 과거의 거래 기록들이 모여 있다. 즉, 자동차를 사고팔았던 역대 소유주들의 이름이 적혀 있다. 블록체인의 블록들은 이 자동차 등록증과 같다. 하나의 블록에는 거래의 내용, 자동차를 사고팔 때 직전 소유주의 이름과 현재 소유주의 이름, 자동차를 거래하는 거래 내역이 하나의 블록 단위로 만들어진다. 바로 이 거래들의 블록이 모여서 체인 형태로 이어진 것이 블록체인이라고 이해하면 된다. 다만 자동차 거래 내역을 기록한 자동차 등록증과 다른 점은, 이 거래 내역이 담긴 장부를 자동차의 현재 소유주 한 사람이 아니라 모든 사람이 가지고 있다는 것이다.

부동산 계약을 예로 들어보자. 집을 사고팔 때 똑같은 부동산 계약서를 2부 작성하여 서명하고, 거래 당사자 양측이 나눠 가진다. 이렇게 장부를 가진 사람이 둘뿐일 때, 이 중 한 사람이 본인이 가지고 있는 계약서 원본을 정교하게 조작한다면 누가 맞는지 확인하기 어려울 것이다. 그러나 만약 거래를 중개한 부동산 중개업소에서도 계약서를 보관하고 있다면, 어느 한 사람이 조작하더라도 부동산 중개업소에서 조작 여부를 확인해줄 수 있다. 다만 이때도 부동산 중개업소와 거래 당사자 중 한 사람이 공모한다면 조작 여부를 확인하기 어렵다.

이처럼 장부의 정보를 공유한 사람이 소수일 때는 공모에 따른 조작이 가능하다. 그러나 만약 같은 장부를 가지고 있는 사람이 100명이라면, 1,000명 또는 수만 명이라면 장부를 조작하는 것은 불가능하다. 같은 장부를 가지고 있는 사람들이 많으면 많을수록 장부를 조작하는 것은 어렵다.

블록체인은 참여하는 모든 사람이 같은 장부를 가지고 있으며, 장부를 구성하는 거래의 명세들은 블록으로 구분되어 연결되어 있다. 거래 내역이 담긴 블록을 추가하려면 이전 블록과 연결된 암호에 대응하는 숫자와 문자로 구성된 특정 값을 맞춰야 한다. 이 특정 값을 논스(nonce)라고 부른다. 이 값을 발견한 사람에게는 보상이 주어진다. 그리고 이 값이 맞는 값인지 검증하는 노드들에도 보상이 주어진다. 검증이 완료되면 새로운 블록이 기존 블록에 추가된다. 이 블록들이 체인처럼 계속 연결되는 모양이라서 '블록체인'이라고 한다.

〈그림 1-1〉 블록체인의 연결구조

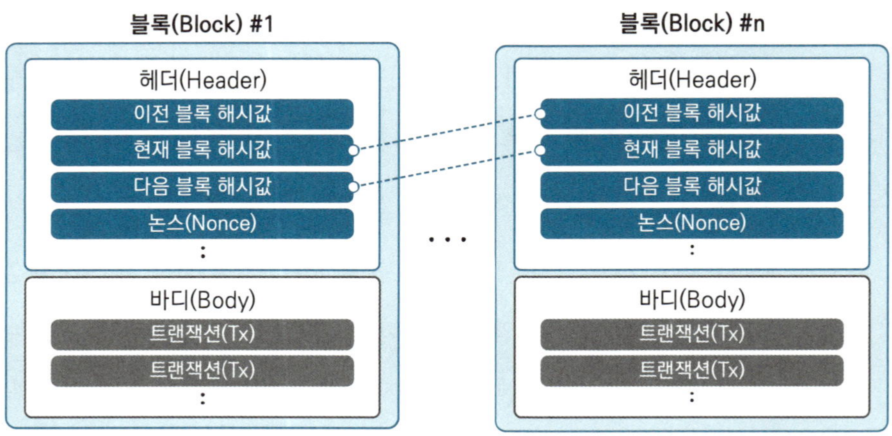

출처: 금융보안원

Note 1) 해시(Hash)함수 이용, 임의의 데이터에서 고정된 길이의 해시값 생성

Note 2) 논스(Nonce)란, 암호화된 시스템에서 한 번 사용되는 임의적인 숫자를 말함

시대를 구분하는 혁명적인 과학기술의 출현이라는 점에서 현재의 블록체인 기술은 1990년대 인터넷 기술과 곧잘 비교된다. 기존의 인터넷이 전 세계인이 정보를 주고받으며 공유할 수 있도록 해주었다면 블록체인은 인터넷을 통해서 가치를 거래할 수 있도록 해준다. 블록체인 시스템이 잘 유지되려면 컴퓨터 파워가 필요한데, 누군가가 이 컴퓨터 파워를 제공하는 데에는 돈이 들 것이다. 이 돈을 낸 사람에게는 대가를 주어야 한다. 대가를 지급하기 위해서는 시스템 사용자들에게 수수료를 받아야 한다. 그리고 이 수수료를 관리할 주체가 필요하다. 관리자가 생기는 셈이다. 이렇게 되면 기존 은행 시스템과 다를 것이 없다. 이것은 중앙관리자 없이 사용자가 연대하여 관리하는 블록체인의 사상과는 맞지 않는다. 그래서 블록체인 시스템은 컴퓨터 파워를 제공하는 참여자들에게 인센티브로 블록체인 시스템 안에서 생성되는 암호화폐를 지급한다.

비트코인, 이더리움과 같은 암호화폐들은 이런 블록체인 시스템이 잘 운영될 수 있도록 돕는 대가로 암호화폐를 제공한다. 암호화폐는 해당 블록체인이 이용되는 생태계를 잘 성장시키는 데 중요한 보상수단이고 촉매제이기 때문에 그 영역 안에서 활발하게 사용할 수 있도록 허락되어야 한다. 그것이 현재의 산업과 사회의 비효율성을 제거하고 문제를 극복할 대안이 되기 때문이다.

고려대학교의 김승주 교수는 암호화폐와 블록체인 기술의 관계를 다음과 같이 쉽게 설명해준다.

“최고의 짜장면 레시피(블록체인 기술)를 가진 사토시 나카모토는 고객을 모으기 위해 쿠폰(비트코인)을 발급했다. 처음에는 쿠폰이 욕심나서 갔던 손님들이 짜장면의 맛에 감탄해 단골이 됐고, 그러다 보니 그 손님들은 점점 더 많은 쿠폰을 얻게 되며 중국집도 잘되는 선순환 구조를 이루게 되었다. 사토시의 중국집이 이른바 '대박'이 나자 다른 음식점들도 자극을 받았다. 저마다 자기만의 레시피(더 좋은 블록체인 기술) 개발에 매진했고, 이를 팔기 위해 새로운 쿠폰(다른 암호화폐)을 만들었다. 그런데 갑자기 쿠폰이 엄청난 돈이 된다는 소문이 돌면서 사람들이 쿠폰을 사재기하기 시작했다. 이 쿠폰이 어느 중국집 것인지, 또 짜장면 맛이 어떤지는 관심이 없었다. 광기에 빠진 사람들은 짜장면을 사 먹고 쿠폰을 모으기보다 쿠폰에 프리미엄을 얹어 사고파는 데 혈안이 되었으며, 덩달아 특별한 레시피가 없는 음식점들까지도 쿠폰을 마구 찍어내기 시작했다. 뒤늦게 사태의 심각성을 알게 된 정부가 쿠폰을 규제하겠다고 나서자 좋은 레시피를 보유한 음식점이 아닌 쿠폰 거래소 대표들이 '쿠폰과 짜장면은 불가분의 관계라서 쿠폰을 규제하면 짜장면 레시피 개발이 어렵다'라고 토로하고 있다."

블록체인의 핵심은 '보상(reward)'이라는 개념을 통해 구성원들의 자발적 참여를 유도하는 데 있다. 이에 기술적으로 보상과 블록체인은 불가분의 관계이며, 블록체인으로부터 '보상'이라는 개념을 분리할 경우 안전성 및 안정성을 해칠 수 있다는 연구결과도 발표된 바 있다.

기술적으로 암호화폐와 블록체인을 분리하는 대신, 블록체인 장부 유지관리를 위하여 블록체인 생태계 안에서 암호화폐가 건전하게 사용되는 것과 투기목적으로 사용되는 것을 분리하여 생각하여야 한다. 기술의 분리가 아닌, 목적에 따른 분리가 필요하다. 과학기술의 올바른 사용 목적은 장려해야 하고, 투기목적으로 암호화폐의 시세 흐름에 따라 거래소에서 입출금을 반복하며 경제적 이득을 취하는 투기행위는 규제되어야 한다. 스위스는 암호화폐의 거래와 암호화폐 사업을 구별한다. 주식처럼 투자 차익을 남기기 위한 암호화폐는 엄격한 금융 규제를 적용하지만, 블록체인 기술을 보유한 암호화폐 비즈니스에는 문호를 개방했다. 블록체인 안에서 유통되는 화폐와 우리 지갑 속에 있는 현실 화폐 사이에는 결정적인 차이가 있다. 현실 화폐는 국가가 발행하지만 블록체인 안에서 유통되는 화폐는 국가가 발행하지 않는다라는 점이다. 그래서 국가가 발행하는 화폐를 법정화폐라고 하고 블록체인 기반으로 유통되는 화폐를 '가상화폐' 또는 '암호화폐'라고 부른다. 그래서 비트코인은 '가상화폐'라고 불리기도 하고, '암호화폐'라고 불리기도 한다.

고려대학교 정보보호대학원 암호화폐연구소 센터장 김형중 교수의 조사에 따르면, 미국이나 유럽에서는 '암호화폐(cryptocurrency)'라고 부르는 것이 주류이나 '디지털 화폐(digital currency)', '가상화폐(virtual currency)'라고 부르기도 한다. 일본은 카소쓰카(仮想通貨; virtual currency) 또는 앙고쓰카(暗号通貨; cryptocurrency)라고 하고, 중국은 쉬니후오비(虚拟货币; virtual currency, virtual money) 또는 지아미후오비(加密货币; cryptocurrency)라고 부른다.

유럽중앙은행(ECB), 미국 재무부, 유럽은행감독청은 가상화폐를 정부에 의해 통제받지 않는 디지털 화폐의 일종으로, 개발자가 발생시키고 관리하며 특정한 가상 커뮤니티에서만 통용되는 결제수단을 말한다고 정의했다. 이 정의에 따르면 비트코인과 이더리움을 비롯한 대부분의 암호화폐는 가상화폐가 아니다. 개발자가 관리하지 않고, 특정 커뮤니티가 아닌 전 세계의 오프라인과 온라인 매장에서 결제수단으로 사용되기 때문이다. 가상화폐라는 명칭을 사용하면 자칫 실생활에서는 쓸모가 없고 단지 가상현실에서만 사용할 수 있는 것처럼 오해를 불러일으킬 수 있다.

암호화폐는 리니지 게임에서 아이템을 매매할 때 사용하는 '아덴'이나 과거에 싸이월드에서 사용하던 '도토리'와 비슷하게 보일 수 있다. 그러나 암호화폐는 인터넷상의 가상공간에서뿐만 아니라 실제 생활에서도 사용할 목적으로 고안되었다는 점에서 큰 차이가 있다. 또한 비트코인으로 대표되는 암호화폐는 암호와 해시를 이용한 작업증명 방식을 이용하며, 블록체인 기술을 기반으로 설계되었다는 것이 가장 큰 특징이다. 그러므로 사토시의 논문에서도 비트코인을 암호학적 증명(cryptographic proof)에 기반을 둬서 거래 당사자가 직접 거래를 할 수 있도록 도움을 주는 시스템이라고 정의하고 있다.

또한 가상화폐나 디지털 화폐는 싸이월드의 도토리처럼 특정 공간에서만 통용되는 특정 플랫폼 내의 결제수단인 카카오페이, 네이버페이와 같은 단순한 디지털 결제수단으로서의 의미를 모두 포함한다. 따라서 가상화폐라고 불리는 비트코인, 이더리움 등은 사실 가상화폐라는 넓은 의미의 단어보다는 암호화폐라는 단어를 쓰는 것이 특성에 더 부합하는 정확한 표현이다.

〈그림 1-2〉 가상화폐와 암호화폐의 관계도

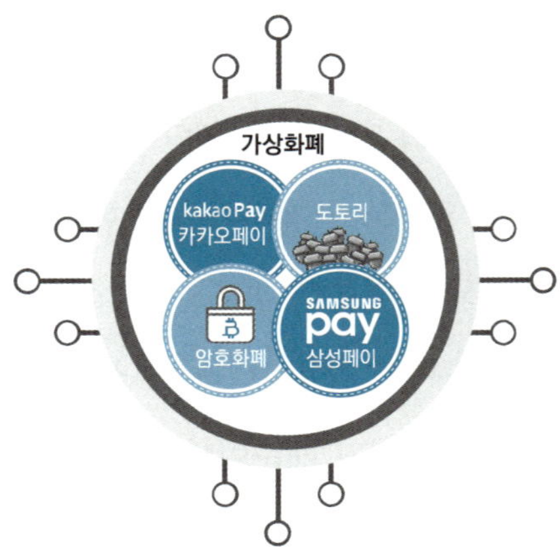

출처: 딜로이트 애널리시스

위키백과는 암호화폐(cryptocurrency)는 '암호화'라는 뜻을 가진 'crypto'와 통화·화폐라는 뜻을 가진 'currency'의 합성어로, 분산장부(Distributed Ledger)에서 공개키 암호화를 통해 안전하게 전송하고 해시함수를 이용해 쉽게 소유권을 증명해낼 수 있는 디지털 자산이라고 정의했다. 2009년 최초의 암호화폐인 비트코인이 출현했고 이더리움, 라이트코인, 리플, 모네로, 대시코인 등이 뒤를 이었다. 2020년 1월 29일 코인마켓캡(coinmarket cap) 기준 2,386개의 암호화폐가 발행되었고, 암호화폐의 시가총액은 약 300조 원(225,508,922,261달러)이다.

전통적으로 화폐의 가장 큰 적은 위조였다. 중앙은행에서 발행하는 법정화폐는 중앙은행에서 통화량을 조절하고, 물리적 화폐에 위조방지를 위한 홀로그램을 넣는다. 그러나 이 홀로그램은 범죄자들에게 걸림돌이 될 수는 있지만, 위조지폐를 만들지 못하게 하는 근본적인 대책이 될 수는 없다. 결국은 국가의 중앙규제기관의 법적인 조치가 필요해진다.

암호화폐 역시 위조와 변조를 막기 위한 보안 조치가 요구된다. 중앙은행에서 발행한 기존 통화와 달리, 암호화폐는 이런 보안 조치를 중앙 규제기관의 도움 없이 순수하게 기술의 힘만으로 해내야 한다. 암호화폐는 암호기술을 사용하여 보안 조치를 해낸다. 그래서 암호화폐는 암호학의 구조 위에 존재한다. 이것이 '암호화폐'라고 불리는 이유이다.

간혹 언론에서 비트코인이 기존 화폐와 차별화되는 이유가 디지털 화폐이기 때문이라고 표현하기도 한다. 그러나 비트코인이 기존 화폐와 다른 이유는 디지털 화폐라서가 아니다. 사실 디지털 화폐는 1970년대부터 있었다. 지금은 달러도 디지털 화폐이고, 유로화도 디지털 화폐이다. 달러나 유로화의 8%만이 실물 화폐의 모습으로 존재한다. 나머지는 장부상에 비트(bit, 디지털) 형태의 정보(데이터)로 존재한다. 기존 화폐 형태도 이미 상당 부분 디지털화되어 있으므로 기존 화폐와 비트코인의 차이점이 디지털 형태냐 아니냐에 있는 건 아니다.

기존 화폐는 화폐를 발행하고 관리하는 중앙은행 조직이 있는 반면, 비트코인은 화폐를 관리하는 중앙 시스템이 없다. 비트코인의 관리 권한은 '노드'라고 불리는, 비트코인을 유지하는 P2P 컴퓨터 네트워크 시스템을 이루는 참여자들에게 분산되어 있다. 이른바 탈중앙화이고, 분산화이다. 이것이 비트코인과 기존 화폐의 근본적인 차이점이다.

비트코인은 암호화폐이다. 또한 네트워크 중심의 화폐(network centric money)이다. 비트코인은 비트코인의 블록체인 시스템에 내재하여 있는 51% Rule, 즉 작업증명 네트워크의 질서가 중앙은행을 대신하고 금융감독 당국(국가기관)의 질서를 대신한다.

기존 화폐는 중심에 중앙은행과 금융당국의 사람들이 있지만, 비트코인은 중심에 특정 기관 대신 자동화되어 시스템에 내재된 질서(protocol)가 있을 뿐이다. 기존 화폐가 중심에 중앙은행의 의사결정을 하는 사람이 있고 주변에 이를 자동화하는 시스템이 있다면, 비트코인은 중심에 네트워크화된 분산장부 시스템의 규칙이 존재하고 주변에는 인센티브를 받기 위해 채굴을 하는 사람이 있다. 이를 도식화하면 〈그림 1-3〉과 같다.

〈그림 1-3〉 법정화폐의 은행 시스템 vs 비트코인 시스템

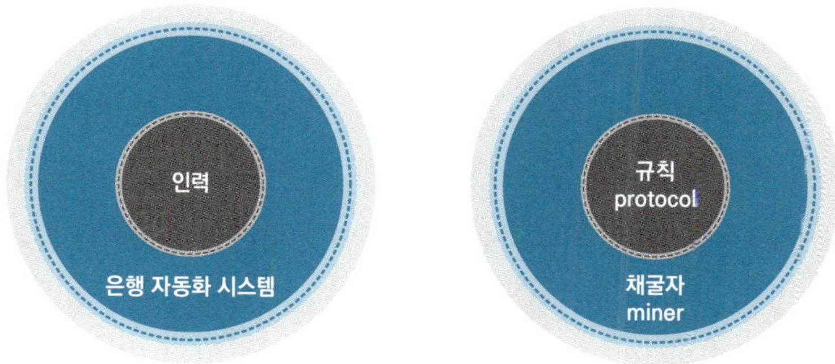

출처: 딜로이트 애널리시스

암호화폐의 근간이 되는 블록체인의 블록이 어떻게 구성되어 있는지 알아보자.

블록체인의 블록은 '헤더(Header)'와 '바디(Body)'로 구성되어 있다. '헤더'는 제목을, '바디'는 내용을 뜻한다. 헤더에는 소프트웨어 버전(Version), 난이도(Bits), 이전 블록의 해시(Previous block hash), 언제 블록이 생성되었는지에 대한 정보(Time), 거래 정보의 해시(Merkle hash: 머클루트), 채굴을 위한 난수(Nonce) 등 여섯 가지 정보로 구성되어 있다. '해시'는 암호화 기법으로 임의의 길이의 데이터를 고정된 길이의 데이터로 바꿔준다.

〈그림 1-4〉 블록의 헤더 구성

구분	내용
Version	소프트웨어 버전
Bits	난이도
Previous Block Hash	이전 블록 해시
Time	블록 생성 시간
Merkle Hash	거래 정보 해시
Nonce	난수

출처: 김열매, 블록체인 이상과 현실, 어디쯤 와 있나, 한화투자증권

'머클루트'는 수많은 거래 내역을 효율적으로 단일화하는 기법이다. 트리구조의 일종으로 트리의 최상위층을 '머클루트', 최하위층을 '머클트리'라고 한다. 머클루트는 구조적으로 거래 위치를 쉽게 찾을 수 있도록 도와준다. 비트코인의 경우 단일 블록에 담을 수 있는 최대 거래는 2,100개 정도인데, 단일 블록 전송량인 2,100개를 기준으로 열한 번의 경로만을 내려가면 모든 거래를 찾을 수 있다. 이를 '머클경로의 확인'이라고 부른다. 머클트리상의 거래를 조작할 경우 머클트리의 경로상 다른 값이 나오게 함으로써 위변조하기 어렵게 만드는 블록체인의 보안적 특성을 갖도록 한다.

헤더를 구성하는 여섯 가지 정보(소프트웨어 버전, 난이도, 이전 블록의 해시값, 블록생성 시간, 거래 정보의 해시값, 채굴을 위한 난수) 중 소프트웨어의 버전, 난이도, 이전 블록의 해시값, 블록 생성시간은 모두 기존에 정해진 값이고, 머클해시는 해당 블록의 바디를 암호화해서 나온 값이다. 즉 논스를 제외하고는 모두 정해진 값이다. 블록을 생성하기 위해서는 논스값을 찾는 과정이 필요한데, 이전 블록에 대한 해시값이 새로운 블록의 논스값을 찾는 데 사용된다. 이러한 논스값을 찾는 과정을 암호화폐에서는 '채굴(Proof of Works)' 또는 '합의 알고리즘'이라고 부른다. 이 채굴 또는 합의 알고리즘은 블록체인 네트워크상에서 참여자들이 실시간으로 같은 장부를 보유하게 하는 '분산원장의 기능'을 가능하게 하며, 블록을 서로 연결해준다.

금속이나 종이로 된 화폐는 물건을 살 때 지불하면 수중에는 아무것도 남지 않기 때문에 다시 사용(이중사용)하는 문제가 발생하지 않는다. 암호화폐는 실물이 아닌 데이터(디지털 정보)이다 보니 이중사용의 우려가 있을 수 있다. 그러나 곰곰이 생각해보면 데이터(디지털 정보)를 통한 금융거래는 암호화폐가 처음 시도하는 것이 아니다. 현재 우리가 사용하는 법정화폐도 실물화폐보다는 디지털 정보를 통한 거래가 더 많이 일어나고 있다. 대표적인 예가 은행예금의 이체거래이다. 은행예금을 이체할 경우 실물이 아닌 디지털상의 정보가 거래되는데, 은행은 예금보다 더 많은 돈이 거래되지 않도록 디지털상의 정보를 관리한다.

앞서 언급했듯이, 블록체인은 거래 내용이 담긴 블록들이 체인의 형태로 연결된 것이다. 이렇게 거래의 내용이 담긴 블록들의 연결은 '장부'라고 볼 수 있다. 비트코인의 경우에는 블록이 10분에 하나씩 생성된다. 즉 거래가 생성되고 10분이 지나 블록이 생성되면, 블록 안의 거래 내역은 절대 변경이 불가능하다. 이렇게 생성된 블록은 새롭게 생성되는 블록과 체인 형태로 연결되고, 모든 사용자는 이 거래 내용이 담긴 사본을 보유하게 된다.

비트코인의 블록체인 시스템은 분산된 장부에 이 거래 기록을 유지하고 공표함으로써 이중사용을 방지한다. 일정 기간의 거래 내역을 '블록'이라고 부르며, 이 블록에는 '정당한 거래'의 기록만이 허용된다. 여기서 말하는 정당한 거래란 비트코인의 보유자가 가지고 있는 비트코인의 범위 안에서 의도한 상대방에게 비트코인을 보낸 단일 거래를 의미한다. 특정 시점에서 특정 거래로 인한 특정 비트코인의 소유자는 1명이다. 그리고 이 기록이 비트코인의 모든 사용자가 볼 수 있는 분산된 장부 형태로 공개되어 있기에 이중지급은 일어나지 않는다.

비트코인의 분산원장은 부동산 등기부 등본과 비슷한 역할을 한다. 부동산 등기부가 부동산을 거래하는 사람이면 누구나 볼 수 있고 이중양도를 방지하는 역할을 하는 것처럼, 블록체인 분산거래원장 역시 비트코인을 거래하는 사용자 누구나 볼 수 있고 이중거래를 방지하는 역할을 한다. 부동산 등기부 등본에 기재되어 있는 사람이 부동산의 정당한 보유자인 것처럼, 블록에 기재된 사람이 비트코인의 정당한 보유자이다.

부동산 등기와의 차이점은 기록 관리의 주체가 다르다는 것이다. 부동산 등기부는 중앙의 기관인 등기소에서 관리하지만, 비트코인은 거래에 참여하는 컴퓨터 네트워크가 연대하여 기록을 유지한다. 이 네트워크를 'P2P(Peer to Peer)'라고 부른다. P2P는 중앙의 통제 없이 참여하는 각각의 컴퓨터가 대등한 위치에서 '프로토콜'이라고 부르는 '합의된 절차'에 의해서 거래 기록(데이터)을 관리한다. 일반적으로 10분간의 비트코인 거래가 이 P2P 네트워크에서 하나의 블록으로 관리된다. 이 P2P 네트워크에 참여하는 컴퓨터를 '노드'라고 한다.

블록체인의 주소는 은행의 계좌번호 역할을 한다. 이 주소는 누구에게나 공개되어 있어 '공개키'라고도 부른다. 주소가 공개되어 있긴 하지만, 해시로 암호화되어 있기 때문에 거래 당사자가 누구인지는 알 수 없다. 블록체인은 'A가 B로부터 10BTC를 샀다', 'B가 C에게 10BTC를 팔았다' 등의 거래 이력을 10분마다 갱신하여 기록해간다.

10분 단위로 거래 기록을 '블록'시켜 장부가 조작되지 않도록 검증해나가면서 해시로 암호화된 블록들을 연결해나가려면 막대한 계산능력이 필요하다. 이때 이 검증을 하는 과정은 블록과 블록을 해시로 암호화한 값에 매칭되는 임의의 숫자와 문자를 맞추는 과정이다. 이 문자와 숫자를 '논스'라고 부르는데, 해시 퍼즐의 적절한 논스값을 찾는 '작업증명'을 통해서 이루어진다.

작업증명은 특정한 계산식을 통해서 스마트하게 풀 수 있는 방식이 아니라,

해시에 매칭되는 적절한 논스값을 찾기 위하여 임의의 숫자를 대입해보는 것이다. 해시값의 적절한 논스값을 찾는 것은 마치 고속도로의 길이 망가지지 않도록 유지보수를 하는 것처럼 블록체인 장부 시스템을 올바르게 유지하고 관리하는 역할을 해준다. 그리고 해시 퍼즐에 대응하는 논스값을 가장 빨리 찾으면(채굴) 그에 대한 보수로 비트코인이 주어진다.

하나의 거래에 대해서 블록이 일시적으로 여러 개가 생길 수도 있다. 예를 들어 A가 B에게 송금하고, 바로 C에게도 송금했다고 가정해보자. P2P 네트워크에서는 거래가 실시간으로 반영되지 않기 때문에 어떤 노드는 B에게 전송한 버전을 받고, 어떤 노드는 C에게 전송한 버전을 받을 수 있다. 그리고 복수의 채굴자가 앞의 계산 문제를 먼저 풀어버리는 상황이 생길 수 있다. 이때는 서로 다른 체인이 만들어진다. 이런 경우 블록체인 프로토콜은 짧은 체인을 버리고, 긴 체인을 선택한다. 이때 버려진 블록은 '고아 블록'으로 불리며, 이 블록의 거래 정보나 채굴자의 보수는 무효가 된다.

블록체인은 장부를 여러 곳에 나누어 저장하는 기술이다. 블록체인 기술의 장점은 같은 기록이 여러 곳에 분산되어 나눠서 보관되기 때문에 기록을 조작하거나 훼손하는 것이 어렵다는 것이다. 중앙집권화된 기존 시스템은 중앙에 문제가 생기면 전체 시스템이 마비되는 치명적인 단점이 있다. 이에 반해 블록체인 시스템은 여러 주체가 하나의 네트워크를 이루어 참여자가 동일한 장부를 보관하며 서비스를 제공하므로, 전체 시스템을 파괴하려면 네트워크를 이루고 있는 모든 참여자의 장부를 동시에 파괴해야 한다. 즉, 블록체인 시스템은 중앙 시스템이 공격당하면 모든 기록이 위험에 처하는 중앙집중형 시스템보다 안정적이다.

블록체인 시스템의 분산 저장 방식을 보여주는 가장 대표적인 사례는 바로

책이다. 작가의 책이 출판사를 통해서 출판되어 서점에 진열되어 판매되면, 같은 내용의 책이 여러 독자에게 나눠 보관된다. 대량으로 인쇄되어 보급되는 현재의 출판시장에서 책 몇 권을 훼손한다고 해서 책 전체가 이 세상에서 사라지지는 않는다. 조선왕조실록은 이런 분산형 시스템을 통해서 살아남은 문화유산이다. 조선왕조실록은 조선 전기에 춘추관과 충주, 전주, 성주 등 4곳의 사고에 나누어 보관되었다. 그 덕분에 임진왜란 때 4곳 중 3곳의 사고가 불탔음에도 현재까지 전해지게 되었다. 조선왕조실록이 블록체인 시스템처럼 분산되어 보관되지 않았다면 우리는 소중한 문화유산을 영원히 잃었을 것이다.

블록체인 장부는 비트코인의 네트워크를 구성하는 비트코인 참여자 노드(node)들에 분산되어 보관된다. 비트노드(bitnode)에 따르면, 2025년 5월 25일 기준으로 총 21,667개의 노드가 국가별로 분포되어 있다(표 1-1). 미국에 전체 노드의 약 10.25%가 있다. 한국은 86개의 노드를 보유하고 있으며 이는 전체의 0.04%에 해당한다.

〈표 1-1〉 비트코인 노드의 국가별 분포

(2025년 5월 25일 기준)

순위	국가	노드 수(비율)
1	N/A (국가정보 없음)	14,137 (65.25%)
2	미국	2,221 (10.25%)
3	독일	1,223 (5.64%)
4	프랑스	566 (2.61%)
5	캐나다	360 (1.66%)
6	핀란드	351 (1.62%)
7	네덜란드	334 (1.54%)
8	영국	261 (1.20%)
9	스위스	216 (1.00%)
10	러시아	184 (0.85%)

출처: bitnodes.earn.com

〈그림 1-5〉 전 세계 블록체인 노드의 분포

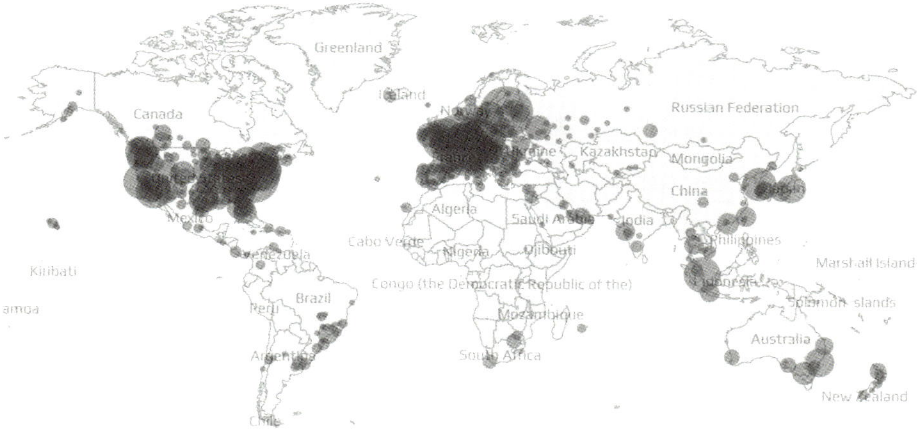

신뢰와 가치를 유통하는 시스템은 고장이 나지 않아야 하고, 동작이 멈춰서도 안된다. 그런데 '절대로 고장이 나지 않는 튼튼한 시스템'을 만드려면 그만큼 많은 비용을 투자해야 한다. 그래서 블록체인은 '조금 고장나도 괜찮은 시스템'을 만드는 방향으로 설계되었다. 이는 '같은 기능의 부품 여러 개가 언제나 같은 작업을 실행하면, 어딘가 망가진 부품이 있어도 괜찮다'고 보는 것이다. 기술 관점으로는 '노드'라는 컴퓨터를 많이 준비해 각 네트워크에 연결한 후, 모든 노드가 같은 정보를 서로 복사해 공유하는 방식으로 전체 시스템을 동작시키는 것이다. 그럼 노드 한 두 개가 고장이 나더라도 시스템 동작에는 문제가 없다. 이러한 기능을 다중화(redundancy)라고 한다. 블록체인은 다중화 개념을 적용하며 설계된 '분산 시스템'이다. 블록체인 네트워크 안에는 리더 역할을 하는 노드가 없다. 모든 노드가 평등하며, 각각의 노드가 자율적으로 동작한다. 이처럼 블록체인은 노드 각각이 자율적으로 동작하지만 전체 관점에서는 하나의 목적으로 달성하는 '자율 분산시스템'이다.

분산형 시스템의 블록체인은 참여자가 데이터를 조작하여 부정한 행위를 하는 것보다 채굴에 성공해서 보수를 받는 편이 이익이 되도록 게임이론에 따라 설계되어 있다. 비트코인에 대해 부정적인 사람들은 중앙의 관리 주체가 없는데 어떻게 시스템이 안정적으로 운영되고 장부가 적절히 유지되겠느냐고 의문을 품는다. 그러나 2009년 비트코인이 탄생한 이래 현재까지, 분산화된 블록체인 장부에서 데이터가 조작된 일은 단 한 번도 발생하지 않았다. 현재로서는 인류가 발명해낸 가장 투명하고 정보 왜곡이 없는 분산 시스템이라고 할 수 있다.

IoT 기기의 보급으로 전에는 상상할 수 없었던 양의 데이터, 흔히 말하는 빅데이터가 생성된다. 기업은 빅데이터의 분석을 위해서 '인공지능'이라는 엔진을 사용한다. 이를 통해 새로운 인사이트를 얻고 그 결과를 재화 또는 서비스의 생산에 반영한다. 4차 산업의 핵심 기술인 IoT, 빅데이터, AI가 실무에 활용되는 모습이다. 그런데 이는 IoT 사용자들의 정보가 중앙에 모여 처리되기 때문에 정보의 왜곡과 사생활 노출의 위험성을 가지고 있다. 블록체인이 더욱 주목받는 이유는 4차 산업혁명의 다른 핵심 기술과는 달리 '분산화'의 특징을 가지고 있기 때문이다.

〈그림 1-6〉 기술의 진화와 초연결 사회의 도래

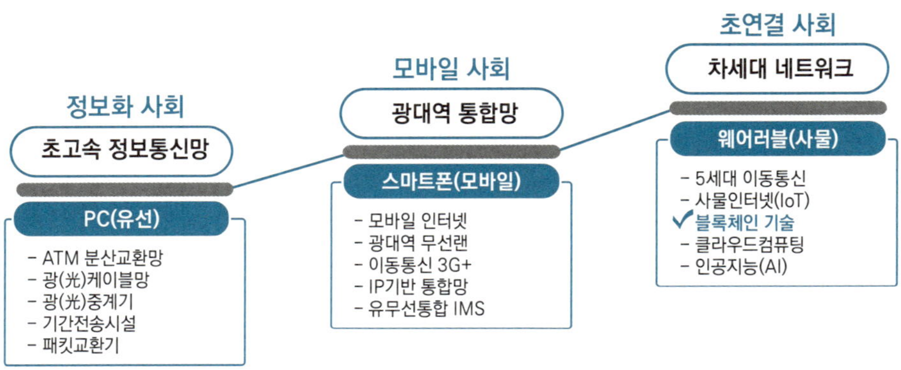

출처: 삼정KPMG 경제연구원이 미래창조과학부의 자료를 토대로 재구성

그렇다면 블록체인이 제공하는 가치에는 구체적으로 어떤 것들이 있을까? 〈표 1-2〉는 블록체인이 제공하는 가치를 나타낸다.

〈표 1-2〉 블록체인이 제공하는 가치

단계	제공 가치	내용
1단계	민주성	모든 노드 간에 정보를 공유함
2단계	조작방지	기록한 정보를 위변조하는 것을 어렵게 함
	투명성	모든 정보를 공유하므로 투명성이 보장됨
3단계	신뢰성	블록체인 연결의 신뢰성을 제공함

블록체인은 참여자가 합의한 데이터만을 기록한다. 한번 기록한 데이터는 누구도 바꿀 수 없다. 여기서 중요한 점은 블록체인 서비스 제공자나 시스템 관리자조차도 데이터 수정 및 삭제가 불가능하다는 것이다. 시스템을 관리하는 서비스 제공자가 시스템을 마음대로 다루지 못하는 시스템은 블록체인 시스템뿐이다. 우리는 지금까지 은행, 대기업, 공공기관과 같은 시스템 제공자가 중앙에서 데이터를 바꿀 수 있다는 사실을 알면서도 서비스를 이용해왔다. 중앙의 권위 있는 서비스 관리자를 신뢰하기 때문이다. 블록체인은 수학 이론과 정보기술을 결합하여 서비스 제공자를 신뢰하지 않더라도 거래가 가능도록 참여자가 합의한 거래만을 기록하도록 하고, 한번 기록된 거래는 절대 바꾸지 못하도록 하였다. 블록체인 시스템에서는 서비스 제공자의 신뢰가 필요하지 않다. 왜냐하면 블록체인 서비스 제공자는 블록체인의 기록을 수정하거나 삭제하는 행위, 즉 관리를 할 수 없기 때문이다. 블록체인은 신뢰하지 않는 사람 사이의 거래에도 신뢰를 부여해준다.

블록체인이 가져올 변화의 본질은 '거래 승인 권한과 정보(데이터)의 민주화(democratization)'로 볼 수 있다. 기존 시스템에서는 데이터가 권위 있는 제삼자에 의해 검증되고 기록되며, 안전을 위해 보안 시스템을 갖춘 중앙서버에 저장 및 보관된다.

반면에 블록체인 시스템은 참여자들에 의한 자율적인 검증 및 기록이 가능하므로 권한을 특정 기관에 위임하지 않으며 중앙의 통제를 받지 않는다. 시스템의 참여자, 즉 사용자들이 권한을 가진다. 즉 거래 승인 또는 기록 등록을 위해 각국의 중앙은행과 행정기관 같은 제3의 공인기관이나 공신력 있는 중개자의 개입 없이도 믿을 수 있는 직접 거래가 가능해진다는 의미이다. 타인과의 거래 또는 데이터에 신뢰를 부여하는 것, 이것이 바로 블록체인 기술의 진정한 가치이다.

블록체인은 블록체인에 참여하는 모든 구성원이 네트워크를 통해 서로 데이터를 검증하고 저장함으로써 정보를 임의로 조작하기가 어렵게 설계되었다. 블록체인 플랫폼이 전통적인 시스템과 구별되는 가장 큰 차이는 바로 신뢰를 담보해주는 제3기관(trusted third party)이 없다는 점이다. 전통적 시스템에서는 거래 정보를 중앙집중형으로 관리하는 신뢰할 수 있는 제3기관을 설립하고, 해당 기관의 신뢰를 확보하고 운영하는 중앙집중형 시스템이므로 높은 사회적 비용이 소요된다. 반면 블록체인 기반 시스템에서는 거래 정보를 특정 기관의 중앙서버가 아닌 P2P 네트워크에 분산시켜 참여 구성원들이 공동으로 기록하고 관리한다. 따라서 신뢰할 수 있는 제3의 기관을 설립하고 운영하기 위한 인력 및 자원 투입이 불필요하고, 모든 거래 기록이 구성원들에게 암호화되어 공개되기 때문에 거래의 투명성을 높일 수 있다.

〈그림 1-7〉 중앙집중형 시스템과 블록체인 기반 시스템의 비교

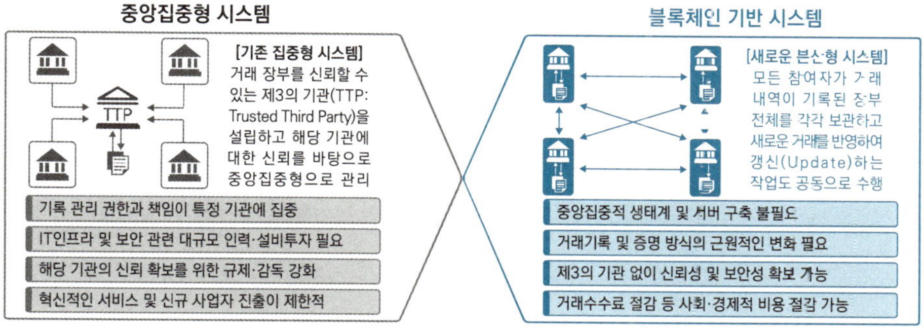

출처: 삼정KPMG 경제연구원이 한국은행의 자료를 토대로 재구성

블록체인은 다양한 유형이 있어서 활용 목적에 따라 선택하여 사용할 수 있다. 블록체인은 참여자의 승인 여부에 따라 나눌 수 있다. 우선 거래 생성이나 블록 생성이라는 행위에 승인이 필요 없이 누구나 참여할 수 있고, 모든 사용자에게 정보가 공개되는 퍼블릭 블록체인(public blockchain)이 있다. 그리고 특정 사용자들을 선정 및 승인하여 블록체인을 단독으로 운영하는 프라이빗 블록체인(private blockchain)과 복수로 운영하는 컨소시엄 블록체인(consortium blockchain)이 있다. 컨소시엄 블록체인은 정보를 모든 사용자에게 공개할 수도 있고, 특정 사용자들에게만 선별적으로 공개할 수도 있다.

모든 사용자가 참여할 수 있는 퍼블릭 블록체인의 대표적인 예가 비트코인이다. 중앙에서 통제하는 대표자가 없으며 누구나 자유롭게 블록체인 네트워크에 접속하여 거래 내역을 검증하거나 생성할 수 있다. 퍼블릭 블록체인은 비트코인과 이더리움을 비롯하여 현재까지 구현된 블록체인 프로젝트들이 가장 많이 선택한 방식이다.

퍼블릭 블록체인은 자발적인 참여를 전제로 하므로 참여자에게 부여할 인센티브로서 암호화폐가 필수적이다. 거래 검증 역할을 하는 노드, 즉 참여자는

컴퓨터를 분산된 하나의 서버로 제공하게 되는 셈이며, 작업 검증 시 전기요금이 발생한다. 암호화폐가 존재하지 않는 퍼블릭 블록체인을 설계하는 것은 기술적으로는 가능하지만, 참여자에게 아무런 보상 없이 컴퓨터를 무상으로 제공하게 하고 추가로 전기요금까지 부담하게 하기란 현실적으로 어렵다. 선의의 자발적 블록체인 네트워크 참여자들이 충분히 많아야 거래에 따라 생성된 블록을 검증하고 신뢰를 확보할 수 있으므로, 퍼블릭 블록체인은 참여자들에게 암호화폐를 보상으로 주는 것이다.

참여자들이 많으면 많을수록 해킹이나 위변조의 위험이 낮아진다. 중앙집권적 의사결정 기구가 존재하지 않고 참여자들의 민주적인 의사결정이 필요한 것은 탈중앙화된 퍼블릭 블록체인의 강점이지만, 참여자들이 합의를 이루지 못하면 커뮤니티가 분열될 수도 있다. 커뮤니티의 분열은 암호화폐가 둘로 쪼개어지는 하드포크를 초래한다.

프라이빗 블록체인에서는 중앙의 관리 조직이 존재하고, 허가된 참여자만이 블록체인 네트워크에 들어올 수 있다. 따라서 프라이빗 블록체인은 '노드 수를 항상 파악한다'는 전제로 운용된다. 정보 처리 속도가 빠르고 제한된 조직 안에서만 정보를 공유하는 특성이 있어 기업형 블록체인 시스템 아키텍처로 검토된다. 프라이빗 블록체인에는 중앙화 개념이 포함되므로 '굳이 블록체인을 사용해야 하느냐'는 비판도 존재한다.

컨소시엄 블록체인은 퍼블릭 블록체인과 프라이빗 블록체인의 중간 형태로 미리 정해진 노드들이 권한을 가지게 되는 블록체인이다. 컨소시엄 블록체인은 분산형 구조를 유지하면서 제한된 참여를 통해 보안을 강화할 수 있고, 퍼블릭 블록체인에서 제기된 느린 거래 속도와 네트워크 확장성 문제도 해결할 수 있다. 이런 점이 금융의 특성과 잘 맞아 블록체인 기술을 이용한 은행 간 거래 목적으로 검토되고 있다.

승인받은 사용자만이 참여할 수 있는 프라이빗 블록체인과 컨소시엄 블록체인은 블록체인에 참여하는 사용자들을 중앙에서 관리하므로 블록체인 근본 사상과는 맞지 않는다는 비판도 있다. 그러나 한정된 숫자의 승인 과정을 거친 사용자들이 참여함으로써 속도가 빠르고 효율성이 높다는 장점이 있다.

블록체인의 유형별 특성을 〈표 1-3〉처럼 정리할 수 있다.

〈표 1-3〉 블록체인 유형별 특징

구분	public blockchain	consortium blockchain	private blockchain
합의 방식	모든 사용자	특정 사용자(특정 노드)	단일조직
참여 권한	불필요	권한 필요	권한 필요
핵심 알고리즘	POW[1], POS[2]	DPOS[3], PBFT[4]	PBFT[4]
정보 공개	모든 사용자	선택 가능(모든 사용자 또는 특정 사용자)	선택 가능(모든 사용자 또는 특정 사용자)
거래 속도	네트워크 확장이 어렵고 거래 속도가 느림	네트워크 확장이 쉽고 거래 속도가 빠름	네트워크 확장이 매우 쉽고 거래 속도가 빠름
효율성	낮음	높음	높음
중앙의 관리 주체	존재하지 않음 (탈중앙화)	일부 존재 (컨소시엄에 소속된 참여자)	존재 (중앙의 관리기관)
식별성	익명성	식별 가능	식별 가능
활용 사례	비트코인, 이더리움 등	R3CEV, Tendermint 등	리플, 나스닥 링크 등

출처: 금융보안원, KPMG
주 1) POW: Proof of Work
주 2) POS: Proof of Stake
주 3) DPOS: Delegated Proof of Stake
주 4) PBFT: Practical Byzantine Fault Tolerance

블록체인의 유용성은 다음과 같이 정리할 수 있다.

- 효율성: 중개 기관을 거치지 않아도 되어 거래수수료가 발생하지 않고, 인프라 투자비용이 절감된다.
- 보안성: 모든 참여자가 같은 장부를 분산하여 보관하여 데이터 조작이 어려우며, 거래가 암호화되어 거래 당사자의 프라이버시를 지킬 수 있다.
- 시스템 안정성: 분산형 네트워크 시스템이므로 일부 노드(참여 시스템)에 문제가 생기더라도 나머지 시스템과 정보가 공유되어 시스템 운영에 큰 영향을 받지 않는다.
- 투명성: 모든 거래 기록을 공개하기 때문에 높은 투명성을 가지며, 거래 추적이 쉽다.

〈그림 1-8〉 블록체인의 유용성

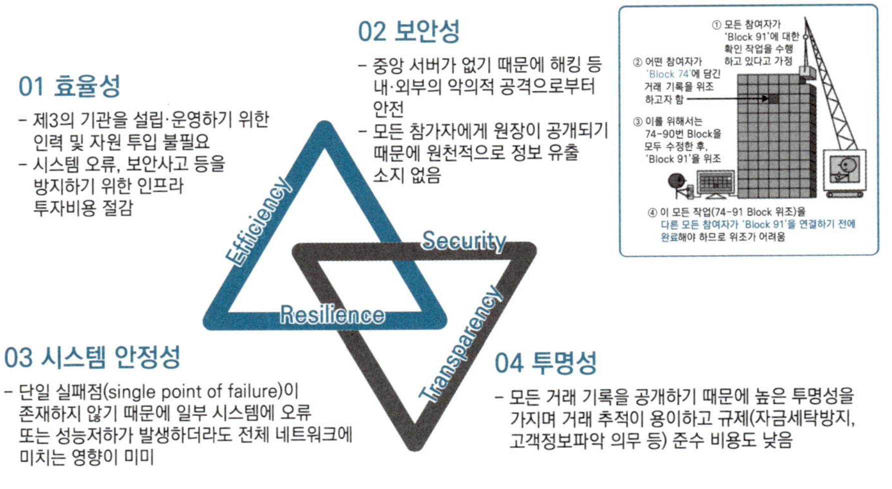

출처: 삼정KPMG 경제연구원이 각 기관의 자료를 토대로 재구성

블록체인 시스템의 단점은 분산형 시스템이기 때문에 중앙 관리 조직이 존재하지 않아 문제 발생 시 책임의 소재가 모호하다는 것이다. 또한 대용량의 데이터를 일시에 반영해야 할 경우 중앙집중형 시스템에서는 간단히 처리할 수 있지만, 분산형 시스템에서는 모든 노드에 같은 데이터를 전파하기 위해서는 여러 차례 승인이 필요하다는 것이다. 이에 따른 시간이 소요되기 때문에 대용량 데이터의 일시 처리가 어려울 수 있다. 그리고 블록체인 시스템에서는 거래가 공개키와 개인키로 암호화되어 익명성을 보장받을 수 있지만, 범죄 수단으로 악용될 우려가 존재한다.

2절 블록체인과 암호화폐의 역사

1. 화폐의 기원과 역사

선사시대에는 조개껍데기가 화폐의 역할을 하였다. 이때 조개껍데기는 가치 저장의 역할보다는 신뢰를 교환하기 위한 증표의 역할, 즉 교환의 기능을 하였다. 화폐의 가치 저장 역할이 중요해진 것은 국가의 개념이 생기면서부터이다. 국가는 조세를 거둬 보관하여야 하므로 이를 위한 가치 저장의 기능을 수행할 화폐를 발행하게 되었고, 이것이 화폐의 시작이다. 동서양의 국가들은 금을 직접 화폐로 이용하였다. 리디아제국의 리디아 금화, 동로마제국의 솔리두스 금화, 베네치아의 두카트, 피렌체의 플로린 등 이탈리아 도시 금화, 이슬람권의 디나르 금화, 영국의 소버린 금화 등이다.

중세의 그림에는 화폐가 상징적인 방식으로 그려졌다. 대표적인 형상은 지옥으로 가는 부자의 목에 걸린 돈주머니이다. 12세기의 유명한 원고 유원지

(Hortus deliciarum)의 한쪽에는 배신의 대가로 30디나르를 받고 예수를 파는 유다의 모습이 표현되어 있다. 중세시대에 화폐는 교회로부터 탐욕의 상징으로 여겨지며 도덕적으로 비판을 받기도 했다.

로마제국은 기독교 교리에 제한되긴 했지만 중요한 화폐 사용법을 물려주었다. 서구 사회는 동방 세계에 각종 원자재(나무, 철, 노예)를 넘겨주었고, 그 대가로 금화를 받았다. 동방 세계와 대규모 거래를 함으로써 서구 사회에서는 금이 비잔틴 화폐와 이슬람 화폐(디나르 금화와 다르함 은화) 형태로 유통되었다. 이러한 화폐들은 통치자들을 부유하게 해주었다.

6세기 말부터 7세기 초 주화에는 왕에게 허가받은 화폐 제작자의 이름이 실렸으며, 이들의 수는 점점 늘어났다. 화폐 제작자는 궁의 관리들, 도시의 금은 세공사들, 주교, 대영지 소유자들이었다. 심지어 떠돌아다니는 화폐 제작자들도 있었고, 갈리아 지방에는 '트리엔스'라는 화폐를 주조하는 화폐 제작자의 수가 1,400명이 넘었다.

중세 교회와 수도원은 현금으로 받은 십일조와 교회 영지 개발로 얻은 화폐를 대부분 유통하지 않고 쌓아두었다. 주화와 거기 들어 있는 귀금속, 금괴와 은덩이는 세공품으로 변형되었는데 교회와 수도원의 수장고에 들어 있는 금은 세공품은 일종의 통화 보유고가 되었다. 화폐가 필요할 경우 이 금은 세공품을 녹여 화폐를 만들었다. 이런 관행이 교회를 넘어 대주주와 국가를 통치하는 왕에게까지 확대됨으로써 중세인들은 화폐 부족으로 곤란을 겪기도 했다.

14세기 무렵 유럽의 화폐는 금화, 은화, 구리 동전 이렇게 3가지 등급으로 나누어졌다. 금화는 귀족과 대상인들의 전유물이었고, 소수의 엘리트만이 사용했다. 대부분 시민은 중요한 물품을 사는 용도로만 은화를 이용했으며, 일상 화폐는 구리 동전이었다.

중세에는 기축통화가 없었다. 각 국가 또는 도시마다 고유 화폐가 존재하였다. 상거래와 국제교역이 늘어감에 따라 이런 화폐들의 교환을 돕는 환전상이 생겨났다. 이탈리아에서 환전상들이 앉아 있는 장소를 'Banco(벤치)'라고 불렀는데 이것이 'Bank(은행)'의 어원이다. 각국은 주요 생산품이 달랐고 화폐가 달랐다. 환전상들은 이런 각각의 화폐를 교환하는 활동을 했다. 마치 오늘날 각기 다른 암호화폐를 환전해주는 암호화폐 거래소처럼 말이다. 뚜렷한 기축통화가 없이 나라, 도시, 지역의 특성에 따라 각기 다른 생산품들과 함께 여러 화폐가 통용되던 중세시대처럼, 암호화폐 시대 역시 각각의 특성에 따라 1,400여 개의 암호화폐가 만들어져 거래되고 있다. 이런 점에서 암호화폐는 '중세의 화폐'라고도 불린다.

이러한 다양한 화폐의 확산에는 성지순례도 큰 역할을 했다. 이슬람교도가 팔레스타인을 재탈환한 이래 독실한 기독교인들은 십자군 원정에서 관심을 거두고 성지순례를 떠났다. 이탈리아 시에나 출신의 순례자 마리아노는 돈 없이 탁발 순례를 떠났다가 많은 고생을 한 듯하다. 1431년 성지순례를 마치고 고향으로 돌아온 그는 이렇게 말했다. "돈(화폐)이 없다면 순례를 떠나지 말아라. 그렇게 하는 자는 톱질을 당해 두 토막이 날 수도 있다. 그게 아니면 신앙을 버려야 할 것이다." 성지순례를 떠날 때 교환가치가 있는 화폐를 꼭 챙기라는 당부였다.

2. 금융위기와 암호화폐의 등장

2000년대 초 미국에서 IT버블이 붕괴되고, 911테러, 아프간/이라크 전쟁 등이 연속적으로 발생하면서 미국 경기가 악화하였다. 미국은 경기부양책으로 저금리 정책을 펼쳤다. 금리를 낮추면 사람들이 대출을 받아 소비한다. 그러면 기업은 매출이 늘고, 고용과 투자가 증가한다. 그러면 가계소득이 증가한다. 그리고 다시 소비가 이뤄진다. 이를 경제의 선순환이라 한다. 2000년대 초 미국인들은 금리가 낮으니 주택담보대출(서브프라임모기지론, subprime mortgage loan)을 받아 집을 샀다. 집을 사려는 사람이 많으니 집값이 계속 올랐다. 은행은 부동산 대출 문턱을 낮췄다. 소득이 낮거나, 신용이 낮은 사람에게도 대출을 해주었다. 대출금리보다 높은 상승률을 보이는 주택가격 때문에 부실채권이 발생하더라도 담보로 잡은 주택가격 상승으로 은행은 손해를 보지 않는 구조였다. 금융회사들은 이익을 극대화하기 위해 주택담보대출을 증권화하여 자본시장에 유통했다. 증권화된 주택담보대출은 높은 수익률이 보장되며 신용등급이 높은 상품으로 알려져 거래량이 폭증했다.

2004년 미국 정부는 저금리 정책을 종료하면서 미국 부동산 버블이 꺼지기 시작했다. 주택담보대출 금리가 올라갔고 저소득층 대출자들은 원리금을 제대로 갚지 못하게 되었다. 돈을 빌려준 금융회사도 위험해졌다. 2007년 4월 미국 2위의 주택담보대출회사 '뉴센추리 파이낸셜'이 파산신청을 했다. 뉴센추리 파이낸셜과 같은 대출회사들은 투자은행으로부터 단기 자금을 지원받아 주택담보대출을 실행한다. 결국, 투자은행도 막대한 손실을 떠안게 되었다. 2008년 9월 대형 투자은행인 리먼 브러더스(Lehman Brothers)도 파산신청을 했다. 미국연방준비제도(Fed)와 미국 재무부는 구제금융 불가 방침을 밝혔고, 결국 리먼 브러더스는 파산했다. 미국의 또 다른 대형 금융사, 증권회사로 파산이 이어졌다. 이는 세계 금융위기로 이어지게 되었다. 결국, 미국 연방준비제도이사회는 2008년 9월 16일 AIG 850억 달러의 구제금융을 제공했다. 뉴욕대의 누리엘 루비니 교수는 '이익이 나면 사유화하고, 손실이 나면 사회화하는 시스템이 지속하고 있다.'며 경영 잘못으로 어려움에 빠진 기업들을 정부가 납세자 부담으로 구제하는 것에 문제를 제기했다.

미국 재무부가 본격적으로 위기에 빠진 금융기관들을 지원하며 중앙정부의 '도덕적 해이' 논란이 커졌다. 심지어 미국 재무부는 렌터카 업체 '에이비스(Avis)'에까지 구제금융 기금을 지원했다. 에이비스에 구제금융을 지원하면 에이비스는 더 많은 렌터카를 살 것이며 그러면 미국 자동차 업체가 살아날 수 있다는 억지 논리를 전개했다. 이런 지원은 미국 연준의 대규모 '양적 완화'를 통해 가능했다. '양적 완화'는 중앙은행이 화폐를 찍어내서 시중에 화폐의 유통량을 확대한다는 뜻이다. 영어로 'Quantitive Easing', 줄여서 'QE'라고 한다. 미국연방준비제도(Federal Reserve System)는 미국의 중앙은행 제도이다. 미국의 법정화폐 '달러'의 발행을 담당하며, 줄여서 연준(Fed)이라고 부른다. 미국연방준비제도(Fed)는 화폐를 찍어낸 뒤, 이 화폐로 미국 정부나 시중은행으로부터 채권을 사들인다. 미국 정부나 은행은 새롭게 생긴 화폐를 시중에 유통한다. '양적 완화'는 정부가 세금을 거둬 다시 지출하는 '재정'과는 다르다. '양적 완화'를 하면 정부의 부채가 늘어나지 않는 대신 화폐의 유통량만 늘어난다. 지나치게 많은 화폐가 시중에 유통되면 화폐의 가치가 떨어진다. 중앙정부를 믿고 정당한 노동을 통해 화폐를 저축하고 있던 일반 시민들이 피해를 보게 된다. 막대한 빚을 갚거나 경기 부양을 위해 실시하는 중앙정부의 '화폐 찍어내기'는 세계사와 한 국가의 역사를 바꿀 만큼 사회와 국민에게 큰 충격을 준다. 제2차 세계대전 이후 독일의 하이퍼인플레이션이 가장 유명한 사례이다. 1차 세계대전에서 패배한 독일은 승전국에 320억 달러라는 천문학적인 배상금을 물어야 했다. 독일 정부가 재정적자를 메우기 위해 화폐를 찍어내다 보니 물가가 급상승했다. 1913년부터 1923년까지 물가가 100억 배 상승했다. 화폐 가치가 떨어져 비누 한 장을 사기 위해 양동이에 화폐를 담아가고, 한 달 치 월급으로 받은 화폐는 한 수레에 달할 지경이었다. 이런 시스템이 가능한 것은 중앙정부가 화폐를 발행할 수 있는 발권력을 가지고 있기 때문이다. 전형적인 중앙집권화된 화폐시스템의 폐해이다. 중앙은행의 발권력 오남용은 돈의 가치를 떨어뜨려 얼마 안 되는 월급과 저축으로 살아가는 보통사람들을 더욱 가능하게 만든다. 2008년 금융위기 때 미국의 '양적 완화'가 그러했다. 그리고 2009년 1월 3일, 비트코인이 탄생했다. 비트코인의 첫 번째 블록이 생성된 것이다.

사토시 나카모토가 만든 비트코인의 첫 번째 블록에는 이런 메모가 적혀있다. '2009년 1월 3일 타임스, 재무부 장관, 은행들을 위한 두 번째 구제금융 임박.' 사토시 나카모토는 달러의 유일한 공급기관인 미국연방준비제도(Fed)가 모든 권한을 갖고 있기 때문이며 이에 탈중앙화된 화폐가 필요하다는 생각을 가졌다. 사토시 나카모토는 그의 홈페이지를 통해 '우리는 중앙은행이 우리의 화폐 가치를 지켜줄 것이라 믿지만, 신용화폐의 역사는 그런 믿음에 대한 배신의 연속이었다.'라는 글을 게시했다. '중앙에서 화폐의 발행량을 관리함으로써 화폐의 가치를 조정하는 중앙집권화된 화폐시스템은 문제가 있다. 화폐의 가치를 임으로 조정할 수 없는 탈중앙화된 화폐시스템이 필요하다'라는 문제의식 아래 비트코인은 탄생했다. 이것이 블록체인 기반 암호화폐, 비트코인의 탄생배경이다. 사토시 나카모토는 독점적인 지위를 가진 중앙의 정부나, 금융기관이 통제하지 않는 화폐의 필요성을 절감했고, 그래서 그는 비트코인을 만들었다.

탈중앙화된 화폐를 주장한 것은 사토시 나카모토가 처음은 아니었다. 1876년 하이에크는 화폐의 탈국가화(The Denationalization of Money)라는 책에서 중앙은행은 정치적 제약으로 인해 높은 인플레이션 문제를 해결할 수 없으므로 화폐공급은 민간 발행 주체들의 경쟁을 통해 시장에서 자유롭게 결정되도록 해야 한다고 주장했다. 그러나 이는 중앙은행제도를 지지하는 당시의 주류학자들에게 '정치적으로 불가능한 주장'으로 받아들여져 논의에서 소외됐다. 사토시 나카모토는 주류 경제학자들에 의해 '정치적으로 불가능한 주장'으로 여겨져 왔던 하이에크의 화폐의 탈국가화 주장을 블록체인 기술로 암호화폐, 비트코인을 탄생시킴으로써 가능하게 했다.

3. 화폐와 국가권력: 조선의 사례

우리나라의 역사를 살펴보면, 화폐발행권은 국가권력의 중요한 유지 수단이었다. 조선 말기의 권력자 흥선대원군은 경복궁을 재건하기 위하여 새로운 화폐 당백전을 발행하여 자금을 조달했다.

당백전은 이후 엄청난 인플레이션을 불러왔고, 사회적으로도 큰 혼란을 일으켰다. 당백전은 부담스러운 고액권으로 발행되었기에 시중에서는 유통이 되지 않았고, 백성들은 기존 화폐인 상평통보를 집에 보관하기 시작했다. 화폐 시스템이 무너진 조선은 급기야 외국 화폐, 즉 청나라의 '청전'을 대신 사용하기에 이르렀다.

이렇듯 권력자는 화폐발행권을 독점함으로써 발행한 화폐를 군인에게 지급하고, 무기를 구매하며 군대를 양성함으로써 국가를 지킨다는 명목으로 국민에게 세금을 징수하는 권력 유지의 순환 고리를 완성했다. 하지만 비트코인 시스템에서는 이런 중앙의 통치행위가 필요 없다. 블록체인 기반으로 정교하게 설계된 비트코인 시스템은 공통된 장부를 구성하기 위한 51% rule, 거짓 행위를 막는 작업증명, 시스템에 협조하는 채굴자들에 대한 보상이라는 세 가지 무기로 중앙의 관리자 없이도 시스템을 유지한다. 암호화폐는 중앙의 관리가 필요 없도록 설계된 화폐이고, 국가권력의 시스템 밖에 있는 화폐이다.

4. 악화와 양화, 그리고 기축통화

16세기 영국의 경제학자, 토머스 그레섬(Tomas Gresham)은 엘리자베스 1세에게 올린 편지에서 가치가 낮은 것이 널리 유통되어 가치가 높은 것을 밀어내는 것을 걱정하였다. '악화가 양화를 구축한다(bad money drives out good)'라는 말이 여기서 나왔다. 예를 들어 액면가는 같지만, 순도가 다른 2개의 은화가 있다면 사람들은 순도가 높은 은화는 집에 보관하고, 순도가 낮은 은화를 사용하여 시중에는 은 함량이 적은 화폐만 통용될 것이다. 즉 투자가치가 있는 통화는 유통되지 않고, 가치가 낮은 화폐만 유통된다.

암호화폐를 비난하는 사람들은 곧잘 이 문장을 인용하여, 악화(암호화폐)가 양화(법정화폐)를 밀어낼 것을 걱정한다. 즉 악화가 양화를 구축하는 '토머스 그레섬(Tomas Gresham)의 법칙'이 재현될 가능성이 존재한다는 것이다. 그러나 암호화폐는 법정화폐와 비교할 때 악화가 아닌 양화이다. 시간이 흘러 암호화폐가 화폐로서 교환의 수단이 될 수 있다는 사회적 신뢰가 쌓이고. 경험의 누적을 통해 가치평가의 척도가 될 수 있다면 양화(암호화폐)가 악화(법정화폐)를 밀어낼 수도 있다.

전 세계 무역 결제통화의 60%를 차지하고 있는 미국의 달러가 기축통화의 지위를 차지한 것은 비교적 최근의 일이다. 1949년 브레턴우즈 시스템에 의해 달러 기준의 금본위제도가 시작되면서부터였다. 1971년 미국의 닉슨 대통령이 금과 달러를 교환할 수 있는 금본위제도를 폐지해 달러가 기축통화 지위를 잃을 위기에 처하기도 했다. 그러나 미국의 국무장관 헨리 키신저가 사우디아라비아를 설득하여 석유 대금의 결제를 달러로만 하도록 함으로써 금 대신 석유와 연동되는 기축통화로서의 입지를 지금까지 유지하고 있다.

3절 암호화폐의 이해

1. 암호화폐의 정의와 분류

2009년 비트코인의 등장 이후, 암호화폐 생태계는 급속히 발전하며 다양화됐다. 초기에는 단순한 대안화폐로 시작했지만, 현재는 복잡한 금융 서비스부터 실물자산 토큰화, 인공지능과의 융합에 이르기까지 광범위한 영역으로 확장됐다.

현대 암호화폐 생태계는 크게 기축 암호화폐, 스테이블코인, 그리고 알트코인으로 분류할 수 있다. 기축 암호화폐에는 '디지털 골드'로 불리는 비트코인과 스마트 컨트랙트 기능을 갖춘 이더리움이 포함된다. 이들은 시가총액 측면에서 암호화폐 시장을 주도하며, 다른 암호화폐의 가치 기준점 역할을 한다.

스테이블코인은 법정화폐(주로 미국 달러)와 가치가 연동되도록 설계된 암호화폐다. USDT(테더), USDC, DAI 등이 대표적이며, 시장 변동성을 줄이고 실생활 거래 및 금융 서비스에 활용된다.

알트코인은 비트코인과 이더리움을 제외한 모든 암호화폐를 지칭하는 광범위한 용어다. 여기에는 솔라나, 아발란체, 카르다노와 같은 독립적인 레이어 1 블록체인과 아비트럼, 옵티미즘, 폴리곤 같은 레이어 2 확장 솔루션이 포함된다. 또한 유니스왑, 에이브, 메이커다오와 같은 디파이(DeFi) 프로젝트의 토큰, 파일코인과 같은 탈중앙화된 물리적 인프라 네트워크(DePIN), 실물자산을 토큰화한 RWA, 그리고 도지코인이나 시바이누 같은 밈코인도 알트코인에 속한다.

2. 시장 구조와 주요 참여자

암호화폐 생태계는 다양한 이해관계자로 구성됐다. 프로토콜 개발자와 팀은 블록체인의 기술적 기반을 설계하고 유지한다. 채굴자와 검증자는 네트워크의 보안을 담당하며, 거래의 유효성을 검증한다. 거래소는 암호화폐 거래를 위한 플랫폼을 제공하며, 중앙화 거래소(CEX)와 탈중앙화 거래소(DEX)로 나뉜다.

투자자 층은 개인 소액 투자자부터 벤처캐피털, 헤지펀드, 기관투자자까지 다양하다. 특히 2020년 이후 기관투자자의 참여가 크게 증가했으며, 2024년 비트코인 ETF 승인은 기관투자자들의 시장 진입을 더욱 촉진했다.

규제 기관은 시장 감독과 법적 프레임워크 설정을 통해 생태계에 영향을 미친다. 각국 정부와 금융 당국은 자금세탁방지(AML)와 테러자금조달방지(CFT) 규정을 강화하고, 투자자 보호 장치를 마련하고 있다.

3. 암호화폐 생태계의 주요 트렌드

암호화폐 생태계는 끊임없이 진화하며, 몇 가지 뚜렷한 트렌드가 관찰된다. 첫째, 기관투자자의 참여 확대다. 비트코인과 이더리움 ETF 출시, 기업들의 비트코인 재무 보유, 금융기관의 디지털 자산 서비스 확대 등이 그 증거다.

둘째, 실용성 중심의 프로젝트 부상이다. 초기 투기적 성격이 강했던 암호화폐 시장은 점차 실제 사용 사례와 효용성을 갖춘 프로젝트로 관심이 옮겨가고 있다. 특히 탈중앙화 금융(DeFi)은 전통 금융 시스템의 대안으로 빠르게 성장했다.

셋째, 블록체인 인프라의 확장성과 상호운용성 개선이다. 이더리움의 확장성 문제 해결을 위한 레이어 2 솔루션, 솔라나와 같은 고성능 레이어 1 블록체인, 그리고 서로 다른 블록체인을 연결하는 크로스체인 프로토콜의 발전이 진행 중이다.

넷째, 실물자산의 토큰화(RWA)다. 부동산, 예술품, 금융상품 등 전통적인 자산을 블록체인에 토큰화하는 움직임이 확대되고 있으며, 이는 자산의 유동성과 접근성을 높인다.

다섯째, AI와 블록체인의 융합이다. 인공지능과 블록체인 기술을 결합한 프로젝트들이 등장하며, 탈중앙화된 AI 모델 개발, 데이터 마켓플레이스, 분산 컴퓨팅 리소스 공유 등 새로운 가능성을 모색하고 있다.

마지막으로, 규제 환경의 변화다. 각국 정부와 규제 기관은 암호화폐와 블록체인 기술을 법적 프레임워크 안에 포함시키려는 노력을 진행 중이며, 이는 시장의 성숙도와 안정성에 큰 영향을 미치고 있다.

4. 비트코인

비트코인은 2008년 사토시 나카모토라는 가명의 개인 또는 그룹이 발표한 논문 "Bitcoin: A Peer-to-Peer Electronic Cash System"에서 처음 제안됐다. 2009년 1월 3일 첫 블록(제네시스 블록)이 생성되며 실제 네트워크가 시작됐다. 비트코인은 중앙 통제 없이 작동하는 최초의 탈중앙화된 디지털 화폐로, 금융 위기 직후 기존 금융 시스템에 대한 대안으로 등장했다.

비트코인은 작업증명(Proof of Work, PoW) 합의 메커니즘을 사용한다. 이는 네트워크 참여자(채굴자)가 복잡한 수학적 문제를 풀어 새로운 블록을 생성하고 거래를 검증하는 방식이다. 이 과정은 상당한 컴퓨팅 파워를 필요로 하며, 10분마다 새로운 블록이 생성된다.

비트코인의 발행량은 최대 2,100만 개로 제한돼 있다. 약 21만 개의 블록마다 채굴 보상이 반으로 줄어드는 '반감기'가 발생하며, 이는 비트코인의 희소성과 가치에 영향을 미친다. 마지막 비트코인은 2140년경에 채굴될 것으로 예상된다.

확장성 문제 해결을 위해 2017년 세그윗(SegWit) 업그레이드가 도입됐으며, 라이트닝 네트워크(Lightning Network)라는 레이어 2 솔루션이 개발돼 소액 결제의 효율성을 높였다. 이러한 기술적 개선은 비트코인의 실용성을 높이는 데 기여했다.

5. 비트코인의 역할과 의의

비트코인은 '디지털 골드'로서 가치 저장 수단의 역할을 한다. 제한된 공급량, 탈중앙화된 특성, 그리고 불변성은 인플레이션 헤지 자산으로서의 매력을 높인다. 일부 기업과 국가는 재무 전략의 일환으로 비트코인을 보유하기 시작했으며, 마이크로스트래티지와 같은 기업은 상당한 양의 비트코인을 보유 중이다. 2021년 엘살바도르는 세계 최초로 비트코인을 법정통화로 채택했으며, 여러 국가에서 결제 수단으로써의 비트코인 수용이 확대되고 있다. 특히 전통적인 금융 시스템에 접근하기 어려운 개발도상국에서 송금과 가치 저장 수단으로 활용되고 있다.

2024년 1월, 미국 증권거래위원회(SEC)는 비트코인 현물 ETF를 승인했다. 이는 전통 금융 시스템 내에서 비트코인에 투자할 수 있는 합법적인 방법을 제공함으로써 기관투자자들의 비트코인 시장 진입 장벽을 낮추는 중요한 이정표가 됐다.

2024년 4월에는 네 번째 반감기가 발생해 채굴 보상이 6.25 BTC에서 3.125 BTC로 감소했다. 과거 사례를 보면 반감기 이후 비트코인 가격이 상승하는 경향이 있었지만, 시장 상황에 따라 다양한 결과가 나타날 수 있다.

향후 비트코인은 금과 같은 가치 저장 수단으로서의 역할이 더욱 강화될 것으로 예상된다. 다만 에너지 소비, 거래 속도, 확장성 등의 과제도 지속적으로 해결해 나가야 한다. 또한 각국의 규제 방향이 비트코인의 미래에 중요한 변수로 작용할 것이다.

6. 이더리움

이더리움은 2013년 비탈릭 부테린이 제안하고, 2015년 7월에 정식으로 출시된 블록체인 플랫폼이다. 단순한 화폐 기능을 넘어 스마트 컨트랙트라는 프로그래밍 가능한 계약 기능을 도입해 블록체인의 활용 범위를 크게 확장했다.

이는 탈중앙화 애플리케이션(DApp), 탈중앙화 금융(DeFi), 대체불가능토큰(NFT) 등 다양한 생태계의 기반이 됐다.

이더리움은 출시 당시 비트코인과 같은 작업증명(PoW) 합의 메커니즘을 사용했으나, 2022년 9월 '머지(The Merge)'라는 중요한 업그레이드를 통해 지분증명(Proof of Stake, PoS) 방식으로 전환했다. 이는 에너지 소비를 99.95% 감소시켰으며, 네트워크의 보안성과 확장성을 향상시켰다. 이더리움 가상 머신(EVM)은 이더리움의 핵심 기술로, 스마트 컨트랙트를 실행하는 분산 컴퓨팅 환경이다. 개발자들은 솔리디티(Solidity)라는 프로그래밍 언어를 사용해 이더리움 블록체인에서 실행되는 스마트 컨트랙트를 작성할 수 있다. 이더리움은 지속적인 업그레이드를 통해 네트워크를 개선하고 있다. '머지' 이후에도 '서지(The Surge)', '버지(The Verge)', '퍼지(The Purge)', '스플러지(The Splurge)'라는 추가 업그레이드가 계획돼 있으며, 이는 확장성과 보안성을 더욱 향상시킬 것으로 기대된다.

탈중앙화 금융(DeFi)은 이더리움에서 가장 성공적인 응용 사례 중 하나로, 대출, 예금, 자산 교환, 파생상품 등 다양한 금융 서비스를 중개자 없이 제공한다. 유니스왑, 에이브, 컴파운드 등이 대표적인 DeFi 프로토콜이다.

대체불가능토큰(NFT)은 이더리움의 또 다른 중요한 응용 분야다. 디지털 아트, 수집품, 게임 아이템 등 고유한 디지털 자산의 소유권을 블록체인에 기록함으로써 새로운 디지털 소유권 패러다임을 창출했다.

탈중앙화 자율조직(DAO)은 이더리움 기반의 새로운 조직 형태로, 중앙 권위 없이 구성원들이 투표를 통해 의사결정을 내린다. MakerDAO, Uniswap DAO 등이 대표적인 사례다.

7. 이더리움의 확장성 솔루션

이더리움 메인넷의 한정된 처리 용량과 높은 거래 수수료(가스비) 문제를 해결하기 위해 다양한 레이어 2 확장 솔루션이 개발됐다. 롤업(Rollup) 기술은 메인넷의 보안성을 유지하면서 다수의 거래를 묶어 처리함으로써 확장성을 높이는 방식이다.

옵티미스틱 롤업(Optimistic Rollup)과 ZK-Rollup은 두 가지 주요 롤업 방식이다. 아비트럼, 옵티미즘은 옵티미스틱 롤업을 사용하며, zkSync, StarkNet은 ZK-Rollup을 사용한다. 이들 레이어 2 솔루션은 이더리움 생태계의 확장성을 크게 향상시키고 있다.

8. 최근 발전과 전망

2023년 4월 '샹하이(Shanghai)' 업그레이드를 통해 스테이킹된 이더(ETH)의 인출이 가능해졌으며, 이더리움 스테이킹의 성장을 촉진했다. 2024년 3월 '덴크셔딩(Danksharding)' 업그레이드는 데이터 가용성을 향상시켜 롤업의 효율성을 높였다.

2024년 5월, 미국 증권거래위원회(SEC)는 이더리움 현물 ETF를 승인했다. 이는 이더리움의 제도권 편입을 촉진하고, 기관투자자들의 접근성을 높이는 중요한 진전이다.

이더리움은 앞으로도 스마트 컨트랙트 플랫폼으로서의 지위를 유지하면서, 확장성, 사용성, 보안성을 지속적으로 개선해 나갈 것으로 전망된다. 특히 영지식증명기술(ZKP)을 활용한 프라이버시와 확장성 향상이 주목받고 있다.

9. 스테이블 코인

1) 법정화폐 담보형 스테이블코인

스테이블코인은 가격 변동성이 큰 암호화폐 시장에서 안정적인 가치를 유지하도록 설계된 특수한 형태의 디지털 자산이다. 법정화폐 담보형 스테이블코인은 미국 달러와 같은 법정통화를 담보로 발행되며, 이론적으로 1:1 비율로 교환이 가능하다.

테더(USDT)는 2014년 출시된 최초의 스테이블코인 중 하나로, 현재 스테이블코인 시장에서 가장 높은 시가총액을 보유하고 있다. 테더는 미 달러, 유로, 엔화 등 여러 법정통화에 페그된 스테이블코인을 발행하지만, 미 달러에 페그된 USDT가 가장 널리 사용된다. 2023년 테더는 투명성을 높이기 위해 정기적인 준비금 감사 보고서를 발행하고 있으며, 미국 재무부 단기채권을 포함한 안전한 자산으로 준비금을 구성하고 있다고 밝혔다.

USD 코인(USDC)은 2018년 코인베이스와 서클이 공동 설립한 센터(Centre) 컨소시엄에서 발행한 스테이블코인이다. USDC는 테더와 유사하게 미 달러와 1:1로 페그되어 있으나, 규제 준수와 투명성에 더 중점을 두고 있다. 모든 USDC 발행량에 상응하는 미 달러 준비금을 보유하고 있으며, 이를 정기적으로 독립된 회계법인을 통해 감사받고 있다.

바이낸스 USD(BUSD)는 세계 최대 암호화폐 거래소인 바이낸스와 팍소스(Paxos)가 협력하여 출시한 스테이블코인이다. 2022년 뉴욕 금융서비스부(NYDFS)의 규제 조치로 발행이 중단되었지만, 여전히 시장에서 거래되고 있다.

2) 암호화폐 담보형 스테이블코인

암호화폐 담보형 스테이블코인은 법정화폐 대신 이더리움과 같은 다른 암호화폐를 담보로 사용한다. 이 방식은 완전히 온체인에서 이루어지기 때문에 더 높은 수준의 탈중앙화와 투명성을 제공한다.

다이(DAI)는 메이커다오(MakerDAO)에서 발행하는 대표적인 암호화폐 담보형 스테이블코인이다. 사용자는 이더리움과 같은 암호화폐를 담브로 예치하고, 그 가치의 일정 비율만큼 DAI를 발행할 수 있다. 담보 비율은 일반적으로 150% 이상으로 유지되어야 하며, 이는 담보 자산의 가격 변동성에 대비한 안전장치다. 메이커다오는 담보 비율이 기준 이하로 떨어지면 자동 청산 메커니즘을 통해 시스템의 안정성을 유지한다.

리퀴드 스테이킹 파생상품(Liquid Staking Derivatives)은 최근 부상한 새로운 형태의 암호화폐 담보 자산이다. 리도 파이낸스(Lidc Finance)의 스테이킹된 이더(stETH)가 대표적인 예로, 사용자가 이더리움을 스테이킹하고 받는 토큰이다. 이 토큰은 원래 스테이킹된 이더와 스테이킹 보상을 모두 나타내며, DeFi 생태계에서 담보로 사용될 수 있다.

3) 알고리즘 기반 스테이블코인

알고리즘 기반 스테이블코인은 외부 자산을 담보로 사용하지 않고, 스마트컨트랙트와 알고리즘을 통해 가격 안정성을 유지하려는 시도다. 이 방식은 이론적으로 완전한 탈중앙화를 달성할 수 있지만, 실제로는 여러 도전과제를 마주하고 있다.

테라 USD(UST)는 한때 성공적인 알고리즘 스테이블코인으로 여겨졌으나, 2022년 5월 붕괴되었다. 테라와 루나의 발행-소각 메커니즘에 기반한 이 시스템은 시장 압력이 극단적일 때 취약성을 드러냈다. 이 사건은 알고리즘 스테이블코인의 리스크를 드러내는 동시에, 업계 전반에 걸친 규제 강화의 계기가 되었다.

프랙셔널 알고리즘 스테이블코인은 부분적으로 자산을 담보로 하면서도 알고리즘 메커니즘을 활용하는 하이브리드 접근법이다. FRAX가 대표적인 예로, 부분적으로 USDC를 담보로 사용하면서도 알고리즘을 통한 가격 안정화 메커니즘을 결합했다.

10. 규제 동향과 CBDC와의 관계

스테이블코인은 그 사용성과 중요성이 커지면서 규제 당국의 주목을 받고 있다. 미국에서는 금융안정감시위원회(FSOC)가 스테이블코인을 잠재적 시스템 리스크로 지정했으며, 의회는 다양한 스테이블코인 규제안을 논의 중이다. 유럽연합은 암호자산시장법(MiCA)을 통해 스테이블코인에 대한 포괄적인 규제 프레임워크를 도입했다.

중앙은행 디지털 화폐(CBDC)는 중앙은행이 발행하는 디지털 형태의 법정통화로, 스테이블코인과 기능적으로 유사하지만 발행 주체와 권한이 다르다. 중국의 디지털 위안, 유럽의 디지털 유로, 미국의 디지털 달러 등 많은 국가들이 CBDC 개발을 진행 중이다. CBDC의 등장은 스테이블코인과 경쟁하거나 공존하는 형태로 디지털 결제 생태계를 재편할 가능성이 있다.

11. 알트코인 생태계

1) 레이어 1 블록체인

레이어 1 블록체인은 자체적인 합의 메커니즘, 토큰, 그리고 독립적인 네트워크 인프라를 갖춘 기본 블록체인 플랫폼이다. 비트코인과 이더리움 외에도 다양한 레이어 1 블록체인이 각자의 특성과 목표를 가지고 생태계를 구축하고 있다.

솔라나(Solana)는 2020년 출시된 고성능 레이어 1 블록체인으로, 역사증명(Proof of History, PoH)이라는 혁신적인 합의 메커니즘을 도입했다. 역사증명은 기존의 지분증명(PoS) 방식에 시간 변수를 추가한 것으로, 블록체인 네트워크에서 발생한 거래내역 사이에 타임스탬프를 기록해 시간순으로 추적하고 검증할 수 있도록 한다. 이로 인해 다른 검증자들의 합의를 기다리지 않고도 빠른 거래 처리가 가능하며, 이론상 초당 6만 건 이상의 거래 처리 속도(TPS)를 달성할 수 있다.

솔라나는 낮은 거래 수수료와 빠른 처리 속도로 DeFi, NFT, 게임 등 다양한 애플리케이션을 지원하고 있다. 2022년 FTX 거래소 파산 사태로 타격을 입었으나, 이후 회복하며 다양한 애플리케이션과 사용자를 확보하고 있다. 주피터(Jupiter), 레이디움(Raydium) 등의 DeFi 프로토콜이 솔라나 생태계에서 활발히 운영되고 있다.

아발란체(Avalanche)는 이더리움 가상 머신(EVM)과 호환되는 레이어 1 블록체인으로, 스노우맨 컨센서스라는 독특한 합의 메커니즘을 사용한다. 아발란체는 세 개의 상호운용 가능한 블록체인(X-Chain, C-Chain, P-Chain)으로 구성되어 있으며, 각각 자산 교환, 스마트 컨트랙트 실행, 검증자 조정 등의 역할을 담당한다.

아발란체의 주요 특징은 서브넷(Subnet) 기술이다. 서브넷은 특정 용도에 최적화된 맞춤형 블록체인을 구축할 수 있게 해주는 기술로, 기업이나 프로젝트가 자체 규칙과 토큰을 가진 독립적인 블록체인을 아발란체 네트워크 내에서 운영할 수 있다. 이러한 확장성과 유연성 덕분에 아발란체는 게임, DeFi, 엔터프라이즈 솔루션 등 다양한 분야에서 채택되고 있다.

카르다노(Cardano)는 이더리움 공동 창립자인 찰스 호스킨슨이 설립한 학술 연구 기반의 블록체인 플랫폼이다. 카르다노는 학계의 엄격한 연구와 검증을 거친 후 단계적으로 기능을 구현하는 접근법을 취하고 있다. 지분증명 기반의 '우로보로스(Ouroboros)' 합의 프로토콜을 사용하며, 안전성과 에너지 효율성을 강조한다.

카르다노는 5단계 로드맵(바이런, 셸리, 고겐, 바쇼, 볼테어)에 따라 발전하고 있으며, 2021년 '알론조(Alonzo)' 업그레이드를 통해 스마트 컨트랙트 기능을 도입했다. 특히 아프리카 국가들과의 협력을 통해 신원 관리, 교육 인증, 공급망 추적 등의 프로젝트를 진행하고 있다.

니어 프로토콜(NEAR Protocol)은 샤딩 기술을 활용한 확장성 높은 레이어 1 블록체인이다. 샤딩은 블록체인 네트워크를 여러 개의 작은 조각(샤드)으로 나누어 처리 능력을 향상시키는 기술이다. 니어는 개발자 친화적인 환경을 제공하기 위해 자체 개발한 러스트 기반 프로그래밍 언어와 웹어셈블리(WASM) 가상 머신을 사용한다.

폴카닷(Polkadot)과 코스모스(Cosmos)는 서로 다른 블록체인 간의 상호운용성을 강조하는 레이어 1 플랫폼이다. 폴카닷은 '릴레이 체인'과 '파라체인'이라는 구조를 통해 다양한 특화된 블록체인이 서로 연결될 수 있는 생태계를 구축하고 있다. 코스모스는 'IBC(Inter-Blockchain Communication)' 프로토콜을 통해 독립적인 블록체인들이 서로 통신할 수 있도록 하는 '블록체인의 인터넷'을 지향한다.

2) 레이어 2 확장 솔루션

레이어 2 확장 솔루션은 기존 레이어 1 블록체인(주로 이더리움)의 확장성 문제를 해결하기 위해 설계된 기술이다. 이 솔루션들은 메인 블록체인 위에 구축되어 거래 처리를 분산시키고, 최종 결과만 메인 체인에 기록함으로써 처리 용량을 늘리고 비용을 줄이는 역할을 한다.

롤업(Rollup)은 가장 널리 사용되는 레이어 2 기술로, 다수의 거래를 묶어 처리하고 그 결과를 메인 체인에 기록한다. 롤업은 크게 두 가지 유형으로 나뉜다:

옵티미스틱 롤업(Optimistic Rollup): 모든 거래가 기본적으로 유효하다고 가정하며, 사기 증명(Fraud Proof)을 통해 문제가 있는 거래만 검증한다. 아비트럼(Arbitrum)과 옵티미즘(Optimism)이 대표적인 옵티미스틱 롤업 프로젝트다.

ZK롤업(ZK-Rollup): 영지식 증명(Zero-Knowledge Proof) 기술을 사용해 거래의 유효성을 증명하는 방식이다. 모든 거래의 유효성을 암호학적으로 증명하기 때문에 더 높은 보안성을 제공한다. zkSync, StarkNet 등이 대표적인 ZK-Rollup 프로젝트다.

아비트럼(Arbitrum)은 옵티미스틱 롤업 기술을 사용하는 이더리움 레이어 2 솔루션으로, 높은 처리량과 낮은 거래 수수료를 제공한다. 아비트럼은 이더리움과 완전히 호환되기 때문에 개발자들이 기존 이더리움 dApp을 쉽게 이전할 수 있다. 현재 가장 많은 자금이 예치된 레이어 2 솔루션 중 하나로, GMX, Camelot, Radiant 등의 주요 DeFi 프로토콜이 아비트럼에서 운영되고 있다.

옵티미즘(Optimism)은 아비트럼과 유사한 옵티미스틱 롤업 방식을 사용하지만, '순차적 증명(Sequencer)'이라는 독특한 설계 철학을 가지고 있다. 옵티미즘은 'Optimism Collective'라는 DAO를 통해 거버넌스가 이루어지며, 옵티미즘 토큰(OP)을 통해 생태계 참여자들에게 인센티브를 제공한다. 유니스왑, 신시스, 퍼펫 등의 프로토콜이 옵티미즘에서 활발히 운영되고 있다.

폴리곤(Polygon)은 다양한 확장성 솔루션을 제공하는 프로젝트로, 초기에는 사이드체인 형태로 출발했다. 현재는 zkEVM, Avail, Miden 등 다양한 기술을 통합하는 '폴리곤 2.0' 전략을 추진하고 있다. 특히 폴리곤 zkEVM은 영지식증명기술(ZKP)을 활용해 이더리움 가상 머신과 완벽하게 호환되는 확장성 솔루션을 제공한다. 폴리곤은 낮은 거래 수수료와 빠른 확정 시간 덕분에 많은 DeFi, 게임, NFT 프로젝트의 플랫폼으로 사용되고 있다.

Base는 코인베이스가 출시한 이더리움 레이어 2 솔루션으로, 옵티미즘의 OP Stack 기술을 기반으로 한다. 2023년 출시 이후 빠르게 사용자와 프로젝트를 유치하며 성장하고 있으며, 코인베이스의 인프라와 결합해 암호화폐 접근성을 높이는 데 중점을 두고 있다.

블라스트(Blast)는 2024년 초 출시된 새로운 레이어 2 솔루션으로, 네이티브 수익 생성 기능을 핵심 제안으로 내세우고 있다. 사용자들의 이더와 스테이블코인이 자동으로 수익을 창출하도록 설계되었으며, 이는 많은 투자자와 사용자들의 관심을 끌었다.

3) 디파이(DeFi) 프로토콜

탈중앙화 금융(DeFi)은 전통적인 금융 서비스를 블록체인 기술과 스마트 컨트랙트를 통해 중개자 없이 제공하는 개방형 금융 생태계를 말한다. 2020년부터 폭발적으로 성장한 DeFi 생태계는 다양한 금융 서비스를 제공하는 프로토콜들로 구성되어 있다.

탈중앙화 거래소(DEX)는 중앙화된 관리자나 보관자 없이 암호화폐를 교환할 수 있는 플랫폼이다. 유니스왑(Uniswap)은 이더리움 기반의 가장 인기 있는 DEX로, 자동화된 마켓 메이커(AMM) 모델을 통해 유동성 풀에서 토큰 교환이 이루어진다. 유니스왑 V3는 집중 유동성(Concentrated Liquidity) 기능을 도입해 유동성 제공자의 자본 효율성을 크게 향상시켰다.

주피터(Jupiter)는 솔라나 생태계에서 가장 큰 DEX 애그리게이터로, 다양한 유동성 소스를 활용해 최적의 교환 경로를 제공한다. 솔라나의 빠른 처리 속도와 낮은 수수료를 활용해 효율적인 토큰 스왑 서비스를 제공하고 있다.

대출 및 예금 프로토콜은 DeFi에서 가장 기본적인 금융 서비스 중 하나다. 에이브(Aave)는 이더리움과 여러 레이어 2 네트워크에서 운영되는 대출 프로토콜로, 사용자들은 자산을 예치하고 다른 암호화폐를 담보로 대출받을 수 있다. 특히 플래시론(Flash Loan)이라는 혁신적인 기능을 통해 담보 없이도 한 블록 내에서 대출과 상환이 가능한 서비스를 제공한다.

컴파운드(Compound)는 알고리즘 기반의 금리 모델을 사용하는 대출 프로토콜로, 공급과 수요에 따라 금리가 자동으로 조정된다. 컴파운드는 2020년 COMP 토큰을 통한 거버넌스 권한 분배와 유동성 마이닝(Liquidity Mining)을 도입해 'DeFi 여름'이라 불리는 DeFi 붐을 촉발했다.

스테이킹 및 유동성 스테이킹 서비스는 PoS 기반 블록체인의 성장과 함께 중요한 DeFi 카테고리로 부상했다. 리도(Lido)는 가장 큰 탈중앙화 스테이킹 서비스로, 사용자들이 이더리움, 솔라나, 폴카닷 등 다양한 PoS 블록체인에 자산을 스테이킹하고 이에 상응하는 유동성 토큰(stETH, stSOL 등)을 받을 수 있다. 이 토큰들은 DeFi 생태계에서 담보로 활용될 수 있어, 스테이킹된 자산의 유동성을 확보할 수 있다.

신시스(Synthetix)와 메이커다오(MakerDAO)는 합성 자산 및 스테이블코인 발행 프로토콜이다. 신시스는 사용자들이 SNX 토큰을 담보로 다양한 합성 자산(주식, 상품, 지수 등)을 만들 수 있게 하며, 메이커다오는 다양한 암호화폐를 담보로 DAI 스테이블코인을 발행할 수 있는 플랫폼이다.

DeFi 애그리게이터와 수익 최적화 프로토콜은 다양한 DeFi 서비스를 통합해 사용자의 편의성과 수익을 향상시키는 서비스다. 연 파이낸스(Yearn Finance)는 이자율이 가장 높은 대출 프로토콜로 자금을 자동 이동시키는 수익 최적화 전략을 제공한다. 1인치(1inch)는 여러 DEX의 유동성을 활용해 최적의 교환 경로를 찾아주는 DEX 애그리게이터다.

4) 실물자산 토큰화(RWA)

실물자산 토큰화(RWA)는 부동산, 미술품, 상품, 주식 등 전통적인 자산을 블록체인에 토큰 형태로 표현하는 것이다. 이는 디지털자산과 전통 금융시장 사이의 가교 역할을 하며, 기존 자산에 유동성과 접근성을 더하는 혁신적 응용 분야로 주목받고 있다.

RWA 토큰화의 핵심 인프라는 오라클(Oracle) 서비스다. 오라클은 블록체인 외부의 데이터를 안전하게 온체인으로 전달하는 역할을 한다.

체인링크(Chainlink)는 가장 널리 사용되는 탈중앙화 오라클 네트워크로, 다양한 데이터 소스에서 정보를 수집해 블록체인 스마트 컨트랙트에 제공한다. 체인링크의 신뢰성 높은 데이터 피드는 많은 DeFi 프로토콜과 RWA 프로젝트의 기반이 되고 있다.

피스(Pyth Network)는 솔라나(Solana) 생태계에서 출발해 다양한 블록체인으로 확장된 고성능 오라클 네트워크다. 전통 금융기관과 거래소로부터 직접 데이터를 받아 정확하고 빠른 가격 피드를 제공하며, 특히 금융 시장 데이터에 강점을 지닌다.

온도(Ondo Finance)는 기관 투자자와 개인 투자자를 연결하는 RWA 플랫폼이다. 미국 재무부 채권, 단기 금융 상품 등을 토큰화하여 투자할 수 있는 펀드를 제공하며, 대표적인 상품으로는 OUSG(미국 단기 국채 토큰)와 USDY(달러 수익형 토큰)가 있다. 이를 통해 전통 금융 상품에 보다 쉽게 접근할 수 있도록 지원한다.

RWA 토큰화는 자산의 분할 소유, 글로벌 접근성, 거래 비용 절감 등 다양한 장점을 제공한다. 그러나 동시에 법적 인정, 규제 프레임워크, 자산 평가, 커스터디 관리 등 해결해야 할 과제도 안고 있다. 각국 규제당국은 RWA 토큰화에 대한 법적 기반을 정비해 나가고 있으며, 이는 장기적으로 산업의 안정적 성장을 뒷받침할 것으로 전망된다.

5) 디핀(DePIN)과 AI 코인

디핀(DePIN, Decentralized Physical Infrastructure Networks)은 블록체인 기술과 토큰 인센티브를 활용해 탈중앙화된 물리적 인프라 네트워크를 구축하는 새로운 패러다임이다. 클라우드 컴퓨팅, 스토리지, 네트워킹, GPU 리소스 등 다양한 영역에서 AWS, Azure, GCP 같은 중앙화된 서비스 제공자에 대한 대안을 제시하고 있다.

DePIN의 핵심 메커니즘은 토큰 인센티브를 통한 참여 유도다. 개인들이 자신이 보유한 스토리지, 컴퓨팅 파워, 네트워크 대역폭 등을 네트워크에 제공하면 토큰 보상을 받는다. 이는 네트워크 성장과 토큰 가치 상승으로 이어지는 선순환 구조를 형성한다.

대표적인 사례로, 파일코인(Filecoin)은 IPFS(InterPlanetary File System) 기반의 탈중앙화 스토리지 네트워크를 구축했다. 사용자는 유휴 스토리지 공간을 제공하고 FIL 토큰을 보상으로 받으며, 고유한 증명 메커니즘을 통해 데이터의 지속성과 검색 가능성을 보장한다.

IO.NET은 GPU 리소스를 공유하는 탈중앙화 네트워크로, 디지털 콘텐츠 제작자, 3D 아티스트, VFX 스튜디오 등에게 분산된 GPU 파워를 제공한다. 렌더 네트워크(Render Network)와 밀접한 관계를 가지며, 최근에는 AI 컴퓨팅, 게임, 메타버스 등으로 서비스 영역을 확장하고 있다.

아카시 네트워크(Akash Network)는 탈중앙화된 클라우드 컴퓨팅 마켓플레이스를 지향한다. 사용자는 자신의 서버나 데이터센터, 개인 컴퓨터의 유휴 자원을 임대할 수 있으며, 기존 중앙화 클라우드 서비스 대비 최대 85% 저렴한 비용으로 컴퓨팅 리소스를 제공한다고 주장한다. 네트워크 내에서는 AKT 토큰이 사용된다.

한편, AI 코인은 인공지능(AI) 기술과 블록체인을 결합한 프로젝트들의 토큰을 포괄하는 개념이다. 주된 목표는 AI 데이터, AI 모델 개발, AI 리소스 관리의 탈중앙화다.

오션 프로토콜(Ocean Protocol)은 데이터 공유와 거래를 위한 탈중앙화 마켓플레이스를 구축했다. Compute-to-Data 기능을 통해 데이터 소유자는 데이터를 직접 이동시키지 않고도 AI 개발자들이 데이터에 접근해 분석하고 학습할 수 있게 지원한다.

Fetch.ai는 AI 기반 자율 에이전트 기술을 개발하는 프로젝트로, 스마트 시티, 모빌리티, 여행 산업 등에서 탈중앙화 서비스를 구현하고 있다.

DePIN과 AI 코인은 모두 탈중앙화된 리소스 공유와 토큰 인센티브 기반 네트워크라는 공통된 특징을 지닌다. 특히 AI 워크로드를 위한 탈중앙화 인프라 구축에서 두 분야는 강력한 시너지를 창출하고 있으며, 디지털 인프라의 미래를 재편할 핵심 축으로 부상하고 있다.

6) 밈코인(커뮤니티 기반 암호화폐)

밈코인(Meme Coins)은 인터넷 밈이나 특정 문화적 요소를 바탕으로 탄생한 암호화폐다. 실용적 용도나 기술적 혁신보다는 커뮤니티의 참여와 공감대에 의해 가치가 형성되는 것이 특징이다. 대부분 특별한 가치 제안 없이 문화적 현상으로 시작하며, 빠른 속도로 대중의 관심을 끌어모은다.

대표적인 예로 도지코인(Dogecoin)은 2013년 시바 이누(Shiba Inu) 견종을 모티브로 만들어졌다. 비트코인을 풍자하려는 장난에서 출발했지만, 시간이 흐르며 강력한 커뮤니티를 구축하고 상당한 시가총액을 달성했다. 테슬라 CEO 일론 머스크의 공개적인 지지는 도지코인의 대중적 인지도를 크게 높였으며, 일부 기업은 도지코인을 결제 수단으로 채택하기도 했다.

시바 이누(Shiba Inu)는 2020년 도지코인 '킬러'를 자처하며 등장했다. 같은 시바 이누 견종을 마스코트로 내세웠지만, 이더리움 기반으로 시바스왑(ShibaSwap) DEX, NFT 플랫폼, 메타버스 프로젝트 등 다양한 기능을 추가하며 단순 밈코인 이상의 생태계를 구축하려 하고 있다.

페페(Pepe)는 2005년 만화에서 유래한 개구리 캐릭터를 밈화한 암호화폐다. 2023년 출시된 이 밈코인은 특별한 기능 없이 순수한 밈 문화를 기반으로 폭발적인 인기를 끌었다.

봉크(BONK)는 솔라나(Solana) 생태계에서 주목받는 밈코인이다. 2022년 FTX 사태 이후 침체된 솔라나 네트워크에 활기를 불어넣었으며, 다양한 솔라나 기반 프로젝트와의 협력을 통해 생태계 내 유틸리티를 확장하고 있다.

밈코인의 핵심은 빠르고 강력한 커뮤니티 형성에 있다. 이들은 소셜 미디어를

통해 밈을 공유하고 프로젝트 인식을 확산시키며, 토큰 가치를 지지하는 집단적 힘을 발휘한다. 낮은 진입장벽과 포용적인 문화 덕분에 암호화폐에 처음 입문하는 사람들이 쉽게 접근할 수 있다.

그러나 밈코인은 기술적 혁신이나 실질적 용도가 제한적이며, 트기적 성향이 강하고 가격 변동성이 크다는 점에서 높은 리스크를 수반한다. 특히 초기 창립자나 대형 보유자가 대량 매각할 경우, '러그 풀(rug pull)'과 같은 피해가 발생할 가능성도 존재한다.

최근 일부 밈코인들은 단순한 재미를 넘어 실용적 기능과 지속 가능한 생태계를 구축하려는 시도를 이어가고 있다. 밈코인은 암호화폐 생태계에 독특한 문화적 활력을 불어넣지만, 투자자는 항상 높은 변동성과 리스크를 인지하고 신중히 접근해야 한다.

12. DAO의 개념과 발전

탈중앙화 자율 조직(Decentralized Autonomous Organization, DAO)은 중앙화된 리더십 없이 블록체인과 스마트 컨트랙트를 통해 운영되는 새로운 형태의 조직이다. DAO는 조직의 규칙과 의사결정 과정을 코드에 명시하고, 토큰 보유자들이 직접 거버넌스에 참여하는 탈중앙화된 구조를 가진다.

DAO의 역사는 2016년 '더 DAO(The DAO)'의 출범으로 시작된다. 당시 더 DAO는 스마트 컨트랙트 기반 투자 펀드를 목표로 했으나, 코드 취약점을 이용한 해킹으로 막대한 자금 손실을 입었다. 이 사건은 이더리움 커뮤니티 내에서 심각한 논란을 불러일으켰고, 결국 이더리움(ETH)과 이더리움 클래식(ETC)으로 하드포크되는 결과를 낳았다. 비록 초기 DAO는 실패로 끝났지만, DAO라는 개념 자체는 DeFi(탈중앙화 금융) 성장과 함께 꾸준히 발전해 왔다.

2020년 이후 MakerDAO, Uniswap, Aave 등 다양한 DeFi 프로토콜이 거버넌스 토큰을 통해 탈중앙화된 거버넌스 모델을 도입하면서 DAO는 다시 급격히 확산되었다. 이들은 모두 커뮤니티 참여를 기반으로 의사결정을 내리며, 전통적인 중앙 집중형 조직과는 다른 운영 방식을 보여주고 있다.

DAO의 핵심 원칙은 투명성, 개방성, 탈중앙화된 의사결정이다. 모든 거래와 의사결정 과정은 블록체인에 기록되어 누구나 검증할 수 있으며, 토큰을 보유한 누구나 거버넌스에 참여할 수 있다. 중앙집중적 리더십 대신 커뮤니티의 집단적 합의에 따라 운영된다는 점에서 DAO는 기존 조직 모델에 대한 근본적 대안을 제시하고 있다.

13. 암호화폐 거버넌스 모델

암호화폐 프로젝트는 네트워크 업그레이드, 파라미터 조정, 자금 할당 등 주요 의사결정을 위해 다양한 거버넌스 모델을 발전시켜 왔다. 크게 온체인(On-Chain) 거버넌스와 오프체인(Off-Chain) 거버넌스로 구분할 수 있다.

온체인 거버넌스는 투표와 의사결정이 블록체인 상에서 직접 이루어지는 방식이다. 토큰 보유자들은 제안에 대해 투표하고, 그 결과가 자동으로 집행된다. 이 방식은 높은 투명성과 참여 보장을 특징으로 한다. 대표적인 사례로 테조스(Tezos)가 있으며, 자체 업그레이드 거버넌스 메커니즘을 통해 스마트 컨트랙트로 네트워크 변경을 처리한다.

오프체인 거버넌스는 주요 의사결정이 블록체인 외부에서 이루어진다. 비트코인과 초기 이더리움은 코어 개발자, 채굴자, 노드 운영자, 사용자 등 다양한 이해관계자의 합의를 통해 프로토콜 변경을 추진하는 오프체인 방식을 채택했다.

하이브리드 모델은 온체인과 오프체인 접근법을 결합한 형태다. 많은 DeFi 프로토콜은 커뮤니티 포럼이나 Snapshot과 같은 오프체인 도구를 통해 비공식 논의와 사전 투표를 진행한 뒤, 최종 결정을 온체인 투표로 확정하는 방식을 사용한다.

거버넌스 토큰은 DAO 운영의 핵심 역할을 한다. 거버넌스 토큰은 투표권을 부여하고, 프로토콜의 방향성과 주요 결정에 영향력을 행사한다. 대표적인 거버넌스 토큰으로는 MakerDAO의 MKR, Uniswap의 UNI, Aave의 AAVE 등이 있다.

투표 메커니즘은 다양하게 발전해왔다. 가장 기본적인 토큰 가중 투표(1토큰=1표) 외에도, 제곱 투표(투표권이 토큰 수의 제곱근에 비례), 대리 투표(다른 사용자에게 투표권 위임), 시간 가중 투표(토큰 보유 기간에 따라 투표력 부여) 등이 존재한다. 이는 참여와 대표성을 높이기 위한 다양한 실험의 결과물이다. 암호화폐 거버넌스는 탈중앙화된 조직 모델의 핵심 요소로 자리 잡고 있으며, 앞으로도 다양한 형태로 진화할 것으로 보인다.

14. 실제 DAO 사례 연구

MakerDAO는 스테이블코인 DAI를 관리하는 가장 성공적인 탈중앙화 자율조직(DAO) 중 하나다. MKR 토큰 보유자들은 담보율, 안정화 수수료, 새로운 담보 자산 추가 등 DAI 시스템의 핵심 파라미터를 결정한다. 최근 MakerDAO는 실물자산(Real World Assets, RWA)을 담보로 받아들이는 방향으로 확장하면서, 전통 금융과 DeFi를 연결하는 가교 역할을 모색하고 있다.

Uniswap은 이더리움 기반의 대표적 탈중앙화 거래소(DEX)로, UNI 토큰을 통해 프로토콜 업그레이드, 수수료 구조, 거버넌스 재무(Treasury) 자금 할당 등을 결정한다. Uniswap DAO는 투표 위임(Delegation) 메커니즘을 통해 다양한 이해관계자의 참여를 유도하는 구조를 갖추고 있다.

Ethereum Name Service(ENS)는 이더리움 네트워크의 도메인 이름 시스템을 관리하는 DAO다. 2021년 ENS 토큰 발행과 함께 거버넌스 구조로 전환했으며, ENS 이름 등록자들에게 소급적으로 토큰을 에어드랍(Airdrop)하여 커뮤니티 참여를 촉진했다.

DAO는 여전히 다양한 도전과제에 직면해 있다. 법적 지위의 불확실성, 낮은 거버넌스 참여율, 보안 위협, 의사결정의 비효율성 등이 주요 문제로 지적된다. 그럼에도 불구하고 DAO는 전통적 중앙화 조직의 한계를 극복하고, 투명하고 포용적인 조직 운영 모델을 제시한다는 점에서 지속적인 진화와 관심을 이어가고 있다.

15. 디지털자산 규제의 진화와 글로벌 동향

암호화폐와 블록체인 기술은 전통 금융 및 기술 규제의 경계를 넘나들며 발전해 왔다. 초기에는 규제의 사각지대에 있었지만, 시장이 급성장하면서 각국 정부와 규제기관은 관련 법적 프레임워크를 빠르게 정비하기 시작했다.

미국에서는 증권거래위원회(SEC), 상품선물거래위원회(CFTC), 재무부 통화감독청(OCC) 등 다양한 기관이 암호화폐 규제에 관여하고 있다. 2024년 비트코인과 이더리움 현물 ETF 승인은 제도권 금융기관들의 시장 진입을 촉진한 중요한 전환점이었다. 그러나 많은 알트코인과 DeFi 프로토콜에 대한 SEC의 입장은 여전히 불명확해, 업계의 불확실성을 키우고 있다.

유럽연합은 암호자산시장법(MiCA)을 통해 세계 최초의 포괄적 규제 체계를 구축했다. MiCA는 암호자산 발행자와 서비스 제공자에 대한 명확한 규칙을 설정하고, 소비자 보호와 시장 안정성 강화를 목표로 한다.

아시아 지역은 국가별로 상이한 접근법을 보이고 있다. 일본과 싱가포르는 명확한 규제 체계와 친화적 환경을 조성했으며, 한국은 강력한 KYC/AML 요건을 기반으로 산업을 점진적으로 수용하고 있다. 중국은 암호화폐 거래와 채굴을 금지했지만, 블록체인 기술 자체는 국가 전략 기술로 적극 육성하고 있다.

글로벌 규제의 주요 초점은 투자자 보호, 시장 안정성, 자금세탁방지(AML), 테러자금조달방지(CFT), 세금 문제 등에 맞춰져 있다. 특히 스테이블코인, DeFi, DAO 등 혁신 영역에 대한 규제 프레임워크 개발은 여전히 진행 중이다.

앞으로 디지털자산 규제는 혁신을 억제하지 않으면서 투자자 보호와 금융 안정성을 확보하는 균형점을 모색하는 방향으로 발전할 것으로 보인다. 또한 국가 간 규제 조화와 협력 역시 글로벌 디지털자산 시장의 안정적 성장을 위해 중요한 과제가 될 것이다.

16. 암호화폐와 블록체인 기술의 주요 기술 과제

암호화폐와 블록체인 기술은 빠르게 발전하고 있지만, 여전히 다양한 기술적 과제에 직면해 있다. 이를 해결하기 위한 다양한 접근법이 연구되고 있다.

확장성 문제는 블록체인의 가장 큰 과제 중 하나다. 높은 트랜잭션 처리량, 짧은 확정 시간, 낮은 수수료를 동시에 달성하는 것은 쉽지 않다. 이를 위해 샤딩(네트워크를 여러 조각으로 분할하여 병렬 처리), 롤업(다수의 거래를 묶어 처리), 사이드체인(메인 체인과 병렬로 운영되는 별도 체인), 레이어2 솔루션 등이 개발되고 있다.

상호운용성은 서로 다른 블록체인 네트워크 간의 통신과 가치 이전을 가능하게 하는 기술이다. 폴카닷(Polkadot), 코스모스(Cosmos), 완체인(Wanchain) 등은 크로스체인 통신을 위한 프로토콜을 구축하며, 분절된 블록체인 생태계를 연결하는 데 중요한 역할을 하고 있다.

보안과 프라이버시 역시 블록체인의 핵심 가치이자 지속적인 과제다. 스마트 컨트랙트 취약점, 51% 공격, 프라이버시 노출 등의 위험이 존재한다. 이를 해결하기 위해 영지식증명(Zero-Knowledge Proof), 링서명(Ring Signature), 비공개거래(Confidential Transaction) 같은 프라이버시 기술과, 형식 검증(Formal Verification) 및 보안 감사 등 스마트 컨트랙트 보안 강화 방안이 발전하고 있다.

사용자 경험(UX)은 암호화폐 대중 채택의 중요한 장애물이다. 복잡한 지갑 관리, 개인 키 보관, 가스비 계산 등은 일반 사용자에게 진입 장벽이 된다.

소셜 복구 지갑, 계정 추상화(Account Abstraction), 가스리스 트랜잭션 등은 이러한 문제를 해결하기 위한 노력의 일환이다.

에너지 소비와 환경 영향도 주요 과제다. 특히 작업증명(PoW) 기반 블록체인은 막대한 전력을 소모한다. 이를 줄이기 위해 지분증명(PoS)으로의 전환, 재생에너지 사용, 탄소 상쇄 이니셔티브 등이 추진되고 있다.

오라클 문제는 블록체인 외부 데이터를 신뢰할 수 있게 블록체인 내부로 가져오는 문제를 의미한다. 체인링크(Chainlink), 파이스(Pyth) 등 오라클 네트워크는 이 문제를 해결하며, 특히 실물자산 토큰화(RWA)와 DeFi 생태계의 확장에 핵심적 역할을 하고 있다.

블록체인은 여전히 다양한 기술적 도전을 안고 있지만, 이를 극복하기 위한 혁신적 접근법들이 지속적으로 발전하고 있다.

17. 전통 금융과의 통합

암호화폐 생태계는 점차 전통 금융 시스템과 통합되는 방향으로 발전하고 있다. 이는 양측에 새로운 기회와 도전을 제공하며, 금융의 미래를 재정의할 가능성을 열어가고 있다.

금융기관의 디지털 자산 수용도 꾸준히 확대되고 있다. 골드만삭스, JP모건, 모건스탠리 등 주요 투자은행들은 디지털 자산 커스터디, 트레이딩, 리서치 서비스를 출시했으며, 블랙록과 피델리티 같은 자산운용사들은 비트코인 및 이더리움 현물 ETF를 선보였다. 비자(VISA), 마스터카드(Mastercard) 등 결제 네트워크도 암호화폐 통합을 추진 중이다.

전통 금융과 DeFi의 융합인 '하이브리드 파이낸스(HyFi)' 역시 주목할 트렌드다. 이는 전통 금융 상품이 DeFi 프로토콜에 통합되거나, DeFi 기술과 원칙이 전통 금융에 적용되는 형태로 나타나고 있다. RWA 토큰화, 제도권 스테이블코인 발행, 규제 준수형 탈중앙화 거래소가 대표적 사례다.

기관투자자들의 암호화폐 채택도 빠르게 진행되고 있다. 연기금, 대학 기금, 패밀리 오피스 등이 디지털 자산을 포트폴리오 다각화 수단으로 활용하고 있으며, ETF 승인으로 기관들의 비트코인 및 이더리움 접근성이 한층 개선되었다.

CBDC(중앙은행 디지털 화폐)는 전통 금융과 디지털 자산의 접점에서 중요한 역할을 맡고 있다. 중국, 유럽, 미국 등 주요국이 CBDC 개발을 적극 추진하고 있으며, 이는 디지털 결제 인프라와 통화 정책에 상당한 변화를 가져올 것으로 보인다.

그러나 통합 과정에서는 규제 불확실성, 리스크 관리, 보안, 기술 호환성 등 다양한 과제가 존재한다. 특히 금융 안정성, 소비자 보호, 자금세탁 방지(AML) 등의 이슈는 규제 당국이 중점적으로 다루어야 할 영역이다.

18. 암호화폐 생태계의 구조와 진화

비트코인의 등장 이후, 암호화폐 생태계는 빠르게 진화하여 기축 암호화폐, 스테이블코인, 다양한 알트코인으로 구성된 복잡한 구조를 형성했다.

비트코인은 '디지털 골드'로서 가치 저장 수단으로 자리잡았고, 이더리움은 '프로그래밍 가능한 화폐'로서 DeFi, NFT, DAO 등의 혁신적 애플리케이션을 촉진했다.

스테이블코인은 암호화폐 변동성 문제를 보완하며, 일상 거래와 DeFi 서비스의 기반이 되고 있다. 법정화폐 담보형, 암호화폐 담보형, 알고리즘 기반 모델이 각각 고유한 장단점을 가지고 발전하고 있다.

알트코인 생태계는 레이어1 블록체인, 레이어2 확장 솔루션, DeFi 프로토콜, RWA 토큰화, DePIN, AI 코인, 밈코인 등 다양한 카테고리로 확장되고 있으며, 블록체인 기술의 응용 범위를 끊임없이 넓히고 있다.

DAO(탈중앙화 자율 조직)는 투명성, 개방성, 탈중앙화된 의사결정을 특징으로 하며, 전통적 중앙 조직 모델에 대한 대안으로 주목받고 있다.

암호화폐 생태계는 규제 변화, 기술 발전, 전통 금융과의 융합이라는 여러 도전에 직면해 있다. 그러나 이러한 도전을 극복하고 지속적으로 혁신을 이어가면서, 금융, 기술, 사회 시스템의 근본적 변화를 이끄는 중요한 역할을 수행할 것이다.

암호화폐는 단순한 투기적 자산이 아니라, 투명성, 개방성, 탈중앙화, 프로그래밍 가능성이라는 블록체인 핵심 가치를 통해 새로운 시대를 열어가는 기술 패러다임이다.

블록체인, 디지털에 가치를 더하다

Part 02

블록체인 기술과 암호화폐의 경제학

1장 블록체인 핵심 이론과 기술

1절 작업증명과 지분증명

기업의 거래 기록은 회계팀이 작성한다. 그리고 이 회계팀의 업무는 기업 내 영업, 구매와 같은 기능들과는 분리되어 독립적으로 관리된다. 회계의 투명성을 논할 때 업무 분리가 잘 이루어졌는지 검토하는 것은 중요한 사항이다.

기존 회계 시스템과 비교하여 비트코인은 누구나, 모두가 장부 작성에 참여할 수 있다. 참여의 자격조건도 없다. 새로운 거래 단위 블록에 대해 블록 내의 거래와 직전 블록의 암호화된 연결고리에 대응하는 특정 수(논스)를 찾아내고, 찾아낸 논스값이 P2P 네트워크의 다른 노드들로부터 정답이라고 인정받으면 그 거래가 블록체인 분산 거래장부에 기록된다. 그런데 여기서 중요한 점은 올바른 논스를 찾아내기 위한 효율적인 알고리즘 계산식은 존재하지 않는다는 것이다. 정답을 찾기 위해서는 컴퓨팅 파워를 동원해서 숫자를 일일이 대입하여 정답 여부를 확인할 수밖에 없다. 그래서 채굴에는 시간과 비용이 든다.

채굴하기 위해서는 대규모 연산처리를 할 수 있는 컴퓨팅 파워가 필요하다.

올바른 논스를 찾아내기 위해 시간과 비용을 들여 컴퓨터 연산을 수행하는 업무를 작업증명(Proof of Work, POW)이라고 한다. POW는 많은 해시를 보유한 사람이 코인을 얻을 수 있는 블록을 더 많이 발견할 수 있는 방식이다. 암호화폐가 POW 방식을 채택하고 있는 비트코인에서 시작했기 때문에, 대부분 코인이 POW 방식을 사용하고 있으며 시장 규모도 POW 방식을 채택한 코인이 압도적으로 크다. 현재 채굴이 가능한 대부분의 암호화폐는 POW 방식이다.

올바른 논스값을 가장 빨리 발견한 채굴자는 P2P 네트워크에 전송하여 올바른 값인지를 확인받는다. 그 값이 정답으로 확인되면 비트코인 블록이 만들어지고 타임스탬프가 찍혀서 직전의 블록에 체인 형식으로 연결된다. 그리고 올바른 논스값을 발견한 채굴자는 비트코인을 보상으로 받는다.

작업증명(Proof of Work)이라는 개념에서는 컴퓨터의 연산력을 바탕으로 합의에 도달하고 그 연산력이 빠르면 빠를수록 블록에 기록할 수 있는 권한이 더 많이 부여된다는 것이 핵심이다. 즉 마이너가 해시 연산을 하는 하드웨어를 가지고 작업증명 구조를 통하여 블록을 생성하고 연산 능력에 비례하여 블록 데이터의 업데이트 권한을 가지게 된다.

이에 반해 지분증명(Proof of Stake) 방식에서는 블록에 대해 검증자가 현재 보유하고 있는 자산(stake) 양에 비례해서 데이터 업데이트 권한을 획득하게 된다. 지분증명 방식에서는 컴퓨팅 파워의 낭비가 아니라 자신이 가진 돈(stake)을 통해 블록을 생성한다. 작업증명(POW)과 마찬가지로 블록이 생성될 때 보상이 지급되는데, 이때 보상은 지분에 대한 이자 개념이다. 현재의 채굴 방식인 작업증명(POW) 방식이 많은 장비와 전력을 소모하고, 해시파워

(컴퓨팅 파워)의 독점으로 인한 보안상의 취약점이 존재하기에 이를 해결하기 위해 만들어진 방식이다.

POW와 달리 POS방식은 인터넷이 연결된 PC 1대만 있으면 된다. POW 방식에서는 블록체인의 작업증명을 해시를 통해서 했다면, POS는 보유한 암호화폐의 양이 기준이 된다. 그래서 POS 방식에서는 블록체인의 보안을 위하여 대량의 해시가 필요하지 않고 각각의 개인이 암호화폐를 보유하고 그 지갑을 연동해놓는 것으로도 충분히 강력한 보안 장벽을 만들어낼 수 있다.

〈표 2-1〉 POW와 POS 증명방식 비교

구분	POW	POS
암호화폐 분배 기준	해시(컴퓨팅 파워)	보유한 암호화폐의 지분(stake)
장점	• 현재 주류 암호화폐들이 사용 • 높은 시장가치 형성 가능	• 낮은 유지비용(경제성) • 네트워크 분산화로 안전성 확보 • 낮은 가격 변동성
단점	• 높은 전력 소모 • 지속적인 해시 유지 필요 • 채굴을 위한 장비 필요 • 낮은 트랜잭션 피(transaction fee)	자금이 많은 사람이 독점 가능

POW와 POS의 방식을 합친 하이브리드 방식도 주목을 받고 있다. 이 방식은 POW와 POS 방식을 동시에 유지하는 것이 아니라, 암호화폐 발행 초기에는 POW를 통해서 일정량을 채굴하게 하고 이후에는 POS 방식을 선택해서 암호화폐를 보유한 사람에게 이자 개념으로 암호화폐를 배분하는 방식이다. 블랙코인이 이 방식을 쓰는 대표적인 암호화폐이다.

POI(Proof of Importance)라는 작업 방식도 있다. 보유한 암호화폐를 바탕으로 보상을 해주되 누구와 거래하는지, 몇 명과 거래하는지를 고려하여 보상하는 방식이다. 즉 열심히 참여할수록, 시스템 내에서 중요한 사람일수록 보상을 많이 해주는 방식이다. 시스템의 기여 정도에 따라 분배하기 때문에 상대적으로 부의 공정한 재분배가 가능하다는 것이다. NEM이 POI 방식을 사용하는 대표적인 암호화폐이다.

2절 채굴

비트코인 시스템에서는 중앙의 관리자가 없다. 대신 노드라고 불리는 P2P 네트워크상의 컴퓨터들이 블록체인 장부를 공동으로 분산하여 관리한다. 채굴(mining)이란 비트코인 장부를 유지·관리하는 노드들이 일정 조건(해시값에 대응하는 논스값을 가장 빨리 찾는 것)을 만족할 때 동기부여 독적으로 제공되는 일종의 인센티브를 받기 위해 해시 퍼즐을 푸는 행위를 말한다.

약 10분간 일어난 비트코인 거래는 하나의 블록 단위로 P2P 네트워크의 체인 형태로 연결되어 저장된다. 이 블록에는 약 10분 동안 발생한 거래 내역, 직전 블록의 해시(직전 거래 정보 요약) 그리고 논스(해당 블록의 해시값을 계산할 때 필요한 숫자)값이 있다.

올바른 논스값을 최초로 찾아낸 컴퓨터가 이 값을 P2P 네트워크에 전송하면 P2P 네트워크상의 다른 컴퓨터들은 이 논스값이 맞는지 틀리는지 그리고 해당 거래는 정당한지 아닌지를 검증한다. 확인되면 이 블록은 승인이 되고, 타임스탬프가 찍혀서 직전 블록의 뒤에 연결된다. 이 블록들이 시간순으로 연결된 것이 블록체인이다. 이 블록체인에는 과거의 모든 비트코인 거래가 기록되어 있다.

논스값을 최초로 찾아낸 컴퓨터는 비트코인으로 보수를 받는데, 이 행위를 금의 채굴에 비유하여 채굴이라고 표현한다. 사실 비트코인과 금은 이자 지급이 없고, 공급이 제한적이며, 거래 추적이 쉽지 않다는 공통점이 있어 비트코인을 '디지털 금'이라고 보는 시각도 있다. 이 비트코인을 받기 위해 전문적으로 채굴하는 사람들을 마이너(miner)라고 부른다.

그런데 왜 마이너들에게는 보상을 주는 것일까? 마이너들이 채굴행위를 하기 위해 장비를 사고 전기요금을 지급하며 노드(블록체인 P2P 네트워크에 참여하는 컴퓨터)를 유지하기 때문이다. 채굴 행위를 하는 노드가 없다면 장부도 없어진다. 그러므로 비트코인은 마이너들이 블록체인을 유지해주는 것에 대한 보상이라고 할 수 있다.

올바른 논스값을 찾아내는 작업증명의 수학 문제는 빠르게 여러 차례에 걸쳐 기계적으로 숫자를 넣어볼 수 있는 컴퓨터 연산능력이 필요하다. 마이너들은 이 숫자를 빠르게 집어넣어 경기에서 이기기 위해 계산이 빠른 GPU 컴퓨터를 사용하는데, 채굴이 돈이 되자 GPU 연산을 하는 컴퓨터가 동이 날 만큼 인기를 끌었다. 이 GPU 컴퓨터를 모아서 기업형으로 채굴하는 채굴공장을 운영하면 막대한 전기가 소모된다. 채굴기업의 80%는 중국에 있었으나 중국 정부가 채굴공장에 전기공급을 제한하는 등 규제 조치를 했다. 그래서 중국의 채굴공장들이 날씨가 춥고 전기료가 저렴한 캐나다나 아이슬란드로 이전하고 있다.

올바른 논스값을 발견한 마이너는 보상으로 비트코인을 받는다. 비트코인 가격이 가파르게 상승함에 따라 마이너들이 많이 늘어나고, 전문적으로 채굴하는 기업형 비트코인 채굴업체도 많이 생겼다. 비트코인의 거래를 위조하면 더 많은 비트코인을 벌 수 있을 텐데, 마이너들은 늘어나도 거래를 조작하려는 해커들이 늘어나지는 않는다. 이유가 뭘까? 비트코인의 블록체인을 조작하는 것보다 블록의 검증을 돕는 협력자가 되는 것이 훨씬 더 이득이 되도록 시스템이 설계되어 있기 때문이다.

이 설계의 중심에는 작업증빙(POW)이 있다. 부정한 조작자가 비트코인의 블록체인 거래 기록을 위조하면 블록의 해시값도 달라진다. 따라서 조작한 블록을 정상적인 블록으로 위장하려면 앞에서 설명한 채굴 작업, 즉 올바른 논스값을 찾는 작업증빙(POW)을 다시 해서 조작한 내용에 대응하는 논스값을 찾아야 한다. 그뿐만 아니라 어떤 블록의 해시값이 바뀌면 그 블록의 바로 뒤에 이어지는 논스값도 다시 계산해야 한다. 왜냐하면 각 블록에는 직전 블록의 해시값도 들어 있기 때문이다. 조작하는 거래 시점부터 현재 시점에서 작성된 최신의 블록까지 거슬러 올라가야 할 뿐 아니라, 심지어 추월까지 해야 한다는 뜻이다. 이를 위해서는 네트워크에 참가하는 모든 정직한 채굴자 과반수의 연산능력을 넘어서는 컴퓨터 성능을 보유해야 한다. 이것은 불가능에 가깝고, 그런 컴퓨터 연산능력이 있다면 차라리 정직한 채굴자가 되어 정당한 보상을 받는 것이 더 이익이다. 이렇게 비트코인은 작업증명(POW)을 부과함으로써 거래 조작이라는 부정한 행동이 합리적인 선택이 될 수 없도록 설계된 시스템이다.

혹자는 비트코인이 51% 공격에 취약하지 않느냐는 의문을 제기한다. 51% 공격이란 블록체인 전체 노드 중 50%를 초과하는 해시 연산력을 확보한 뒤 거래 정보를 조작함으로써 이익을 얻으려는 공격을 뜻한다. 50% 이상을 장악하더라도 과거의 정상적인 거래를 되돌릴 수 없다. 사토시 나카모토는 51%

공격이 불가능함을 설명하기 위해 비트코인의 일반적인 거래 승인 시간 10분을 고려하여, 고가의 중요한 물품 거래 중에 10분 안에 거래의 시작부터 물건의 양도까지 모두 이뤄지는 경우는 찾기 힘들다며 비트코인이 51% 공격에 취약하지 않다고 설명했다. 그러나 오늘날 비트코인의 노드 참여자들은 사토시 나카모토가 51% 공격의 취약성을 검토하던 시절과는 비교도 할 수 없을 만큼 많아졌다. 더구나 노드의 참여자들도 다양하게 분포되어 단일 세력이 50% 이상의 노드를 장악하여 비트코인 장부를 조작하는 것은 사실상 불가능하다.

2017년까지는 블록 하나를 생성했을 때 보수로 25BTC를 받았다. 이후로는 시간이 지날수록 보수가 줄어들었으며, 2140년까지 2,100만 BTC가 생성되고 나면 비트코인은 더는 발행되지 않는다. 비트코인 신규 발행이 종료된 이후에는 채굴자들이 블록 검증에 대한 보수로 비트코인의 거래수수료를 받게 되므로, 블록 검증 및 유지 시스템은 계속 운영될 것이다.

3절 탈중앙화

블록체인은 2000년대 이래 금융 및 디지털 권력의 중앙집중화에 대한 반작용으로 탈중앙화를 위해 탄생했다고 볼 수 있다. 블록체인 기술이 신뢰받는 제3의 중앙기관 없이 당사자 간에 직접 거래가 가능하게 함으로써 구조적 탈중앙화가 가능하도록 해주기 때문이다.

필자는 사토시 나카모토의 블록체인 탈중앙화 사상은 프리드리히 하이에크(F. A. Hayek)의 반중앙집중주의(libertarianism)의 영향을 받았다고 본다. 자유지상주의 경제학자 하이에크는 “지식이 사회 구성원들 사이에 동시에 공유

될 수 있도록 하는 것이 바로 가장 효과적인 시장 작동원리이며, 구성원의 자가 결정이 목적을 달성할 수 있는 최고의 방법이다"라고 했다. 그는 저서 《노예의 길》에서 "정치 권력의 한 수단으로서 권력이 중앙으로 집중되면 그 권력은 노예제와 구별하기 어려운 종속 상태를 창출한다"라고 주장했다. 2008년 사토시 나카모토가 '비트코인: P2P 전자화폐 시스템'라는 논문에서 주장한 블록체인의 탈중앙화 사상과 놀랄 만큼 유사하다.

위키피디아(Wikipedia)는 하이에크의 사상을 계승했다. 창업자 웨일스(J. Wales)는 하이에크의 반중앙집중주의를 이어받아 지식이 널리 분산된 조건에서는 가장 많은 국지적 지식을 가진 사람이 해당 영역에 관한 최적의 결정권자가 될 수밖에 없다고 믿었고, 이를 위키피디아의 우선적 조직 원리로 삼았다. 블록체인의 노드 개념과 매우 흡사하다. 또한 위키리크스(WikiLeaks) 창립자 줄리언 어산지(J. Assange)는 "암호화폐가 월가의 1% 금융 엘리트 권력에 맞서는 99% 보통사람의 수단이 될 것"이라고 했다.

'탈중앙화(decentralization)'는 블록체인 기술을 기존의 기술과 구분하는 블록체인의 핵심 사상이다. 위키피디아의 정의에 따르면 탈중앙화는 어떤 조직의 활동, 특히 계획이나 의사결정과 관련된 활동을 중앙의 소수 엘리트 집단으로부터 다수에게 분산시키는 프로세스이다. 즉 탈중앙화는 의사결정 조직 또는 중요 업무 프로세스가 중앙에 집중되어 있지 않다는 의미이다. 탈중앙화는 다음과 같은 세 가지 관점으로 나눠서 볼 수 있다.

- 구조적 탈중앙화: 시스템이 물리적 또는 구조적으로 중앙에 집중되어 있지 않음을 의미한다. 블록체인의 경우 시스템이 물리적으로 한곳에 집중되어 있지 않고, 여러 개의 노드 역할을 하는 컴퓨터들로 이뤄져

있으므로 탈중앙화되어 있다고 말할 수 있다.

- 정치적 탈중앙화: 하나의 주체가 중앙에서 시스템을 통제하고 있지 않은 것을 의미한다. 여기서 중요한 단어는 '통제'이다. 회사에서 한 명의 CEO가 조직의 중요한 의사결정을 내리고, 직원들을 통제한다면 이 회사는 정치적으로 '중앙화'되어 있다고 말할 수 있다. 블록체인의 경우, 참여자들이 누구에게도 통제받지 않는 P2P 시스템(Peer to Peer system)이기 때문에 '탈중앙화'되어 있다고 말할 수 있다.
- 논리적 탈중앙화: 여러 참여자로 이루어진 시스템이 있다고 가정할 때, 이 참여자들이 논리적으로 일사불란하게 하나의 몸처럼 작동하지는 않는다는 것을 의미한다. 블록체인은 합의 알고리즘을 통해 전체가 한 대의 컴퓨터처럼 작동하기 때문에 논리적으로는 '중앙화'되어 있다.

그렇다면 '탈중앙화'가 필요한 이유는 무엇일까? 기존 기술과 비교할 때 다음과 같은 세 가지 장점을 꼽을 수 있다.

- 담합 저항성(collusion resistance): 현실 세계의 중앙화된 시스템에서는 소수의 리더가 담합해 다수의 구성원을 착취하여 이윤을 취하는 일이 종종 벌어진다. 그러나 탈중앙화된 시스템에서는 참여자들이 동등한 권한을 가지기 때문에 소수의 엘리트가 담합하여 다수 구성원을 착취하는 것은 불가능하다. 이를 '담합 저항성'이라 한다.
- 장애 허용성(fault tolerance): 중앙화된 시스템에서는 하나의 사고 또는 실수로 시스템 전체가 멈춰버리는 '장애'가 발생할 수 있다. 탈중앙화된 시스템은 여러 개의 독립된 요소로 이루어져 있으므로 하나의

사고 또는 실수가 발생하더라도 해당 구성요소에만 영향을 미칠 뿐 시스템 전체에는 영향을 미치지 않는다. 이처럼 시스템 전체에 장애가 일어나지 않는 특성을 '장애 허용성'이라 한다.

- 공격 저항성(attack resistance): 해커들 관점에서 바라본다면, 탈중앙화된 시스템은 공격하기 매우 어려운 존재이다. 중앙화된 시스템은 시스템을 관리하는 중앙 통제 시스템의 공격에만 성공하면 시스템 전체에 큰 피해를 줄 수 있지만, 탈중앙화된 시스템은 중앙의 통제 시스템 자체가 존재하지 않기 때문에 공격 목표를 정하기가 힘들기 때문이다. 또한 공격한다고 해도 성공 확률이 낮고 비용이 많이 든다. 이를 탈중앙화 시스템의 '공격 저항성'이라 한다.

4절 스마트 컨트랙트

컴퓨터 프로그래밍 언어에 기반을 둔 코드로 만들어진 계약을 의미한다. 사전에 약속된 조건을 충족하면 자동으로 계약이 실행되도록 적용할 수 있는데, 이것을 '스마트 컨트랙트(smart contract, 스마트계약)'라고 부른다.

1. 스마트 컨트랙트(스마트계약)의 의미

'스마트 컨트랙트(스마트계약)'라는 용어는 사람에 따라 달리 받아들이기에 단지 하나의 의미를 가지는 용어가 아니다. 스마트계약에서 스마트는 기술을 의미하고 계약은 법을 의미하기 때문에 스마트계약은 기술과 법의 융합에 따라 탄생한 단어이다. 스마트계약은 기술과 법의 관점에서 다음과 같이 크게 두 가지 의미로 정리할 수 있다.

1) 기술 관점

유효성을 보증하면서 계약을 보존하고 이행하기 위한 프로그램 또는 코드, 이른바 스마트계약이다. 분산원장 기술로 실현되는 것과 그렇지 않은 것이 존재한다. 이런 의미로 사용되는 스마트계약은 법적 의미가 있는 계약(법적 계약)뿐만 아니라 사내의 다른 부분 또는 동일 부문 내 데이터베이스 처리 절차의 실행 프로세스 제어에 관한 것도 포함한다.

2) 법과 경제학 관점

법적인 의미가 있는 계약을 보완 또는 대체하는 스마트 법률계약 코드를 구현하는 것이 이른바 스마트 법률계약이다. 법과 경제학의 관점에서 계약이론상 계약으로 성립되기 위한 스마트계약은 어떻게 디자인되어야 하는지, 전통적인 법학의 관점에서 특정 기술과 디자인으로 구현된 스마트 법률계약의 성립 가능성, 유효성, 집행 가능성이 존재하는지가 주요 논의 사항이며 이 논의는 현재 진행 중이다.

2. 스마트 컨트랙트의 실무 적용 분야

스마트 컨트랙트가 가장 빠르게 실무에 적용되고 있는 분야는 블록체인과 암호화폐이다. '이더리움'이라는 암호화폐는 블록체인 기반으로 스마트 컨트랙트를 암호화폐에 넣어서 사용할 수 있도록 했다. 블록체인 기반의 스마트 컨트랙트에서는 데이터와 기록에 근거하여 계약 실행이 이루어지며 누구나 그 데이터를 파악할 수 있으므로 자의적인 계약 이행이 어렵다는 장점이 있다. 암호화폐, 블록체인에서 뜻하는 '스마트 컨트랙트'는 '프로그램에 따라 자동으로 실행되는 계약'이라고 할 수 있다. '프로그램에 따라 자동으로 실행되는 계약'이라는 정의는 다음과 같이 더 구체화할 수 있다.

블록체인 기반으로 만들어진 프로그램 코드는 집행 면에서 계약서와 다른 특징을 가진다. 계약서는 '무엇을 합의했는지' 명확히 하는 기능은 있지만, 합의한 내용을 직접 집행하지는 못한다. 이에 비해 블록체인 기반으로 만들어진 프로그램 코드는 프로그램 자체가 장부 기록을 갱신한다. 블록체인 기반의 계약서에 장부상 특정 자산의 액수와 보유 수량을 표시하고, 프로그램화된 계약서의 실행 자체가 자산의 이전 집행을 의미한다.

즉 블록체인 분산화 장부의 프로그래밍된 스마트계약서에 계약조건을 기술하고, 계약조건 충족 시에 계약의 집행이 자동으로 실행되는 것이 스마트 컨트랙트이다. 그리고 이더리움은 이를 암호화폐에 넣어서 구현했다. 계약조건이 충족되면 암호화폐가 지급되고, 암호화폐가 지급되었다는 것은 곧 계약이 성립했다는 것을 의미하게 된 것이다.

스마트 컨트랙트 기술은 블록체인 필드에서 비즈니스 프로세스를 더 효과적으로 안전하게 수행하기 위한 안전장치로서 계약의 신뢰성을 높이는 역할을 담당하고 있다.

5절 UTXO

UTXO는 'Unspent Transaction Output'의 약자이다. UTXO는 비트코인의 기본 블록체인 매커니즘으로서 새로운 거래가 발생할 때 소비되지 않은 거래 잔액을 입력으로 연결하여 소비하게 해준다.

하나의 지갑에는 여러 개의 주소(address)를 가질 수 있다. 이와 유사한 개념으로 하나의 주소에는 여러 개의 UTXO가 논리적으로 연결되어 있다.

즉 하나의 주소가 가지는 코인의 개수는 각각의 UTXO에 기록된 개수들의 총합과 같다. 이것은 하나의 서랍 안에 서랍이 여러 개로 분류된 것으로 비유할 수 있다. 예를 들면 서랍(주소) 안에 10만 원이 있는데, 그중 하나의 서랍(UTXO)에 5만 원짜리 1장이 있고 다른 서랍(UTXO)에 1만 원짜리 5장이 있는 셈이다.

〈그림 2-1〉 UTXO의 개념도

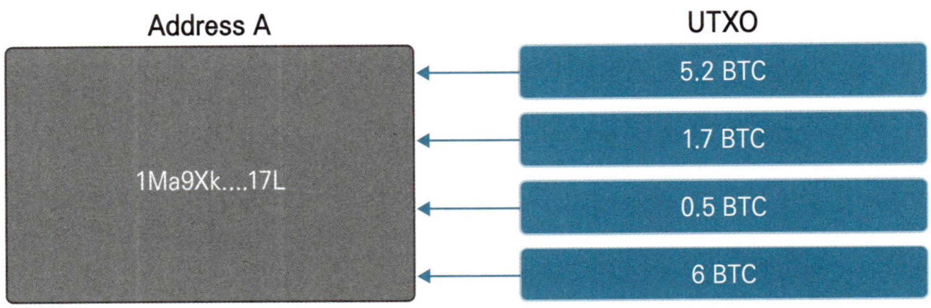

출처: https://steemit.com/coinkorea/@goldenman/utxo

A 주소를 Blockchain.info에서 검색해본다면, 총 13.4BTC를 가지고 있는 것으로 표시될 것이다. 그러나 실제로는 5.2BTC, 1.7BTC, 0.5BTC, 6BTC가 A 주소 안에 있는 상태이다.

1. UTXO의 생성

그렇다면 UTXO는 어떻게 생성되는 것일까? 당신의 지갑으로 누군가가 비트코인을 송금해주면 자동으로 지갑(주소) 안에서 UTXO가 생성된다.

〈그림 2-2〉 UTXO의 생성

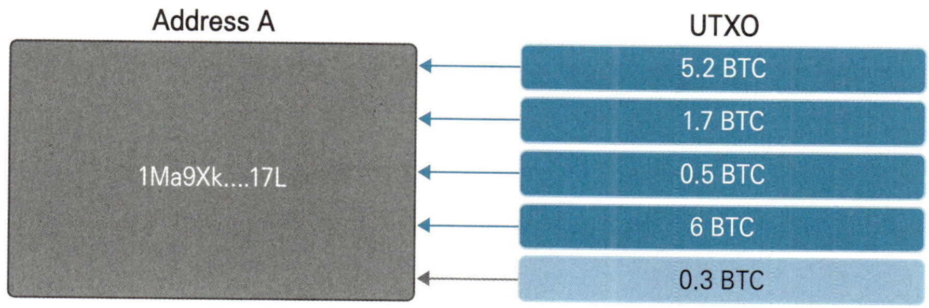

출처: https://steemit.com/coinkorea/@goldenman/utxo

〈그림 2-1〉의 상태에서 누군가가 0.3BTC를 송금해주었다면 주소에는 새로운 UTXO 분류 칸이 늘어나고, 거기에 0.3BTC가 들어 있게 된다. 정확히는 0.3BTC의 분류 칸이 먼저 생기고, 그것의 주인이 A 주소임이 공식적으로 기재되는 것이다. 그래서 총합은 13.7BTC가 된다.

2. UTXO의 소멸

UTXO는 어떻게 사라질까? UTXO의 U는 Unspent, 즉 소비되지 않은 것을 뜻한다. 그래서 Spent, 즉 소비해버리면 UTXO는 더는 존재하지 않는다.

〈그림 2-3〉 UTXO의 소멸

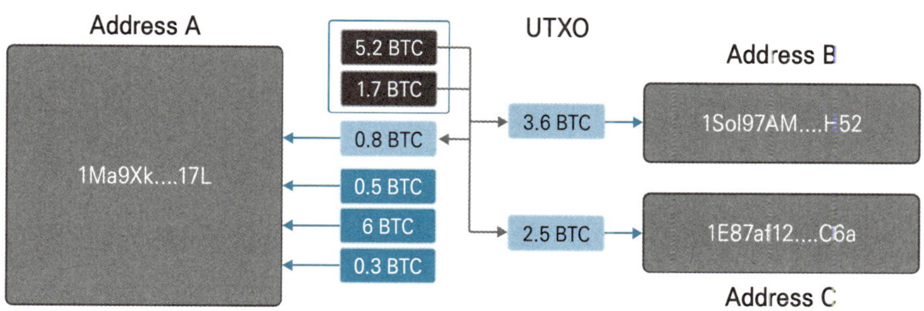

출처: https://steemit.com/coinkorea/@goldenman/utxo

〈그림 2-3〉의 상황에서 B에게 3.6BTC를, C에게 2.5BTC를 동시에 보내준다고 가정해보자. 송금 액수 3.6BTC 와 2.5BTC를 합쳐서 6.1BTC만큼 빠져나가야 하는데 기존에 분류된 UTXO 중 딱 떨어지는 액수가 없으므로 기존의 칸을 다시 나눈다.

우선 '소비해야 할' UTXO를 선택한다. 〈그림 2-3〉에서는 5.2BTC 금액의 UTXO와 1.7BTC 금액의 UTXO를 선택했다. 3.6BTC 금액의 UTXO를 만들어서 B 주소로 보내고, 2.5BTC 금액의 UTXO를 만들어서 C 주소로 보낸다. 그리고 남은 0.8BTC 금액의 UTXO를 만들어서 다시 A 주소에 연결한다. 이런 내용의 트랜잭션(transaction)을 만들어서 블록체인에 내보낸다. 이 트랜잭션이 채굴자들에게 승인을 받으면 송금이 완료된다.

이때 5.2BTC와 1.7BTC 금액의 UTXO는 이미 사용된 쿠폰처럼 더는 유효하지 않은 존재가 된다. 소멸하는 UTXO의 숫자와 새롭게 생성되는 UTXO의 숫자는 같을 수도 있고, 다를 수도 있다. 그러나 금액의 총합은 같다.

6절 합의 알고리즘

참여자 간의 '합의'란 다른 말로 하면 거래 데이터의 정합성을 '검증'하는 과정이다. 블록체인에서 사용되는 합의를 형성하는 매커니즘을 '컨센서스 알고리즘(consensus algorithm)'이라고 부르며, 합의하는 방식에는 여러 가지가 있다.

가장 대표적인 합의 방식인 POW 방식이다. 이 방식은 채굴자라고 불리는 참여자들이 자발적으로 CPU 장비를 갖추고 전기요금을 지급하면서 컴퓨팅 파워를 이용하여 계산 문제의 답을 찾아내는 채굴 경쟁을 한다. 채굴 경쟁의 승리자는 찾아낸 답과 함께 데이터를 블록 단위로 묶어 승인과 함께 참여자들에게 전파한다. 이렇게 경쟁을 통해 승인된 거래라는 증명 시스템을 작업증명(POW)이라고 한다. 채굴 경쟁에서 승리한 블록을 수신한 참여자들은 이를 검증하고 승인된 거래로 인식한다.

아주 드물게 복수의 채굴자가 답을 거의 동시에 찾아서 참여자들이 동일 거래에 대하여 복수의 블록을 수신하는 때도 있다. 이런 경우는 체인이 분기하여 복수의 블록을 모두 정당한 거래로 승인해야 하는 일이 발생한다 이럴 때 블록체인 시스템은 '가장 길게 연결된 체인을 올바른 체인으로 간주한다'라는 규칙에 따라 길게 연결된 체인을 선택하여 정당한 거래로 최종 승인한다. 짧은 체인은 정당한 거래로 인정받지 못하고 버려진다. 그래서 최종적으로는 한 개의 거래만이 정당한 거래로 승인되기 때문에, 같은 거래가 두 번 승인되는 이중지급 문제는 발생하지 않는다.

블록체인 기술에서 합의 알고리즘의 근본 사상은 결국 합의 프로세스를 탈중앙화하자는 것이다. 이때 합의의 대상은 둘로 나눠서 볼 수 있다. 첫 번째는 과거에 일어난 거래나 현재의 상태에 대한 합의, 사실에 대한 합의이다. 두 번째는 사실을 바탕으로 한 의사결정, 즉 미래 의사결정에 대한 합의이다.

사례를 통해서 좀 더 자세히 살펴보자. 마을에 우물이 하나 있는데, 가뭄이 와서 물이 부족해졌다. 주민들은 물을 공평하게 분배하기로 했다.

1. 사실에 대한 합의

여기서 사실에 대한 합의 문제가 발생한다. 누가 물을 얼마나 마셨는지 사실을 기록하지 않으면 제대로 분배할 수 없다. 또한 A가 믿는 B의 물 소비량과 B가 주장하는 자신의 물 소비량이 다른 경우 분쟁이 생길 수 있다.

합의를 위한 가장 쉬운 방법은 모든 주민이 다 같이 우물과 그 기록을 감시하는 것이다. 왜곡과 부정을 막을 수 있는 탈중앙화 방법이기는 하지만 비효율적이다.

효율성만을 고려하면 한 사람이 우물을 관리하여 사용 내용을 기록해야 한다. 그러나 관리자가 의도적으로 왜곡된 기록을 생성할 수도 있고, 실수할 수도 있다. 중앙화의 위험성이다.

2. 의사결정에 대한 합의

사실에 대한 합의뿐만 아니라 의사결정에 대한 합의도 중요하다. 사실에 대한 합의가 이루어졌다면 구성원들이 합의한 사실을 토대로 의사결정을 해야 한다. 의사결정을 어떻게 할 것인가? 의사결정의 방법에 대한 합의부터 해야 한다.

우선 구성원들이 투표해서 결정할 수 있다. 탈중앙화된 방식이다. 그런데 매번 의사결정을 할 때마다 구성원들이 모두 모여 투표를 하자니 시간과 비용이 많이 든다. 두 번째로는 구성원에게 가장 현명하다고 인정받는 자에게 위임하는 방법도 있다. 이때는 현명한 자가 공동체가 아니라 본인의 이익만을 추구할 위험이 있다. 전형적인 중앙화의 폐해이다. 세 번째로는 한시적인 기간을 정해 누군가에게 결정을 위임할 수도 있다. 그렇다면 누구에게 의사결정을 위임할 것인가에 대해 투표를 해야 한다. 이때는 어떤 방식으로 투표하고 어떻게 집계할 것인지가 중요하다. 구성원들이 투표 결과를 신뢰할 수 없다면 투표 자체가 무의미하기 때문이다. 가장 중요한 것은 의견이 다른 구성원들이 모여 구성원들이 동의한 방식에 따라 의사결정에 대한 합의를 이루고, 결과에 승복하는 것이다.

이처럼 여러 개인으로 구성된 사회에서 구성원 모두가 참여하는 탈중앙화 방식으로 합의를 이루려면 시간과 비용이 많이 든다. 중앙화를 통해 합의의 효율성을 추구하다 보면 대리인에 의해 구성원들의 이익분배가 왜곡되는 문제가 발생한다. 블록체인 기술은 구성원 전체가 참여하는 탈중앙화 합의 비용을 유의미한 수준으로 낮추어준다. 하드웨어 설비와 전력비용만을 고려하면 중앙화된 시스템 아키텍처가 더 효율적으로 보이지만, 중앙화된 리스크 비용과 신뢰의 가치를 생각해보면 블록체인 기반의 탈중앙화 시스템이 더 효율적일 수 있다.

또한 탈중앙화는 중앙화된 합의구조에서는 불가능했던 다양한 일을 가능하게 한다. 어떤 네트워크 내에서 일어난 사건에 대한 사실과 의사결정에 관련된 합의를 중앙의 권위 있는 집단으로부터 네트워크 내 다수에게 분산시키거나 위임할 수 있게 하는 합의 프로세스, 이것이 블록체인의 진정한 가치이다.

7절 비잔티움 장군 문제

비잔티움 장군 문제는 레슬리 램포트, 쇼스탁, 피스의 1982년 논문에서 처음 언급되었다. 이 논문에서 저자들은 적군의 도시를 공격하려는 비잔티움 제국군의 여러 부대가 지리적으로 멀리 떨어진 상황을 가정했다. 각 부대의 지휘관인 동로마제국의 비잔티움 장군들은 서로 교신하면서 공격 계획을 세워야 하는데, 전령이 중간에 적군에게 사로잡힐 수도 있다. 또 일부 부대의 지휘관이 배신할 수도 있다. 그래서 공동으로 공격할 시점을 합의할 때, 서로가 서로에게 거짓말을 할 것을 두려워하여 합의에 이르지 못하게 되었다. 이렇듯 서로 협력이 필요한 상황에서 신뢰가 부족하여 합의에 이르지 못하는 상황을 '비잔티움 장군 문제'라고 부른다.

비트코인 시스템은 이 비잔티움 장군 문제를 '작업증명'이라는 장치를 통하여 해결하였다. 전달받은 메시지를 조작하면 해시값이 변하기 때문에 정상적인 메시지로 위장하기 위해서는 조작한 내용에 대응하는 논스값을 구하고 그 블록의 바로 다음에 이어지는 블록의 논스값도 다시 계산해야 한다. 이런 조작을 하는 데에는 시간이 걸리기 때문에 메시지를 조작하는 장군의 메시지가 정상적인 메시지보다 더 먼저 도착할 수는 없다.

비잔티움 문제가 진정으로 의미하는 것은 어떻게 신뢰가 없는 참여자들 사이에서 신뢰를 획득하느냐 하는 것이다. 앞서 설명한 바와 같이 비트코인은 시간의 개념을 도입하여 조작을 어렵게 했다. 비트코인 시스템의 창시자 사토시는 여기에 '채굴'이라는 보상 개념을 추가로 도입했다. 채굴은 다수를 배신하지 않고 다수의 의견에 따를 때 보상을 받을 확률이 높아진다는 개념이다. 즉 비잔티움 장군 중 배신을 고민하는 소수는 다수를 따름으로써, 즉 배신하지 않음으로써 손해를 보지 않고 이익을 얻을 수 있는 것이다.

애덤 스미스는 사람들의 행동을 정부가 규제하지 않아도 각각의 경제주체가 '이익의 최대화'라는 이기적인 동기에 따라 행동하면, 결과적으로 바람직한 자원 배분이 실현된다고 주장하였다. 물론 현실 세계에는 여러 가지 제약이 있으므로 애덤 스미스의 생각은 경제학자의 교과서적인 이야기로 여겨졌다. 그런데 비트코인은 컴퓨터 연산능력을 이용한 '작업증명'이라는 장치와 인터넷 IT 기술을 이용하여 애덤 스미스의 주장이 실현될 가능성을 보여줬다.

이 발견이 대단한 이유는 중앙의 기능이나 통제 없이 참여자들의 협력을 통해 운영되는 비트코인 시스템이 참여자의 유토피아적 '선의'가 아닌, 참여자가 최대한의 이익을 선택하려는 합리적인 지성으로도 충분하다는 점을 보여주었다는 것이다. 비트코인 운영 시스템은 신뢰가 없는 참여자들 사이에서 신뢰를 획득할 수 있도록 '비잔티움 장군' 문제를 해결했다. 이렇게 시간과 보상의 개념을 이용하여 신뢰가 없는 참여자들 사이에서 신뢰를 획득한 블록체인 시스템은 사회의 다른 시스템에도 적용할 수 있으므로 더 의미가 있다.

8절 하드포크와 소프트포크

블록체인은 탈중앙화된 네트워크이기 때문에 '노드'라고 알려진 네트워크의 참여자들은 원활한 협업을 위해 규칙(rule)을 따라야 한다. 이 규칙을 '프로토콜(Protocol)'이라 한다.

프로그램은 오류를 수정하고 성능을 향상시키기 위해 지속적인 업데이트를 필요로 한다. 블록체인에서도 이런 업데이트가 일어나는데, 이때 기존의 프로토콜을 따르려는 블록과 새로운 프로토콜을 따르려는 블록으로 갈라진다. 그래서 채굴하는 진영의 논리에 따라 암호화폐가 여러 갈래로 분기된다. 한 줄기에서 나와 여러 줄기로 갈라지는 모양이 식탁에서 사용하는 포크의 모습과 같아서 이를 '포크(Fork)'라 한다. 이때 노드들은 길이가 긴 쪽을 '참'으로 보고 채굴(POW, 작업증명)을 수행한다.

암호화폐의 분기가 일어날 때, 기존 암호화폐를 소유하고 있던 소유자들은 기존 암호화폐에 새롭게 분기된 암호화폐를 추가로 받으니 손해 보지 않는다. 가장 대표적인 암호화폐인 비트코인과 이더리움이 분기된 예이다. 비트코인은 비트코인골드와 비트코인캐시로 분기했고, 이더리움은 이더리움과 이더리움 클래식으로 분기했다. 이렇게 분기하는 것을 '하드포크' 또는 '소프트포크'라고 부른다.

하드포크와 소프트포크의 차이점은 무엇일까? 고려대학교 김승주 교수는 하드포크와 소프트포크를 다음과 같이 쉽게 설명하고 있다.

"비트코인과 같은 암호화폐들은 탈중앙화를 위해 블록체인이라는 분산합의(distributed consensus) 매커니즘을 이용한다. 즉 어떤 거래가 일어났을 때 중앙의 은행 같은 기관이 아닌 구성원들이 거래 내역이 옳다는 것에 동의를 해줘야 한다. 그런데 어떤 것이 옳은지 그른지를 따지려면 반드시 규칙(rule)이 있어야 한다. 규칙에는 합의 매커니즘에 적극적으로 참여하는 구성원들에 대한 성과보수 지급 방안 같은 것들도 들어 있다. 포크(Fork)는 규칙이 바뀐다는 뜻이다. 하드포크(Hard fork)는 규칙의 전면 개정을 뜻하고, 소프트포크(Soft Fork)는 규칙의 소폭 개정을 뜻한다."

소프트포크에서는 기존의 규칙에서 큰 틀은 바뀌지 않고 부분적인 업데이트만 일어나기 때문에 기존 블록체인과 새롭게 분기된 블록체인의 호환이 가능하다. 마치 MS오피스나 한컴오피스 같은 소프트웨어의 구 버전과 신 버전이 호환되는 것과 같다. 하드포크는 블록의 규칙을 근본적으로 바꾸는 업데이트이다. 그러므로 분기되기 이전의 블록체인과 새롭게 분기된 블록체인의 호환은 불가능하다. 마치 안드로이드와 아이폰의 운영체계가 서로 호환되지 않는 것과 같다.

2장

암호화폐 경제학

1절 암호화폐와 법정화폐

1. 암호화폐에 대한 찬반론

암호화폐를 둘러싼 논쟁은 여전히 뜨겁다. 한편에서는 규제 강화를 요구하고, 다른 한편에서는 블록체인 기술의 미래를 고려해 규제를 자제해야 한다고 주장한다. 과연 어느 쪽이 옳은 것일까?

비트코인에 대한 대표적 회의론자로는 폴 크루먼(Paul Krugman) 교수가 있다. 그는 2013년 뉴욕타임스에 「Bitcoin is Evil(비트코인은 악이다)」라는 칼럼을 기고했다. 크루먼은 비트코인이 정상적인 화폐가 아니며, 중앙은행 시스템을 공격하려는 정치적 의도를 가진 것으로 평가했다. 그는 비트코인을 금에 대한 맹목적 집착(gold fetish)과 다를 바 없다고 비판했다. 이러한 주장은 어느 정도 이해할 수 있다. 비트코인은 기존 국가와 화폐 시스템에 대한 근본적 문제 제기를 내포하고 있기 때문이다.

워런 버핏 역시 비트코인에 대해 회의적 입장을 밝혔다. 그는 “비트코인은 가치를 창출하는 자산이 아니며, 평가할 수 없는 자산의 가격이 상승하는 것은 전형적인 버블"이라고 경고했다. 재닛 옐런 전 연방준비제도(Fed) 의장 또한 비트코인을 "매우 투기적인 자산"으로 평가했다.

한편, 비트코인을 완전히 새로운 개념으로 보지 않는 시각도 있다. 오스트리아학파 경제학자들이 주장했던 민간 화폐론과 유사하다는 것이다. 오스트리아학파는 중앙은행의 통화정책을 비판했으며, 상품화폐(금본위제)를 지지한 경제학자들도 있었다.

비트코인은 발행량이 2,100만 개로 제한되어 있어, 채굴량이 제한된 금과 구조적으로 유사하다. 이러한 특성은 비트코인이 오스트리아학파의 화폐 이론에 기반했을 것이라는 해석을 가능하게 한다. 하이퍼인플레이션을 겪은 짐바브웨나 베네수엘라 등에서는 비트코인에 대한 수요가 높아졌다. 이 사례는 비트코인이 통화 가치 붕괴에 대비하는 대체 투자 수단, 즉 금과 같은 '디지털 자산'으로 기능할 수 있음을 보여준다.

암호화폐 회의론자들은 "암호화폐는 교환 수단이나 가치 척도의 기능을 제대로 수행하지 못하므로 화폐가 아니다"라고 주장한다. 그러나 암호화폐로 결제할 수 있는 상점과 암호화폐로 기부할 수 있는 단체가 점차 늘어나고 있다. 실질적인 교환 수단으로 기능하고 있다는 점에서, 암호화폐를 단순히 화폐가 아니라고 단정짓기는 어렵다.

또 다른 비판은 "비트코인은 가치를 담보하는 자산이 없다"는 것이다. 그러나 과연 은행예금은 안전한가? 은행예금은 단순한 전산상의 기록이며, 은행이 모든 예금을 보유하고 있지 않다. 만약 대규모 인출 사태가 발생하면 은행은 파산할 수밖에 없다. 은행예금 역시 실물 담보가 없는 디지털 기록에 불과하다.

결국, 암호화폐와 은행예금의 차이는 관리 주체(은행 vs 참여자 네트워크)일 뿐이다. 오히려 전쟁이나 국가 위기 상황에서는 국경을 자유롭게 넘을 수 있는 암호화폐가 더 안전한 자산이 될 수 있다. 암호화폐는 완전히 새로운 것이 아니라, 디지털 시대의 경제 구조 속에서 탄생한 자연스러운 진화다. 기존 시스템을 전면 부정하기보다는, 현 체제의 한계를 보완하는 대안적 자산이자 금융 인프라로 접근할 필요가 있다.

2. 암호화폐와 법정화폐의 차이점과 유사점

중세 유럽의 대항해 시대, 장기간 항해를 하던 선원들은 비타민C 부족으로 괴혈병에 시달리며 목숨을 잃었다. 그러나 우연히 오렌지를 섭취한 일부 선원들이 건강을 회복하면서, 오렌지는 괴혈병 치료에 효과가 있다는 사실이 알려졌다. 그럼에도 불구하고 당시 의사들은 오렌지가 약이 아니라며 경고했다.

비트코인이 화폐인지 아닌지를 둘러싼 논쟁 역시 이와 유사하다. 비트코인은 법정화폐는 아니지만 화폐의 기능을 수행하고 있으며, 이를 화폐로 인식하는 사람들도 점점 늘어나고 있다.

화폐의 기능은 보관성, 가치 척도성, 교환 가능성 세 가지로 요약할 수 있다. 비트코인을 예로 들면 다음과 같다.

첫째, 비트코인은 '월렛(wallet)'이라고 부르는 전자지갑에 안전하게 보관할 수 있다.

둘째, 비트코인은 최소단위를 1억 분의 1(0.00000001 비트코인, 1 사토시)

까지 설정할 수 있어 아주 작은 가치도 측정할 수 있다.

셋째, 비트코인은 거래가 가능하며, 일반적으로 수수료가 매우 낮은 편이다.

이러한 측면에서 볼 때, 비트코인은 화폐 기능의 세 요소를 모두 충족하고 있다. 다만 현실에서는 비트코인을 결제 수단으로 수용하는 상점이 아직 많지 않다. 그러나 시간이 지나 사회적 신뢰가 쌓인다면 이 문제는 자연스럽게 해결될 가능성이 크다.

피카소의 그림은 왜 가치가 있을까? 유한한 존재이며, 많은 사람들이 그 가치를 인정하기 때문이다. 비트코인 또한 총발행량이 2,100만 개로 제한되어 있어, 무제한 발행이 가능한 법정화폐보다 오히려 희소성 면에서 더 가치 있을 수 있다.

법정화폐도 본질적으로는 국가와 사회 구성원의 신뢰 위에 서 있다. 지폐는 본질적으로 단지 종이조각에 불과하지만, 사람들이 가치를 믿기 때문에 재화와 서비스를 교환할 수 있다. 비트코인도 마찬가지다. 신뢰가 형성된다면 재화와 서비스의 대가로 쓰일 수 있다.

화폐가 교환의 매개체가 되기 위해서는 무엇보다 신뢰가 필요하다. 여기서 말하는 신뢰는 단순한 선의가 아니라, 경제적 이익을 보장받을 수 있다는 믿음을 의미한다.

밀턴 프리드먼은 “화폐는 금과 같은 내재가치를 가질 필요가 없다. 사람들이 가치를 부여하고 신뢰하면 그것이 곧 화폐가 된다”고 주장했다. 이런 관점에서 보면, 사회적 합의와 신뢰를 획득한 암호화폐 역시 충분히 화폐의 역할을 할 수 있다.

3. 돈이란 무엇일까?

암호화폐 중 화폐 목적으로 사용되는 암호화폐를 '코인(coin)'이라고 부른다. 반면, 특정 플랫폼 안에서 활용할 목적으로 만들어진 암호화폐는 '토큰(token)'이라 한다. 예를 들어, 버스나 지하철에서 사용되는 토큰처럼, 토큰은 특정 생태계 내에서만 쓰이는 경우가 많다.

암호화폐를 이해하기 위해서는 '돈'이라는 개념에 대한 이해가 선행되어야 한다. 비트코인은 블록체인 시스템을 유지하는 데 기여한 채굴자들에게 보상으로 지급되기 위해 설계된 (암호)화폐이기 때문이다. 그렇다면 '돈'이란 무엇일까?

돈의 의미에 대한 접근은 다양하다.

정치경제학자 칼 폴라니(Karl Polanyi)는 돈을 "넓게는 언어, 무게 같은 의미론적 체계이며, 좁게는 지급, 표준 단위, 저축, 교환에 사용되는 물품"이라고 정의했다.

철학자이자 심리학자인 윌리엄 제임스(William James)는 돈을 "사람이 자신의 일부로 여기는 모든 것, 즉 신체, 정신력, 재산, 가족, 친구, 은행 계좌 등에 포함되는 자기 연장(extended self)"으로 보았다.

역사학자 유발 하라리(Yuval Noah Harari)는 "돈은 인류가 고안한 가장 효율적이고 보편적인 신뢰 시스템"이라고 말했다.

이처럼 돈은 단순한 교환 수단을 넘어, 사회적 신뢰를 정량화하고 교환할 수 있도록 해주는 시스템이다. 가족 간에는 신뢰의 증표 없이도 협력할 수 있지만, 불특정 다수와 협력하려면 신뢰를 객관화한 수단, 즉 돈이 필요하다. 암호화폐도 이러한 신뢰 시스템을 디지털화한 새로운 형태로 볼 수 있다.

암호화폐가 진정한 화폐로 기능하기 위해서는 무엇보다 사회적 합의와 신뢰가 필요하다. 사람들이 암호화폐에 가치를 부여하고 신뢰한다면, 암호화폐는 화폐의 역할을 수행할 수 있다.

비트코인은 우리에게 익숙한 달러, 엔화, 위안화처럼 특정 국가의 중앙은행이 발행한 법정화폐는 아니다. 그러나 이미 세계 곳곳에서 결제 수단이나 투자 대상으로 사용되면서 '디지털 자산'이자 '대체 화폐'로 자리 잡고 있다.

4. 암호화폐의 대표적인 장점

비트코인이 주목받는 이유는 단순한 결제 수단 이상의 의미를 갖기 때문이다. 향후 가격 상승에 대한 기대심리 또한 비트코인의 가치를 높이고 있다. 비트코인의 주요 기능은 투자, 결제, 이체, 모금 및 펀딩 등 네 가지로 나눌 수 있다. 이는 기존 화폐가 수행해 온 기능을 대체하거나 보완하는 동시에, 법정화폐보다 우월한 부분도 존재한다.

1) 투자수단: 자산으로서의 비트코인

2024년 말, 비트코인은 사상 처음으로 1억 원을 돌파하며 시장의 관심을 집중시켰다. 과거 개인 투자자 주도의 상승과 달리, 최근 상승세는 기관 투자자의 본격적인 참여가 주요 동력이다.

퇴직연금 운용사 포어스올(ForUsAll)의 비트코인 투자 허용, 비트코인 현물 ETF 승인 등은 기관 자금 유입을 가속화했다. 그러나 비트코인은 변동성이 극심해 투기적 접근은 큰 위험을 수반한다. 비트코인 열풍은 종종 17세기 튤립 파동에 비유되기도 한다. 비트코인의 총량은 2,100만 개로 제한되어 있지만, 암호화폐 전체 발행량은 지속적으로 증가하고 있다. 이로 인해 암호화폐 시장이 실물 경제에 인플레이션 리스크를 초래할 가능성도 제기되고 있다. 결국 암호화폐에 투자할 때는 단순한 가격 등락이 아니라, 발행 토대가 되는 비즈니스 모델의 견고함을 꼼꼼히 살펴야 한다.

2) 자금 모집 및 기부 수단

암호화폐는 기존 화폐로는 어려웠던 초소액 결제(micro payment)를 가능하게 한다. 예를 들어 비트코인은 1사토시(0.00000001BTC) 단위로 송금할 수 있어, 부담 없는 소액 기부나 모금이 가능하다.

많은 자선단체와 구호기관들이 비트코인 QR코드를 통해 기부를 받고 있으며, 크라우드 펀딩 영역에서도 암호화폐가 활용되고 있다. 스마트 컨트랙트를 통한 조건부 모금은 사기를 예방하는 수단으로 주목받는다.

3) 결제 수단: 실생활에서의 비트코인 결제

비트코인을 결제수단으로 받는 오프라인 상점 수는 2025년 기준 약 8,000곳에 달한다. 이는 2023년 대비 두 배에 가까운 증가다. 특히 라이트닝 네트워크를 통한 소액결제 기술의 발전은 비트코인 결제의 실용성을 크게 높였다.

상점 입장에서는 신용카드 수수료 대비 결제 비용을 대폭 줄일 수 있고, 별도 단말기 없이 스마트폰으로 결제가 가능해 초기 도입 부담도 낮다.

엘살바도르와 중앙아프리카공화국은 비트코인을 법정화폐로 공식 채택했으며, 아르헨티나 등 다른 국가들도 암호화폐 제도화 논의를 본격화하고 있다.

특히 라이트닝 네트워크 기반 초소액 결제 기능은 디지털 콘텐츠 시장에서도 새로운 가능성을 열고 있다. 소규모 창작 활동에도 경제적 가치를 부여할 수 있게 되었다.

〈표 2-2〉 비트코인의 단위 읽기

비트코인	단위 표기	단위 호칭	사토시 변환
1BTC	BTC	비트코인	100,000,000사토시
0.1BTC	dBTC	데시 비트코인	10,000,000사토시
0.01BTC	cBTC	센티 비트코인	1,000,000사토시
0.001BTC	mBTC	밀리 비트코인	100,000사토시
0.000001BTC	μBTC	마이크로 비트코인	100사토시
0.00000001BTC	satoshi	사토시	1사토시

4) 이체 및 국제 송금수단: 암호화폐를 통한 빠르고 저렴한 송금

암호화폐의 가장 큰 장점 중 하나는 송금 수단으로서의 기능이다. 특히 국내 이체뿐만 아니라 국제 송금에서도 기존 금융 시스템에 비해 확연한 장점을 보인다.

암호화폐를 통한 국제 송금은 다음과 같은 3단계로 이루어진다.

① 송금자가 송금할 금액에 해당하는 암호화폐를 구매한다.

② 암호화폐를 상대방 지갑 주소로 이체한다.

③ 수신자는 해당 암호화폐를 현지 통화로 환전한다.

은행을 통한 국제 송금은 송금 완료까지 수일이 걸리는 반면, 암호화폐를 이용하면 몇 분 이내에 송금이 완료된다. 수수료도 은행 송금에 비해 매우 저렴하다.

특히 리플(XRP) 과 같은 이체 특화 암호화폐를 사용할 경우, 송금에 걸리는 시간은 수초에 불과하며, 수수료 역시 거의 들지 않는다. 이러한 특성 덕분에 암호화폐는 기존 국제 송금 시스템에 대한 강력한 대안으로 주목받고 있다.

2절 ICO

1. ICO와 IPO

블록체인 네트워크에서 암호화폐를 발행해 자금을 모집하는 방식을 ICO(Initial Coin Offering)라고 한다. 일반적으로 스타트업은 아이디어 단계의 사업 계획을 실행하기 위해 투자자금을 유치해야 한다. 이를 위해 투자설명회(IR, Investor Relations)를 개최하는데, 이 과정은 결코 쉽지 않다. 투자자는 아이디어의 로드맵뿐 아니라, 그 아이디어가 실제로 구현될 가능성까지 신중히 검토한다. 반면 스타트업은 아이디어를 실현하기 위해서는 반드시 자금이 필요하다. 이처럼 양측의 이해가 충돌하는 상황에서 투자자를 설득하는 것은 매우 어렵다.

ICO는 투자자들에게 암호화폐를 나누어주고 사업자금을 확보하는 방법으로, 회사의 가치를 나눠주는 대가로 자금을 유치한다는 점에서 IPO(Initial Public Offering)와 유사하다. 그러나 IPO는 회사의 형태가 갖추어지고 일정 기간 매출 실적을 쌓은 뒤 진행되는 반면, ICO는 회사 설립 이전의 아이디어 구상 단계에서도 가능하다는 점에서 차이를 보인다. 새로운 암호화폐를 만들기 위해 필요한 자금을, 미래에 발행할 암호화폐를 나눠주는 방식으로 미리 모집하는 것이다.

ICO는 종이로 된 증서 대신 블록체인 기술을 활용한 암호화폐를 투자자금의 대가로 지급한다. 국경의 제약 없이 자금을 간편하게 유치할 수 있다는 점이 가장 큰 장점이다. 투자자는 금전 또는 비트코인, 이더리움 등 기존 암호화폐를 지급하고, 스타트업이 발행한 암호화폐를 받게 된다. ICO는 벤처캐피털(VC) 투자나 크라우드펀딩(crowdfunding)과 유사한 점이 있다. 그러나 ICO에서는 재무제표나 사업보고서 없이, 스타트업이 공개하는 백서(White Paper) 하나만으로 투자 여부를 판단한다. 백서에는 사업 추진 계획, 적용하려는 블록체인 기술, 개발자 및 자문단의 이력이 담긴다. 문제는 ICO가 제도적으로 정비되지 않아, 백서에 기재된 내용을 객관적으로 검증하는 절차가 부족하다는 점이다. 투자자는 제한된 정보만을 바탕으로 투자 결정을 내려야 한다.

ICO는 IPO와 비슷한 성격을 지니면서도 중요한 차이점을 가진다. IPO는 창업 후 수년간의 재무성과에 대한 회계감사를 거친 후 상장하는 반면, ICO는 사업 아이디어만으로도 투자자를 모집할 수 있다. IPO는 많은 시간과 비용이 소요되기 때문에 소규모 스타트업이 상장을 추진하기 어렵지만, ICO는 아이디어만으로 몇 달 만에 시도할 수 있다는 점이 장점이다.

스타트업 입장에서는 ICO를 통해 지분구조를 자유롭게 형성할 수 있으며, 사업이 본격화되기 전부터 글로벌 홍보 효과를 얻을 수 있다는 점에서 선호도가 높다.

〈표 2-3〉 IPO와 ICO 특성 비교

구분	IPO	ICO
참여자	투자자(investors)	지지자(supporters)
공개 대상	주식	암호화폐
자격 요건	상장 심사 필요	없음
실시 시점	창업 후 수년 경과	아이디어 단계 가능
소요 시간	수년 이상	수개월 이내
수혜자	주식 보유자	암호화폐 보유자
소유권	최대주주 중심	참여자 공동소유
배당	영업이익 기반 배당	배당금 없음(토큰 가치 상승 기대)
규제	강력한 사전심사	점진적 규제 적용
거버넌스	중앙집중형	분산형(커뮤니티 중심)

IPO는 투자자(investors)가 참여하고 기업의 주식을 공개 대상으로 한다. 상장을 위해 엄격한 심사를 거쳐야 하며, 통상 기업이 수년간 운영된 이후에 추진된다. 창업 후 최소 3년 이상이 소요되며, 주식을 보유한 주주는 배당금 형태로 영업이익을 분배받는다. 규제기관의 승인을 받아야 하며, 거버넌스는 중앙집중식 조직에 의해 운영된다.

반면 ICO는 지지자(supporters)가 참여하고, 발행된 암호화폐를 대상으로 한다. 상장 심사 없이 진행되며, 신생기업이 사업 아이디어만을 가지고도 자본을 마련할 수 있다. 백서만 완성하면 즉시 공모할 수 있으며, 암호화폐를 보유한 참여자는 배당금이 아닌 암호화폐 가치 상승을 기대한다. ICO는 국경 없는 분산 플랫폼에서 진행되지만, 최근에는 고객확인(KYC) 및 자금세탁방지(AML) 규제를 적용하는 흐름이 강화되고 있다. 거버넌스는 중앙집중형이 아니라 참여자에 의한 분산관리 체계다.

스타트업 입장에서는 ICO를 통해 초기 지분 희석 없이 자금을 유치할 수 있고, 빠르게 글로벌 커뮤니티를 형성할 수 있다는 장점이 있다. 그러나 동시에 법적 제재를 받을 위험성도 존재한다. 특히 백서에 제시된 사업계획과 현실 사이에 간극이 발생할 경우, 이는 법적 쟁점이 될 수 있다.

미국 센트라 코인 사례는 이를 잘 보여준다. 센트라는 비자, 마스터카드와 제휴를 맺었다고 백서에 기재해 3,200만 달러를 모금했지만, 실제로는 아무런 제휴관계가 없었다. 이로 인해 공동창업자들이 사기 혐의로 구속되었다.

대한민국 정부는 2017년 9월, 암호화폐를 통한 증권발행형 자금조달 행위가 자본시장법 위반에 해당한다며 ICO를 전면 금지했다. 이에 따라 국내 스타트업들은 스위스, 싱가포르 등 해외에 법인을 설립해 ICO를 추진하고 있다. 그러나 해외 법인을 통한 ICO라도, 한국 국민을 대상으로 증권형 암호화폐를 판매할 경우 국내법 위반으로 제재를 받을 수 있다.

ICO는 스타트업이 아이디어만으로 빠르게 자금을 유치할 수 있는 혁신적 방법이지만, 제도적 불확실성과 투자자 보호 장치 부족이라는 한계를 가지고 있다. 이에 따라 투자자는 백서의 내용을 신중히 검토해야 하며, 스타트업 역시 신뢰를 바탕으로 한 생태계 구축이 필수적이다.

2. ICO 추진과정

향후 암호화폐 관련 정책과 규제 환경이 바뀐다면, ICO는 스타트업이 투자자금을 모을 수 있는 가장 효과적이고 간편한 수단이 될 수 있다. 스타트업이 ICO까지 가는 과정은 다음과 같은 단계로 정리할 수 있다.가장 먼저 핵심 아이디어를 구상해야 한다. 전통적인 스타트업과 마찬가지로 블록체인 기반 사업도 문제를 해결하기 위한 아이디어에서 출발한다. 보유 자본이 비즈니스 성패를 좌우하는 현실에서, 블록체인 기반 사업은 기발한 아이디어만으로도 백서를 작성해 자금을 모을 수 있다. 이때 아이디어는 비즈니스 프로세스 단위로 구체화하는 것이 중요하다.

다음은 핵심 팀원을 구성하는 단계다. ICO 준비는 팀원이 사업의 전부라 할 만큼 팀의 역량이 중요하다. 필요한 핵심 역량을 파악하고, 이를 갖춘 인재를 확보하는 것이 필수적이다.사업 제품과 서비스 기획도 필수적이다. 제공하려는 서비스 또는 제품의 기능과, 이를 구현하기 위한 기술적 방법을 구체화해야 한다.

자문단 구성을 통해 팀의 약점을 보완할 수 있다. 대중적으로 유명한 인물보다 프로젝트에 실질적 도움을 줄 수 있는 전문가를 자문단에 초빙하는 것이 장기적으로 유리하다.

커뮤니티 마케팅은 ICO 성공에 매우 중요한 요소다. SNS를 적극적으로 활용해 커뮤니티를 형성하고, 사업의 비전과 제품 정보를 공유하며, 지지자를 확보해야 한다.

백서 작성은 핵심적인 절차다. 현실의 문제점 분석, 해결책 제시, 이를 구현할 기술 설명, 비즈니스 모델과 프로세스 설계, 토큰 발행 계획과 ICO 일정 등을 체계적으로 담아야 한다. 로드맵 발표를 통해 사업 일정을 투명하게 제시하고, 개발 계획에 대한 커뮤니티의 신뢰를 얻어야 한다.

법률자문은 ICO의 안전성을 확보하는 데 필수적이다. ICO를 진행할 국가의 법률 환경을 분석하고, AML(자금세탁방지), KYC(고객확인) 규제를 사전에 준수할 수 있도록 준비해야 한다.

토큰 판매를 위한 시장 홍보 전략도 중요하다. 사업을 적극적으로 홍보하고, 토큰 판매 시기를 전략적으로 조정해 초기 관심과 수요를 확보해야 한다. 암호화폐 코드 공개 및 기술 검증을 통해 시장의 신뢰를 얻는것도 중요하다. 가능하다면 제삼자 기관의 평가를 받는 것이 바람직하다.

사전 판매를 통해 초기 자금을 확보할 수도 있다. 사전 판매는 공개 또는 비공개로 진행될 수 있으며, 일반적으로 비트코인이나 이더리움을 대가로 받는다. 사전 판매 수익금은 비즈니스 구축과 팀 운영에 사용된다.

초기 자금 집행 계획도 투명하게 관리해야 한다. 프로토타입을 제작하고 테스트를 진행해 제품이나 서비스의 기술적 완성도를 높인다. 시험 운영을 통해 오류가 발견되었다면 신속하게 수정해야 한다. 이후 본격적으로 ICO를 실시한다.

암호화폐를 공개 판매하여 자금을 모집하며, 모금 현황과 진행 상황을 커뮤니티에 투명하게 공개한다. ICO 이후에도 운영은 지속되어야 한다. 개발 진행 상황과 프로젝트 운영 현황을 주기적으로 업데이트해 커뮤니티와 신뢰를 유지해야 한다.

ICO를 준비하는 과정에서는 별도의 법인이나 재단을 설립하는 것이 일반적이다. 이때 법인 설립 관할권의 선택은 중요하다. 스위스, 싱가포르, 홍콩, 영국령 버진아일랜드, 케이맨 제도, 맨섬 등이 ICO 친화적인 지역으로 꼽힌다.

AML과 KYC 규정 준수는 필수적이다. 고객 정보를 수집하고 관련 규제 기관과 공유할 의무가 있으며, 이를 철저히 준비해야 한다. 증권법 적용 여부도 중요한 검토 사항이다. 암호화폐 발행이 주식 발행으로 해석될 경우 강력한 규제를 받을 수 있으므로, 토큰 설계와 백서 작성 시 주의를 기울여야 한다.

ICO 마케팅 전략 역시 체계적으로 수립해야 한다. 창업자 및 핵심 팀원과의 인터뷰 콘텐츠를 제작해 시장의 관심을 끌고, AMA 세션, 신문기사, 소셜미디어, 블로그, 유튜브, 커뮤니티 활동, 밋업과 콘퍼런스 참가 등을 통해 프로젝트 인지도를 확산시켜야 한다. 필요시 유료 광고도 적극 활용할 수 있다.

3. 증권형 토큰 발행(STO)

ICO는 스타트업이 신속하게 자금을 조달할 수 있는 혁신적인 방법이었다. 그러나 투자자 보호 장치가 미흡하고 사기 사건이 빈번하게 발생하면서 규제 당국의 강력한 견제를 받게 되었다. 이러한 한계를 극복하기 위해 등장한 것이 증권형 토큰 발행(STO, Security Token Offering)이다.

STO는 블록체인 기술을 활용하면서도 증권법을 준수하여 자금을 조달하는 방식이다. 투자자에게 배당금, 이익 배분, 의결권 등 전통적인 금융자산과 유사한 권리를 부여하는 증권형 토큰을 발행하고, 이 토큰은 법적으로 증권으로 분류되어 각국의 증권 규제를 적용받는다. 이를 통해 투자자 보호를 강화하면서도 블록체인의 투명성과 효율성을 동시에 확보할 수 있다.

ICO가 규제 없이 아이디어만으로 광범위하게 자금을 모을 수 있었다면, STO는 증권법상 요건을 충족해야 한다는 점에서 접근이 더 까다롭다. 특히 많은 경우 공인 투자자만 참여할 수 있도록 제한되기 때문에 진입장벽은 높아졌지만, 투자자 신뢰는 크게 향상되었다. 아이디어 중심으로 진행된 ICO에

비해 STO는 자산 기반과 법적 구조를 명확히 갖춘 자금 조달 방식으로 진화한 것이다.

STO는 전통적인 증권 발행 절차를 상당 부분 따르면서도, 블록체인 기술을 접목하여 효율성을 극대화한다. 발행 대상이 될 자산을 설정한 후 이를 디지털화하여 블록체인에 등록하고, 발행 국가의 증권법에 따라 필요한 절차를 검토하거나 등록한다. 투자자는 KYC(고객확인)와 AML(자금세탁방지) 절차를 거쳐야 하며, 투자 적격성 심사를 통과해야 토큰을 구매할 수 있다. 모든 과정은 스마트 컨트랙트로 자동화되어 투명하게 처리된다.

백서에는 발행하려는 자산의 개요, 투자자 권리, 토큰 발행 조건, 사업 진행 계획 등이 명확하게 기술되어야 하며, 투자자들은 이 정보를 바탕으로 투자 여부를 판단한다. 발행이 완료된 후에는 규제 승인을 받은 디지털 자산 거래소에서 토큰을 자유롭게 거래할 수 있다. 거래 기록은 블록체인에 투명하게 기록되고, 정산과 청산이 신속하게 이루어진다.

STO의 주요 특징은 분산 투자, 투명성, 글로벌 접근성, 비용 절감으로 요약할 수 있다. 자산을 토큰화함으로써 누구나 소액으로 투자할 수 있고, 블록체인 덕분에 거래 기록이 완전하게 투명하게 유지된다. 또한 전 세계 어디서나 24시간 거래가 가능해져 전통 증권보다 유동성이 크게 향상될 수 있다. 중개인을 거치지 않고 직접 투자자와 발행자가 연결되기 때문에 발행 및 관리 비용도 줄어든다.

그러나 STO에도 한계는 존재한다. 국가별로 상이한 증권법 규제를 모두 충족해야 하는 복잡성이 있으며, 아직 글로벌 수준에서 규제 승인을 받은 디지털 자산 거래소가 부족해 유동성 확보에 어려움이 따르기도 한다. 또한 STO에 대한 대중 인식이 아직 낮아 투자자 교육이 필요한 상황이다.

STO는 이미 부동산, 벤처캐피탈, 사모펀드, 인프라 투자 등 다양한 분야에서 시도되고 있다. 미국에서는 tZERO, 시큐리타이즈(Securitize), 폴리매스(Polymath) 같은 플랫폼들이 증권형 토큰 발행과 거래를 지원하고 있으며, 유럽과 아시아에서도 관련 규제 체계가 점차 마련되고 있다. 스위스, 싱가포르, 독일, 프랑스 등은 STO에 친화적인 제도를 마련하며 시장을 선도하고 있으며, 한국도 자본시장법 개정 등을 통해 STO 제도화를 추진하고 있다.

향후 STO는 단순한 자금 조달 수단을 넘어 금융 패러다임 자체를 전환시키는 촉매제가 될 것으로 기대된다. 블록체인의 투명성과 효율성, 증권법의 투자자 보호 체계가 결합되면서 암호화폐 시장의 제도권 편입을 가속화할 것이다. 투자자는 다양한 자산에 소액으로 접근할 수 있고, 발행자는 보다 넓은 시장에서 자금을 유치할 수 있게 된다.

STO의 성패는 기술적 혁신뿐 아니라, 규제 환경의 발전, 투자자 인식 제고, 시장 인프라 구축이라는 세 요소가 균형 있게 맞물려야 가능하다. 이러한 발전이 함께 이뤄진다면, STO는 디지털 시대의 새로운 금융 모델로 자리잡을 것이다.

4. RWA 토큰화와 STO의 미래

블록체인 기술이 성숙해지면서, 암호화폐 시장은 단순한 디지털 자산을 넘어 현실 세계의 자산(Real World Assets, RWA)을 토큰화하는 방향으로 진화하고 있다. 부동산, 미술품, 주식, 채권, 원자재 등 전통적인 실물 자산을 블록체인에 디지털 토큰 형태로 옮기는 시도가 활발히 이루어지고 있으며, 이는

STO(Security Token Offering)와 긴밀히 연결된다.

RWA 토큰화란 현실 세계의 자산을 블록체인상에 기록하여, 디지털 토큰을 통해 소유권, 수익권, 사용권 등의 권리를 표현하는 것을 의미한다. 토큰화된 자산은 소액 단위로 쪼개어 판매할 수 있으며, 블록체인 기술을 통해 거래 기록이 투명하게 유지되고, 거래 비용과 시간을 크게 줄일 수 있다. 이를 통해 고가의 부동산이나 미술품과 같은 자산도 누구나 쉽게 투자할 수 있는 시장이 열리게 된다.

STO는 RWA 토큰화의 주요한 구현 방식으로 자리잡고 있다. 단순히 자산을 디지털화하는 것을 넘어, 발행된 토큰에 법적인 권리를 부여하고, 증권 규제 체계 아래에서 투자자 보호를 확보하는 것이 특징이다. 이는 암호화폐 시장이 기존 금융 시스템과 연결되는 중요한 교차점이다. 특히 부동산, 사모펀드, 벤처캐피털, 채권 등 전통적인 투자 자산들이 토큰화되어 STO를 통해 거래되기 시작하면서, 새로운 투자 생태계가 조성되고 있다.

RWA 토큰화와 STO의 결합은 투자 접근성의 혁신을 가져온다. 과거에는 대규모 자본을 가진 일부 투자자들만 접근할 수 있었던 부동산, 미술품, 인프라 프로젝트 등에 소액으로 참여할 수 있게 된다. 자산은 더 많은 투자자에게 개방되고, 투자자들은 전통적인 금융상품보다 빠르고 투명한 방식으로 자산을 거래할 수 있다. 이는 글로벌 시장에서 자산의 유동성을 획기적으로 높이는 효과를 가져온다.

또한 블록체인 기반 거래의 특성상, 자산 관리와 투자 기록이 자동으로 남기 때문에 투자자의 신원 확인(KYC)과 자금세탁방지(AML) 규정을 보다 효과적으로 준수할 수 있다. 스마트 컨트랙트를 활용하여 배당금 지급, 이자 수령, 의결권 행사 같은 권리 행사를 자동화할 수 있다는 점도 STO 기반 RWA 토큰화의 강력한 장점이다.

그러나 현실 세계 자산을 토큰화하는 과정에는 여전히 많은 과제가 남아 있다. 첫째, 자산의 법적 소유권과 디지털 토큰 간의 연계 문제를 명확히 해야 한다. 토큰을 보유한다고 해서 실제 자산에 대한 권리가 어떻게 부여되고 행사되는지에 대한 법적 구조가 투명해야 한다. 둘째, 각국의 증권 규제 차이가 커서 글로벌 RWA 시장을 구축하는 데 장벽이 존재한다. 셋째, 아직 시장 인프라가 충분히 성숙하지 않았고, 투자자들의 신뢰와 이해도를 높이는 데도 시간이 필요하다.

세계 주요국은 이러한 흐름을 주목하며 규제 체계 정비에 나서고 있다. 미국 증권거래위원회(SEC)는 증권형 토큰에 대한 명확한 가이드라인을 마련하려 하고 있으며, 유럽연합은 암호자산시장법(MiCA)을 통해 토큰화 자산의 규율 체계를 마련하고 있다. 싱가포르, 스위스, 홍콩 등은 STO 친화적인 규제 환경을 조성하여 시장을 선도하고 있다.

한국에서도 2024년 이후 STO 제도화가 본격적으로 추진되고 있다. 금융위원회는 증권형 토큰을 자본시장법상 증권으로 인정하고, 기존 전자증권 제도와 연계하여 관리할 수 있도록 법체계를 정비하고 있다. 이는 블록체인 기반 디지털 증권 시장의 문을 열고, STO와 RWA 토큰화 시장 활성화의 토대를 마련할 것이다.

앞으로 STO와 RWA 토큰화는 금융시장의 구조 자체를 근본적으로 바꿀 가능성을 품고 있다. 투자자는 소액으로 다양한 자산에 분산 투자할 수 있고, 발행자는 보다 저렴한 비용으로 글로벌 자본을 유치할 수 있으며, 시장은 더 빠르고 효율적으로 움직이게 된다. 금융기관들은 새로운 서비스 모델을 구축할 수 있고, 신흥국가들도 자국의 자산을 디지털화하여 글로벌 시장에 연결하는 기회를 가질 수 있다.

이러한 변화는 단순히 금융 기술의 혁신을 넘어, 자본의 접근성과 분배 방식을 근본적으로 재편할 것이다. 블록체인이 신뢰를 제공하고, 증권법이 투자자 보호를 보장하며, 글로벌 시장이 연결되는 미래. RWA 토큰화와 STO는 바로 그 미래를 여는 열쇠가 될 것이다.

3절 암호화폐 분류와 법적규제

1. 암호화폐의 분류의 중요성

암호화폐의 분류는 단순한 기술적 구분을 넘어, 법적 규제와 투자자 보호 기준을 결정짓는 핵심 요소다. 암호화폐의 성격에 따라 증권법, 자금세탁방지법(AML) 등의 적용 여부가 달라지며, 프로젝트의 성공 가능성과 법적 안정성에도 직접적인 영향을 미친다.

필자는 과거 블록체인 기반 광고 플랫폼을 준비하는 사업가의 백서를 검토한 적이 있다. 이 백서에는 ICO 참여자에게 수익 배당을 약속하는 조항이 포함되어 있었는데, 이는 암호화폐가 '증권형'으로 간주될 수 있는 위험을 내포하고 있었다. 필자는 이를 지적했고, 사업가는 백서를 수정하여 법적 리스크를 줄일 수 있었다.

이 사례는 암호화폐 분류의 중요성을 보여준다. 지불형, 유틸리티형, 증권형 등 암호화폐의 특성을 명확히 이해하는 것은 프로젝트와 투자자 모두에게 필수적이다.

2. 스위스 금융감독청(FINMA)의 암호화폐 유형 분류

2018년 스위스 금융감독청(FINMA)은 암호화폐를 세 가지 주요 유형으로 분류하는 ICO 지침을 발표했다. 이 분류는 이후 글로벌 표준처럼 널리 사용되고 있다.

지불 토큰(payment token) 은 재화나 서비스의 대가로 사용되는 디지털 자산이다. 이는 법적 증권으로 간주되지 않지만, 자금세탁방지(AML) 규정은 적용된다.

유틸리티 토큰(utility token) 은 특정 플랫폼 내 서비스나 기능 이용을 위해 사용된다. 순수한 유틸리티 목적이라면 증권법 규제를 받지 않지만, 투자 성격이 강하면 증권형으로 분류될 수 있다.

자산형 토큰(asset token) 은 기업 수익, 부동산, 미술품 등 실물자산 가치에 연동되는 토큰이다. 배당이나 이익분배 권리를 부여하는 경우 증권으로 분류되며, 각국의 증권법 규제를 받는다.

참고: 암호화폐는 용도에 따라 아래처럼 구분할 수도 있다.

〈표 2-4〉 암호화폐 성격에 따른 분류

거래용 암호화폐 (화폐로 사용)	플랫폼 암호화폐 (플랫폼에서 사용)	유틸리티 암호화폐 (특정 서비스에 사용)
Bitcoin(BTC)	Ethereum(ETH)	Chainlink(LINK)
Litecoin(LTC)	Solana(SOL)	The Sandbox(SAND)
Monero(XMR)	Avalanche(AVAX)	Axie Infinity(AXS)

3. 미국 SEC의 암호화폐 규제 기준

미국 증권거래위원회(SEC)는 세계 암호화폐 시장에 가장 큰 영향을 미치는 규제 기관이다. SEC는 암호화폐가 증권 성격을 지닌 경우 기존 증권법 규제를 적용한다는 원칙을 고수하고 있다.

최근 SEC는 리플(Ripple) 소송, 코인베이스, 바이넌스 등 주요 거래소에 대한 소송을 통해, 암호화폐 시장의 규제 공백을 적극적으로 메우고 있다. 특히 일부 알트코인들은 증권성이 있다고 공식 판단되었고, 이에 따라 미국 내 거래소에서 상장폐지되는 사례도 늘어나고 있다.

SEC는 2024년까지도 "대부분의 ICO는 증권"이라는 입장을 유지하고 있다. 다만 비트코인과 이더리움에 대해서는 특수성을 인정하여 증권으로 간주하지 않는 경향이 있다.

4. 토큰의 증권성 여부: Howey Test

SEC는 암호화폐가 증권에 해당하는지를 판단하기 위해 여전히 Howey Test를 적용하고 있다. 이는 1946년 미국 대법원의 판례를 기준으로 네 가지 요건을 제시한다.

첫째, 투자자가 돈이나 가치를 지불했는가?

둘째, 투자자가 수익을 기대하는가?

셋째, 자금이 공통된 사업에 투자되는가?

넷째, 수익이 발행자 또는 제삼자의 노력에 의해 발생하는가?

이 네 가지 요건을 모두 충족하면 해당 토큰은 증권으로 간주된다.

최근 리플(Ripple) 사건에서 일부 거래는 Howey Test 기준을 충족하지 않는다고 법원이 판단했지만, 여전히 대다수 신규 암호화폐 발행은 증권 가능성이 있다고 본다.

5. 토큰의 증권성 여부: Howey Test

오늘날 ICO뿐만 아니라 STO(Security Token Offering) 시대에도 토큰 분류는 중요하다. 프로젝트는 발행하려는 토큰의 성격을 명확히 정의하고, 투자자에게 투명하게 공개해야 한다.

백서에 유틸리티 토큰임을 선언하는 것만으로는 충분하지 않다. 실질적인 사업 모델, 수익 분배 구조, 투자 유도 방식이 종합적으로 고려되어야 한다. 만약 실질이 증권이라면 적법한 등록 절차와 투자자 보호 조치를 따라야 한다.

STO는 이러한 규제 준수를 전제로 하는 새로운 자금 조달 방식이며, 향후 암호화폐 시장의 제도권 편입을 가속화할 것이다.

4절 SEC 소송 사례로 보는 실질적 규제 적용

암호화폐 시장은 전통적으로 법적인 규제 기준과 거리가 있었기 때문에, 규제 당국은 추상적 원칙보다는 구체적인 소송 사례를 통해 규제 방향과 기준을 설정해 나가고 있다. 특히 미국 증권거래위원회(SEC)는 최근 몇 년간 주요 암호화폐 프로젝트와 거래소를 대상으로 여러 소송을 제기하면서, 암호화폐 규제 환경을 실질적으로 변화시키고 있다.

1. 리플(Ripple) 소송: 판매방식에 따라 달라지는 규제

2020년 12월, SEC는 리플(Ripple)을 상대로 XRP를 미등록 증권 형태로 판매한 혐의로 소송을 제기했다. 리플은 이에 대해 XRP가 글로벌 결제 수단이며 증권이 아니라고 주장했다. 법원의 판결은 매우 흥미롭게도 일부 승소였다. 법원은 일반 투자자들에게 거래소를 통해 판매된 XRP는 증권에 해당하지 않지만, 기관 투자자에게 직접 판매된 XRP는 증권으로 판단했다. 이는 암호화폐의 증권성 여부가 단지 기술적 특성이 아니라 "누구에게 어떻게 판매했는지"라는 실질적 맥락에 따라 결정된다는 중요한 선례를 남겼다.

2. 코인베이스(Coinbase) 소송: 암호화폐 거래소의 법적 책임 확대

2023년 6월, SEC는 미국 최대 암호화폐 거래소인 코인베이스(Coinbase)를 상대로 소송을 제기했다. SEC는 코인베이스가 SEC에 등록하지 않은 채 증권 거래소, 중개인, 청산기관의 역할을 수행했다고 주장했다. 특히 SEC는 코인베이스가 상장한 솔라나(Solana), 카르다노(Cardano), 파일코인(Filecoin) 등을 포함한 여러 암호화폐를 미등록 증권으로 규정하면서, 거래소의 법적 책임

범위를 크게 확대했다. 이 소송은 암호화폐 거래소가 단순히 중개자가 아니라 규제 대상임을 명확히 한 사례였다

3. 바이낸스(Binance) 소송: 글로벌 사업자에 대한 규제 적용

SEC는 또한 세계 최대 암호화폐 거래소인 바이낸스(Binance)와 CEO 창펑 자오(CZ)를 미국 규제 위반 혐의로 고발했다. 바이낸스가 미국 투자자들을 대상으로 규제를 회피하면서 불법적인 증권 판매를 했고, 고객 자금을 부적절하게 운용했다는 것이다. 특히 SEC는 바이낸스가 발행한 BNB 토큰과 스테이블코인 BUSD의 증권성 문제를 제기하면서, 미국 시장에 접근하는 글로벌 거래소가 미국 규제의 영향을 받을 수 있음을 강조했다.

4. 테라·루나 사태: 알고리즘 스테이블코인의 규제 문제 부각

2022년 테라USD(UST)와 루나(LUNA)의 폭락 사건 이후 SEC는 테라폼랩스(TerraForm Labs)와 공동창업자 권도형을 사기 및 미등록 증권 판매 혐의로 기소했다. SEC는 알고리즘 스테이블코인 역시 투자자에게 이익을 기대하게 하는 구조라면 증권법의 적용 대상이 될 수 있다고 보았다. 이 사건은 암호화폐 프로젝트가 스스로 "탈중앙화"나 "가격 안정성"을 주장한다고 하더라도, 투자자의 기대와 실질적인 운영 구조에 따라 증권으로 간주될 가능성이 높다는 점을 명확히 했다.

5. SEC의 최근 규제 기조: "대부분의 알트코인은 증권"

게리 겐슬러(Gary Gensler) 전 SEC 의장은 여러 차례 "비트코인을 제외한 대부분의 암호화폐는 증권"이라는 입장을 공개적으로 밝혔다. 이는 알트코인

전반에 대한 규제 강화 신호로 받아들여졌으며, 암호화폐 거래소, 지갑 서비스, 커스터디 서비스와 같은 관련 생태계 전반까지 규제 범위에 포함될 가능성을 시사하고 있다. 이로 인해 암호화폐 시장은 점차 제도권 금융시장과 더욱 긴밀하게 연결될 전망이다.

6. 규제 판단의 본질은 '실질'에 있다.

암호화폐의 증권성 여부를 판단하는 Howey Test와 같은 법적 기준도 중요하지만, SEC의 실제 판단 기준은 토큰의 구조와 발행 방식, 판매 방식 등 사업의 실제 운영과 투자자의 기대 등 '실질'에 있다. 따라서 암호화폐 프로젝트를 운영하거나 투자하는 사람들은 반드시 "우리 프로젝트가 투자자에게 어떤 인상을 주는지", "투자자가 수익을 기대할 수 있는 구조인지"를 깊이 고민하고 대비해야 한다.

암호화폐 시장은 이제 규제를 피하기보다는 규제를 명확히 이해하고 전략적으로 접근해야 하는 단계로 접어들었다. 최근 SEC의 소송 사례들은 암호화폐 시장이 더욱 정교하고 명확한 규제 환경으로 진입하고 있음을 보여준다. 앞으로 암호화폐 시장에서의 성공을 위해서는 규제의 본질을 정확히 이해하고, 이를 기반으로 철저히 준비된 프로젝트 설계와 운영 전략을 세우는 것이 필수적이다.

5절 암호화폐의 특징 및 작동원리

1. 암호화폐의 익명성과 프라이버시

블록체인 시스템에서는 모든 거래가 투명하게 공유된다. 예를 들어, A가 B에게 비트코인 1개를 전송했다고 하자. 이 거래가 블록체인에 기록되면 A의 잔액은 1개 줄고, B의 잔액은 1개 증가한다. 문제는 이러한 거래 기록이 네트워크에 참여하는 누구에게나 공개된다는 점이다. 거래 내역이 투명하다는 것은 장점이지만, 개인의 잔액과 거래 상대방 정보까지 모두 공개되는 것은 프라이버시 침해 우려를 낳는다.

비트코인의 창시자 사토시 나카모토는 이 문제를 해결하기 위해 해시함수를 활용했다. 해시함수는 입력값을 고정된 길이의 무작위 문자열로 변환하며, 입력값이 달라지면 결과값도 전혀 다르게 나타난다. 특히, 해시값을 통해 원래 입력값을 유추하는 것이 불가능한 '역상 저항성' 특성 덕분에 거래 내용은 암호화된 형태로만 블록체인에 기록된다.

비트코인은 거래 당사자의 실명이나 통장 정보 없이 오직 암호화된 주소와 거래 기록만을 남긴다. 이로 인해 비트코인은 종종 '익명성'이 보장된다고 알려져 있지만, 사실 정확히는 '가명성(pseudonymity)'을 가진다. 거래 주소를 통해 거래 내역을 추적할 수 있지만, 해당 주소가 누구의 것인지 직접 연결하기는 어렵다.

이러한 특성은 투명성과 프라이버시 보호 사이에서 균형을 이루려는 시도라 할 수 있다. 거래 정보는 모두 블록체인에 영구 기록되지만, 사용자는 공개키를 통해 익명성을 유지할 수 있다. 다만, 주소 사용 패턴이나 외부 정보와 결합되면 개인을 유추할 가능성도 존재하기에 주의가 필요하다. 특히, 웹사이트나 소셜미디어에 비트코인 주소를 공개하는 것은 프라이버시 측면에서 바람직하지 않다.

비트코인의 거래 과정에서는 전자 서명 기술이 사용된다. 송신자는 거래 내역과 자신의 개인키로 생성한 전자 서명을 함께 전송하고, 수신자는 송신자의 공개키를 통해 서명을 검증한다. 공개키는 누구에게나 공개될 수 있지만, 개인키는 절대 노출되어서는 안 된다. 다만 비트코인에서는 공개키 재사용을 지양하며, 매 거래마다 새로운 주소를 생성하는 것이 권장된다. 이는 사용자의 프라이버시를 한층 더 강화하기 위한 조치이다.

암호화폐 거래의 프라이버시를 더욱 강화하기 위해 등장한 기술이 '영지식 증명(Zero-Knowledge Proof, ZKP)'이다. 이는 상대방에게 아무런 정보를 노출하지 않고도 자신이 특정 정보를 알고 있음을 증명하는 기술이다.

영지식 증명에서 가장 널리 쓰이는 예제는 '동굴 속 비밀의 문' 예제이다. 아래 그림과 같이 동굴에는 밖으로 나올 수 있는 2개의 통로 A와 B가 있고, 통로는 서로 연결되어 있다.

〈그림 2-4〉 영지식증명 동굴 예제

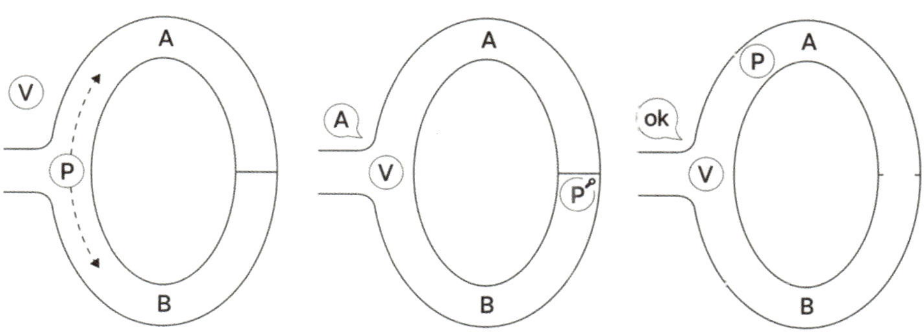

2개의 통로 A, B 가운데에는 비밀의 문이 있는데, 비밀의 문은 암호를 알아야만 열 수 있다. 암호를 안다면 A와 B 어느 통로로도 나올 수 있지만 암호를 모르면 A와 B 중 한 개의 통로로만 나올 수 있다.

이때 증명자는 암호를 알려주지 않으면서 본인이 암호를 알고 있다는 사실을 증명하려 한다. 검증자는 증명자로 하여금 A 또는 B 통로로 나오라고 말하고 증명자는 검증자가 지정한 경로로 나온다. 만약 증명자가 비밀번호를 모른다면 검증자가 지정한 경로로 몇 번은 나올 수 있겠지만 언젠가는 비밀번호를 모른다는 것이 탄로날 것이다. 반대로 증명자가 비밀번호를 알고 있다면, 검증자의 요구를 모두 만족시킴으로서 검증자에게 비밀번호를 알려주지 않고도, 증명자가 비밀번호를 알고 있다는 사실을 증명할 수 있다.

영지식 증명은 완전성, 건전성, 영지식성의 세 가지 조건을 만족해야 한다. 이를 통해 거래 내역을 완전히 숨긴 채 진위 여부만을 검증할 수 있으며, 블록체인상의 프라이버시를 극대화할 수 있다. 영지식 증명 기술은 모네로(Monero)와 지캐시(Zcash) 같은 암호화폐에 적용되었으며, 최근에는 ZK-SNARK, ZK-STARK 같은 고도화된 방식도 활발히 연구되고 있다.

2. 암호화폐 이체(국내 및 해외 송금)

암호화폐는 투자 수단으로만 주목받는 것이 아니라, 본질적으로 '송금'이라는 중요한 기능을 갖고 있다. 특히 해외 송금 분야에서는 기존 금융 시스템 대비 월등한 효율성을 제공한다.

비트코인을 예로 들면, 비트코인 네트워크는 국가 단위 경계가 없기 때문에 국내 송금과 해외 송금을 구분하지 않는다. 단순히 비트코인 주소만 알면 전 세계 어디로든 송금이 가능하다. 비트코인 송금에는 소정의 수수료가 발생하는데, 이는 송금 금액과 무관하며 사용자가 자율적으로 설정할 수 있다. 수수료를 높게 설정할수록 채굴자들이 거래를 우선 처리하기 때문에 송금 속도가 빨라진다.

송금 절차도 매우 간단하다. 예를 들어 한국에 있는 A가 미국에 유학 중인 아들 B에게 송금하려면, A는 국내 거래소에서 비트코인을 구매한 후 B의 비트코인 주소로 전송하면 된다. B는 미국의 거래소에서 비트코인을 달러로 환전하면 송금이 완료된다. 평균 송금 소요 시간은 약 1시간 이내이며, 이는 기존 은행 송금 대비 빠르고 수수료도 저렴하다.

비트코인 외에도 리플(Ripple)과 같은 송금 특화 암호화폐는 더욱 빠르고 저렴한 해외 송금을 지원하고 있어, 실제 금융기관들에서도 채택이 늘어나고 있다.

〈그림 2-5〉 블록체인을 통한 거래 프로세스

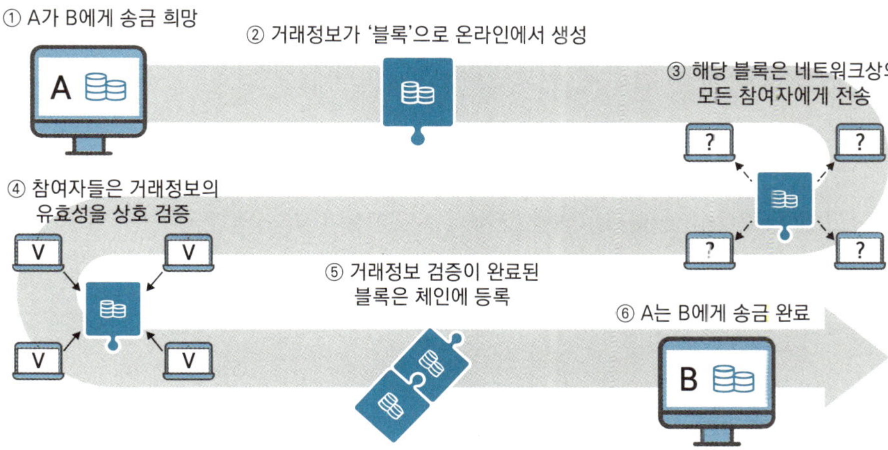

출처: Financial Times, 금융보안원

3. 암호화폐 보관

암호화폐를 안전하게 보관하는 것은 매우 중요하다. 암호화폐는 실물이 아닌 디지털 정보이기 때문에 전자지갑(wallet)에 저장된다. 전자지갑은 비트코인 주소(공개키)와 이 주소에 연결된 개인키를 보관하는 역할을 한다. 특히 개인키는 절대 유출되거나 분실되어서는 안 된다. 개인키를 잃어버리면 영구적으로 복구할 방법이 없기 때문이다.

전자지갑은 크게 핫월렛과 콜드월렛으로 나뉜다. 핫월렛은 인터넷에 연결된 지갑으로 사용이 편리하지만 해킹 위험이 존재한다. 반면 콜드월렛은 오프라인 상태에서 암호화폐를 보관하는 방식으로, 보안성이 훨씬 높다. 하드웨어 월렛(예: Ledger Nano, Trezor)이 대표적인 콜드월렛이다. 종이에 개인키를 인쇄해 보관하는 페이퍼 월렛도 있다.

암호화폐 거래소 역시 대량의 암호화폐를 콜드월렛에 보관하는 방식을 채택하고 있지만, 거래소 자체가 해킹당할 경우 개인 자산까지 위험해질 수 있다. 따라서 투자자는 거래소에 장기간 암호화폐를 보관하기보다는, 거래 후 신속히 개인 지갑으로 옮겨 안전하게 보관하는 것이 바람직하다.

특히 암호화폐 시장이 성장함에 따라 거래소 해킹 사고도 빈번히 발생해왔다. 일본 코인체크(Coincheck) 거래소에서는 2018년 약 4억 2,500만 달러 상당의 넴(NEM)이 해킹으로 유출된 바 있으며, 이는 대부분 핫월렛에 저장되어 있었던 것으로 밝혀졌다.

이처럼 암호화폐 보관에는 항상 주의를 기울여야 하며, 특히 개인키 관리가 핵심임을 명심해야 한다.

Part 03

디지털자산 시장의 주요지표와 투자

1장 디지털자산 시장의 주요지표

1절 디지털자산 시장의 온체인과 오프체인 지표

1. 디지털자산 시장 분석: 온체인 지표를 통한 내부 신호 읽기

2009년 비트코인의 등장 이후 디지털자산 시장은 글로벌 금융 시스템에서 점차 그 존재감을 확대해왔다. 전통적으로 인류는 금, 은과 같은 귀금속이나 국가가 발행하는 법정화폐를 신뢰의 매개로 삼았다. 그러나 블록체인 기술은 중개자 없이도 신뢰를 형성할 수 있는 혁신적 패러다임을 제시했고, 새로운 자산군인 디지털자산의 시대를 열었다.

디지털자산 시장을 정확히 분석하고 이해하기 위해서는 전통 금융 시장과는 다른 분석 접근법이 필요하다. 블록체인은 모든 거래를 투명한 공개 원장에 기록한다는 특성 덕분에, 과거 금융 시스템에서는 상상할 수 없었던 방대한 데이터 접근성을 제공하고 있다. 이 데이터를 효과적으로 활용하면 투자자는 시장의 현황을 실시간으로 관찰하고 보다 정확한 분석을 수행할 수 있다.

디지털자산 시장 분석은 크게 두 가지 지표로 구분된다. 블록체인 내부에서 직접 추출하는 '온체인(On-chain) 지표'와 시장의 외부 환경 및 심리를 반영하는 '오프체인(Off-chain) 지표'이다. 이는 마치 인체를 진단할 때 내부의 장기 상태를 보는 것과 외부의 환경적 요소를 함께 고려하는 것과 비슷한 원리다.

온체인 지표는 블록체인에 직접 기록된 데이터를 분석해 네트워크의 상태와 사용자들의 행동을 파악하는 방법이다. 거래 내역, 주소 활동, 네트워크 사용량 등 블록체인상의 모든 활동은 실시간으로 기록되며, 누구든지 접근하고 검증할 수 있는 투명성을 가지고 있다. 반면 오프체인 지표는 블록체인 외부 환경에서 발생하는 데이터, 즉 거래소 활동, 뉴스 흐름, 거시경제 지표 등을 분석하여 시장의 흐름을 판단한다.

이 두 가지 분석 접근법을 함께 활용하면 디지털자산 시장의 심층적인 이해와 함께 보다 현명한 투자 결정을 내릴 수 있다. 이제 블록체인 내부에서 직접 얻어지는 온체인 지표부터 자세히 살펴보도록 하자.

2. 온체인 지표란 무엇인가?

온체인 지표는 블록체인상의 데이터를 실시간으로 분석하는 것이다. 이는 전통 금융에서 기업의 재무제표를 분석하는 것과 유사하지만, 실시간으로 업데이트된다는 점에서 큰 차이가 있다. 예를 들어, 비트코인은 평균 10분마다, 이더리움은 약 12초마다 새로운 블록이 추가된다. 이는 기업의 모든 재무적 움직임을 실시간으로 관찰하는 것과 같은 효과를 가진다.

블록체인 데이터는 누구나 접근 가능하고 변경이 불가능하며, 높은 투명성을 제공한다. 그러나 주소는 실명이 아니라 암호화된 문자열로 되어 있어 특정 개인을 직접 식별하는 것은 어렵다. 대신 주소 간의 패턴을 분석하면 소매 투자자, 기관 투자자, 고래(대형 투자자) 등 다양한 투자자 그룹의 행동을 유추할 수 있다.

온체인 데이터는 방대하고 복잡하기 때문에, 이를 효과적으로 분석하려면 전문적인 플랫폼의 도움이 필수적이다. 대표적인 온체인 데이터 분석 플랫폼으로는 글래스노드(Glassnode), 크립토퀀트(CryptoQuant), 코인메트릭스(CoinMetrics) 등이 있으며, 이들은 원시 데이터를 시각적이고 이해하기 쉬운 형태로 제공해 준다.

3. 거래소 관련 지표를 통해 시장 심리 읽기

온체인 분석에서 가장 중요한 항목 중 하나는 거래소 관련 지표다. 이는 암호화폐 자산이 거래소로 들어오고 나가는 흐름을 분석하여 시장 심리와 투자자 행동을 읽는 데 결정적 단서를 제공한다.

4. 거래소 보유량(Exchange Reserve)

거래소 보유량은 주요 거래소가 보관하고 있는 특정 암호화폐의 총량을 나타낸다. 일반적으로 투자자들은 빠르게 거래를 하기 위해 코인을 거래소에 보관하며, 장기 보유를 원하는 투자자는 개인 지갑을 선호한다. 거래소 보유량이 감소하면 투자자들이 장기 보유 성향을 보인다는 긍정적 신호로 간주된다. 반대로 증가하면 매도 가능성이 높아져 시장에 하락 압력을 줄 수 있다.

실제 사례로, 2020년 코로나 팬데믹 이후 비트코인의 거래소 보유량은 지속적으로 감소했으며, 같은 기간 비트코인 가격은 5,000달러에서 최고 69,000달러까지 상승했다. 이는 투자자들의 장기 보유 성향이 강해졌음을 보여주는 대표적인 사례이다.

5. 거래소 순 자금 흐름(Net Flow)

거래소 순 자금 흐름은 거래소로 유입되는 코인과 유출되는 코인의 차이를 측정한다. 순 유출이 발생할 때는 매도 압력이 감소하고 장기 보유가 증가하는 반면, 순 유입이 많아지면 매도 압력이 증가할 수 있다. 예를 들어, 시장 저점 부근에서는 대규모 거래소 유출이 종종 발생하며, 이는 가격이 반등할 수 있는 긍정적 신호가 되기도 한다. 2021년 7월 비트코인이 3만 달러 아래로 하락했을 때 대규모 유출이 나타났고, 이후 가격은 급등하여 사상 최고가를 기록했다.

6. 시장의 큰 손, 고래(Whales)의 움직임

암호화폐 시장에서 '고래(Whales)'는 통상 1,000 BTC 이상의 대규모 코인을 보유한 투자자를 의미한다. 이들의 행동은 시장에 큰 영향을 미칠 수 있으므로 주의 깊게 관찰할 필요가 있다.

고래들이 거래소에 코인을 대량 입금하는 경우는 보통 매도 준비 신호로 받아들여진다. 실제로 2021년 5월 비트코인이 64,000달러 부근에서 고점을 찍은 직후, 고래들이 대량의 비트코인을 거래소에 입금했고, 이는 가격 급락의 전조가 되었다.

7. 채굴자의 거래소 입금 지표

채굴자들이 채굴 보상으로 얻은 코인을 즉시 거래소에 입금하는 경우, 이는 현금화 수요가 강하다는 신호로 해석되어 시장 가격 하락 압력으로 작용할 수 있다. 반대로 채굴자들이 코인을 보유할 경우 가격 상승 기대감을 반영한다. 특히 비트코인의 반감기 이후 채굴자들의 보유 성향이 강해졌고, 이는 장기적인 가격 상승을 뒷받침하는 요소로 작용했다.

이러한 온체인 지표를 통해 투자자는 디지털자산 시장의 내부적인 신호를 보다 정확히 이해하고, 이를 토대로 보다 현명한 투자 결정을 내릴 수 있다.

8. 디지털자산의 시장 가치 평가: 내재 가치의 탐색과 활용법

디지털자산의 가치를 평가하는 일은 전통적인 금융시장과는 매우 다르며, 상당히 복잡한 과제이다. 전통 주식시장은 기업의 수익, 배당금, 자산가치 등 명확한 평가 기준을 가지고 있지만, 비트코인과 같은 디지털자산은 이러한 직접적인 가치 기준이 없다. 주식은 기업의 미래 현금흐름에 대한 권리를 의미하는 반면, 비트코인은 네트워크의 신뢰와 희소성에 기반한 가치를 가지고 있다.

이러한 한계에도 불구하고, 블록체인의 온체인 데이터를 분석하면 디지털자산의 내재 가치를 간접적으로 평가할 수 있다. 온체인 데이터란 블록체인상에 기록된 거래 내역과 네트워크 활동을 의미하며, 이를 통해 시장의 심리와 건강 상태를 파악할 수 있는 다양한 지표들이 개발되었다.

9. 투자자 심리 지표: SOPR(Spent Output Profit Ratio)의 이해와 활용

온체인 지표 중에서 가장 널리 사용되는 것 중 하나가 바로 SOPR이다. SOPR은 현재 소비되는 코인들이 평균적으로 이익인지 손실인지를 측정하는 지표이다. 이는 코인이 마지막으로 이동했던 가격과 현재 이동할 때의 가격을 비교하여 계산한다.

SOPR이 1보다 크다면, 투자자들이 평균적으로 이익을 보고 있다는 뜻이며, 이는 시장에서 매도 압력이 존재할 수 있음을 암시한다.

SOPR이 1보다 작다면, 투자자들이 평균적으로 손실 상태라는 의미로, 시장에서 매도 압력이 줄어들고 매수 심리가 강해질 가능성을 나타낸다.

실제로 약세장에서 SOPR이 지속적으로 1 미만을 기록하다가 다시 1 이상으로 올라서는 순간은 시장이 회복 국면에 접어들었음을 의미할 수 있다. 반대로 시장 고점 부근에서 장기 보유자의 SOPR이 급등하면 장기 보유자들이 보유하고 있던 코인을 매도하기 시작했음을 나타낸다. 2021년 비트코인이 사상 최고가를 기록했을 때도 장기 보유자 SOPR이 급격히 상승해 시장 과열을 경고했다.

10. 시장 가치 평가 지표: MVRV 비율의 중요성과 적용

디지털자산의 시장 가치 평가에서 또 다른 중요한 지표는 MVRV(Market Value to Realized Value) 비율이다. 이 지표는 현재의 시장가치(시가총액)를 실현가치(투자자가 실제 구매한 가격을 기반으로 한 총 가치)로 나눈 값이다.

MVRV 비율이 높으면 시장이 과열 상태로, 자산의 가격이 지나치게 높게 평가되어 있을 가능성이 높다.

MVRV 비율이 낮으면 자산 가격이 저평가되어 있음을 의미한다.

역사적으로 비트코인의 경우, MVRV 비율이 3.7을 넘으면 시장 고점에 근접했고, 1 이하로 떨어지면 시장 바닥에 근접하는 경향을 반복적으로 보여줬다. 예컨대 2013년, 2017년, 2021년 상승장에서는 MVRV가 3.7을 초과했고, 2015년, 2018년, 2020년의 하락장 바닥에서는 1 이하로 내려갔다.

11. 비트코인의 생산 비용과 가격의 하방 지지선

비트코인과 같은 작업증명(Proof of Work, PoW) 기반 자산에서 생산 비용은 가격의 중요한 지지선 역할을 한다. 비트코인 1개를 채굴하기 위해 필요한 전력비용과 장비 운영비용을 합산한 생산 비용은 가격이 하락할 때 중요한 방어선으로 작용한다.

시장 가격이 생산 비용 이하로 떨어지면 채굴 수익성이 떨어져 채굴자들이 시장에서 퇴장하게 된다. 이에 따라 네트워크 난이도가 조정되며 시장은 자연스럽게 안정되는 경향이 있다. 실제로 비트코인은 2018년과 2020년의 가격 하락기에 생산 비용 근처에서 바닥을 형성하고 회복되었다.

12. 채굴자의 수익성 지표: Puell Multiple 활용

채굴자의 수익성을 평가하는 지표로 Puell Multiple이 있다. 이 지표는 현재 하루 채굴 수익을 과거 1년간 평균 채굴 수익과 비교하여 계산한다.

Puell Multiple이 0.5 이하로 떨어지면 채굴 수익성이 매우 낮아 시장이 바닥에 근접한 것으로 평가된다.

Puell Multiple이 4 이상으로 올라가면 과도한 수익 상태로 시장 고점 신호로 인식된다.

비트코인은 2018년과 2020년 하락장에서 Puell Multiple이 0.5 이하로 하락했고, 2013년, 2017년, 2021년의 상승장 고점에서는 이 지표가 4 이상으로 급등하는 모습을 보였다.

13. 네트워크 활동 지표

디지털자산의 가치를 평가할 때 네트워크가 얼마나 활발히 운영되고 있는지, 얼마나 많은 사용자들이 실질적으로 참여하고 있는지를 살펴보는 것은 매우 중요하다. 네트워크 활동 지표는 마치 인체의 심장 박동과도 같아서, 블록체인의 건강성과 지속 가능성을 명확하게 보여준다.

14. 해시레이트(Hash Rate): 네트워크 안전성의 핵심 지표

네트워크 활동 지표 중에서 가장 기본적이고 중요한 것은 바로 해시레이트이다. 해시레이트는 블록체인 네트워크의 전체 연산 능력을 초당 수행되는 해시 연산 수로 표현한 것이다. 작업증명(PoW, Proof of Work) 기반의 비트코인 네트워크에서는 해시레이트가 높을수록 네트워크가 더욱 안전하다는 의미이다. 이는 악의적인 공격자가 네트워크를 장악하기 위해 더 많은 비용과 자원을 투입해야 하기 때문이다.

실제 사례로, 2021년 7월 중국 정부가 채굴을 금지하면서 비트코인의 글로벌 해시레이트가 약 50% 급감하는 사건이 있었다. 당시 중국은 전 세계 비트코인 채굴의 약 65%를 차지하고 있었지만, 몇 달 사이 채굴자들이 미국, 카자흐스

탄, 러시아 등으로 이동하면서 해시레이트가 회복되었다. 이는 비트코인 네트워크의 회복력과 분산화의 중요성을 보여준 대표적인 사례로, 블록체인의 탈중앙화 및 탄력성에 대해 추가로 공부해 볼 가치가 있는 주제이다.

15. 해시 리본(Hash Ribbon): 채굴자 활동의 미세한 변화를 포착

해시레이트의 변화를 좀 더 민감하게 읽기 위해 개발된 지표가 바로 해시 리본(Hash Ribbon)이다. 해시 리본은 30일 이동평균 해시레이트와 60일 이동평균 해시레이트를 비교해 계산한다.

30일 이동평균이 60일 이동평균을 위로 돌파(골든 크로스) 하면, 이는 긍정적 신호로 해석된다. 채굴자들이 네트워크에 복귀하며 시장이 회복 국면으로 들어섰음을 의미할 수 있다.

반대로, 30일 이동평균이 60일 이동평균 아래로 떨어지는 경우(데스 크로스)는 채굴자들의 이탈을 나타내며, 시장의 약세를 암시할 수 있다.

예를 들어, 2022년 7월 비트코인이 2만 달러 아래로 하락했을 때 해시 리본이 골든 크로스를 형성했고, 실제로 그 후 시장은 점진적으로 상승세로 전환되었다.

16. 활성 주소 수(Active Addresses): 블록체인의 실제 사용량

활성 주소 수는 블록체인의 실질적인 사용량을 측정하는 매우 중요한 지표이다. 일정 기간 동안 트랜잭션을 보내거나 받은 고유 주소의 숫자를 나타내며, 이는 블록체인의 실제 채택과 사용 정도를 간접적으로 보여준다.

활성 주소 수가 꾸준히 증가하는 경우, 이는 네트워크 사용이 확대되고 있음을 의미하며 장기적으로 자산 가치 상승에 긍정적인 영향을 준다. 특히 가격 상승이 활성 주소 증가를 동반할 때는 건전한 시장 성장으로 평가되지만, 가격만 상승하고 활성 주소 수가 동반하지 않을 경우 투기적 과열일 가능성이 크다.

실제로 2017년 말 비트코인이 2만 달러 부근에서 급등했을 당시 활성 주소 수는 상대적으로 증가하지 않아, 결국 시장은 급격히 하락했다. 반면 2020년 말부터 2021년 초까지 비트코인의 상승장에서는 가격과 활성 주소 수가 동반 증가하며 건전한 시장 성장세를 보였다.

17. UTXO(Unspent Transaction Output): 미사용 거래의 중요성과 블록체인 구조의 이해

블록체인의 거래 방식에서 가장 중요하게 살펴봐야 할 개념 중 하나가 바로 UTXO(Unspent Transaction Output)이다. UTXO는 블록체인상에서 아직 사용되지 않은 거래의 잔액을 나타낸다. 이는 사용자가 지갑 속에 보관하고 있는 현금이나 동전과 비슷한 개념이다.

UTXO의 개수가 증가한다는 것은 블록체인 네트워크에 새로운 투자자들이 유입되고 있거나, 기존 사용자들이 자산 관리를 보다 세분화하여 진행하고 있음을 의미한다. 반대로 UTXO 개수가 감소하는 경우는 사용자가 자신의 자산을 통합하여 큰 단위로 관리하거나, 시장에서 매도 활동이 활발해졌다는 신호로 해석할 수 있다.

실제로 2021년 초, 비트코인의 UTXO 개수가 급격히 증가한 시기는 글로벌 기관투자자들이 본격적으로 비트코인을 대량 매입하기 시작한 시점과 일

치했다. 이는 시장에서 장기적이고 긍정적인 수요 증가를 나타내는 명확한 신호였다.

이처럼 UTXO는 단순한 거래의 결과물이 아니라 시장의 흐름과 투자자 행동을 분석하는 데 있어 매우 중요한 지표가 된다. 블록체인 분석가들은 이를 통해 시장의 변화와 투자자의 심리를 보다 정확히 파악하고, 향후 시장 움직임을 예측하는 데 활용하고 있다.

UTXO를 좀 더 깊이 있게 이해하기 위해서는 블록체인의 구조적 차이인 UTXO 기반 모델과 계정(Account) 모델의 차이를 알아두는 것이 좋다. 비트코인은 UTXO 모델을 채택하고 있고, 이더리움은 계정 모델을 기반으로 운영된다.

UTXO 모델은 개별 거래를 각각 독립적인 미사용 잔액 단위로 관리한다. 사용자가 1 BTC와 0.5 BTC의 두 개의 UTXO를 가지고 있다고 할 때, 1.2 BTC를 지불하려면 두 개의 UTXO를 모두 소비하고 남은 0.3 BTC를 새로운 UTXO로 돌려받게 된다. 이 방식은 거래의 추적과 프라이버시 보호 측면에서 강점이 있으며, 네트워크의 보안성과 확장성을 향상시킬 수 있다. 하지만 복잡한 스마트 컨트랙트를 처리하기에는 상대적으로 불편하다는 단점도 있다.

반면, 이더리움이 사용하는 계정 모델(Account Model)은 은행 계좌와 유사하게 작동한다. 모든 사용자는 각각 하나의 계정을 가지며, 거래가 발생할 때마다 계정의 잔액이 직접 증감하는 형태로 기록된다. 계정 모델의 가장 큰 장점은 스마트 컨트랙트와 같은 복잡한 프로그래밍을 구현하기 용이하다는 것이다. 덕분에 이더리움은 다양한 탈중앙화 금융 서비스(DeFi)나 NFT 플랫폼과 같은 혁신적 서비스를 지원할 수 있게 되었다. 그러나 모든 거래가 한 계정에 집중적으로 기록되기 때문에 프라이버시 보호가 약할 수 있다는 점이 단점으로 지적된다.

UTXO 모델과 계정 모델 각각은 명확한 장점과 한계를 가지고 있다. UTXO 모델은 프라이버시와 거래 추적 방지에 유리하며, 비트코인처럼 상대적으로 단순하고 안전한 거래 구조에 적합하다. 반면, 계정 모델은 다양한 응용 프로그램을 쉽게 구현할 수 있어 복잡한 금융 생태계를 구성하는 데 적합하다. 이러한 차이점과 특성을 이해하면, 블록체인 기술이 지닌 근본적인 작동 원리와 네트워크 특성을 보다 깊이 있게 이해할 수 있으며, 디지털자산 시장의 다양한 흐름과 동향을 보다 정확히 파악할 수 있게 된다.

18. NVT(Network Value to Transactions) 비율: 블록체인의 P/E 비율

마지막으로, 블록체인의 시장 가치를 평가하는 중요한 지표 중 하나가 NVT 비율이다. NVT 비율은 블록체인의 시가총액을 하루 온체인 트랜잭션 가치로 나눈 값으로, 주식시장의 P/E(주가수익) 비율과 유사한 기능을 한다.

NVT 비율이 높으면 네트워크 사용량 대비 시가총액이 과대평가되었을 가능성이 크다.

반대로 NVT 비율이 낮으면 가격이 네트워크 사용량 대비 저평가되었을 가능성을 나타낸다.

하지만 온체인 트랜잭션 모두가 경제적 활동을 반영하는 것은 아니다. 사용자가 단순히 본인의 다른 지갑으로 자산을 옮기는 내부 거래도 포함될 수 있기 때문이다. 이러한 한계를 보완하기 위해 90일 이동평균을 활용한 NVT Signal과 같은 변형 지표가 개발되어 좀 더 의미 있는 경제적 신호를 포착할 수 있도록 돕고 있다.

19. 네트워크 활동 지표의 중요성과 활용

네트워크 활동 지표는 단순히 기술적 수치에 그치지 않는다. 이 지표들은 블록체인의 활력과 건강성뿐 아니라 투자자의 실제 참여도와 심리를 구체적으로 드러낸다. 따라서 디지털자산 시장을 분석할 때는 온체인 데이터 분석 능력을 키워 시장의 움직임을 보다 정확하게 이해하는 것이 중요하다.

네트워크 활동 지표는 블록체인의 실제 사용량과 보안을 보여주는 핵심적인 데이터로, 시장의 심장 박동과 같은 역할을 한다. 이 지표들로는 해시레이트, 활성 주소 수, UTXO(Unspent Transaction Output) 개수, NVT(Network Value to Transactions) 비율 등이 있다.

특히, Glassnode, CryptoQuant, CoinMetrics 같은 전문적인 온체인 분석 플랫폼을 활용하면 원시 데이터를 쉽고 명확하게 이해할 수 있다. 이러한 플랫폼을 통해 블록체인의 건강 상태와 숨겨진 시장 신호를 분석하여 보다 현명한 투자 결정을 내릴 수 있다.

20. 투자자 행동 지표: 시장의 심리와 행동을 읽는 방법

디지털자산 시장에서는 가격 움직임뿐 아니라 투자자들의 실제 행동 패턴과 심리 변화를 분석하는 것이 매우 중요하다. 투자자의 보유 기간, 손익 상태,

거래 패턴 등 다양한 데이터를 통해 시장 심리를 명확히 파악할 수 있다. 이런 행동 지표는 마치 시장 참여자들의 심장 박동이나 체온을 측정하는 것과 같은 역할을 한다.

21. HODL Waves로 보는 투자자의 보유 기간과 심리 변화

투자자 심리를 분석하는 대표적 지표 중 하나가 HODL Waves이다. 'HODL'이라는 표현은 원래 'Holding(보유)'의 오타에서 시작되었지만, 이제는 "목숨 걸고 버텨라(Hold On for Dear Life)"라는 의미로 시장 변동에도 흔들리지 않고 장기 투자를 유지하는 전략을 상징하게 되었다.

HODL Waves는 코인의 보유 기간에 따라 시장의 참여자들이 얼마나 장기 또는 단기적인 관점을 가지고 있는지를 보여준다. 예를 들어, 1년 이상 움직이지 않은 코인의 비율이 증가하면 투자자들이 시장에 대한 장기적 신뢰를 가지고 있다고 볼 수 있다. 반대로 최근 한 달 내 이동된 코인의 비율이 높다면 단기적인 거래 활동이 활발하다는 신호가 된다.

실제로 강세장의 후반부에는 오래 움직이지 않던 코인들이 거래소로 이동하는 현상이 나타나는데, 이는 장기 투자자들이 수익 실현을 하고 있다는 것을 의미한다. 2021년 비트코인이 사상 최고가를 기록한 시점에 이런 현상이 뚜렷하게 관찰되었고, 이후 시장이 큰 폭의 조정을 받았다.

22. 장기 보유자와 단기 보유자의 행동 차이 이해하기

디지털자산 시장에서 투자자를 약 155일(약 5개월)을 기준으로 장기 보유자와 단기 보유자로 구분하는 분석이 널리 사용된다. 장기 보유자는 단기적인 시장 변동에 크게 영향을 받지 않고 안정적으로 자산을 유지하는 경향이 있는 반면, 단기 보유자는 시장 가격에 민감하게 반응하며 빈번한 매매를 통해 이익을 실현하려 한다.

일반적으로 시장 상승 초반에는 장기 보유자 비율이 높지만, 시장이 과열될수록 단기 투자자들이 많아지는 현상이 나타난다. 2021년 비트코인 상승장에서 단기 보유자 비율이 증가하여 시장의 정점 부근에서 최고치를 기록했고, 이는 곧 시장 조정으로 연결되었다.

23. 지역 프리미엄을 통한 시장의 과열 심리 읽기

디지털자산 시장에서는 특정 국가나 지역의 거래소에서 암호화폐가 글로벌 평균보다 높은 가격에 거래되는 경우가 종종 발생한다. 이를 지역 프리미엄이라 부르며, 시장 참여자들의 투자 심리와 과열 상태를 파악할 수 있는 유용한 지표로 사용된다. 지역 프리미엄은 시장의 수요와 공급 불균형으로 인해 생기며, 특정 지역에서 수요가 급격히 높아질 때 글로벌 평균 가격과 차이가 발생한다.

대표적으로 한국 시장에서 관찰되는 지역 프리미엄이 바로 김치 프리미엄이다. 김치 프리미엄은 한국의 암호화폐 거래소에서 거래되는 비트코인이나 주요 암호화폐 가격이 글로벌 거래소(예: 바이낸스)의 평균 거래 가격보다 얼마나 높은지를 백분율로 나타낸다. 예를 들어 글로벌 거래소에서 비트코인이 3,000만 원일 때, 한국의 거래소에서는 3,300만 원에 거래된다면, 이 경우 김치 프리미엄은 약 10% 수준이 되는 것이다. 김치 프리미엄이 높을수록 국내 투자자들의 매수 열기가 과열되었음을 의미하며, 이는 시장이 곧 조정을 받을 수 있다는 경고 신호로 작용한다.

마찬가지로 미국 시장에서 주목해야 할 지역 프리미엄이 코인베이스 프리미엄이다. 코인베이스 프리미엄은 미국의 대표적인 거래소인 코인베이스에서 거래되는 비트코인의 가격과 글로벌 거래소(예: 바이낸스)의 평균 가격 차이를 의미한다. 코인베이스는 주로 미국의 기관 투자자와 대형 투자자들이 이용하는 거래소이기 때문에, 코인베이스 프리미엄이 높다면 미국의 기관 투자자들이 비트코인을 강하게 매수하고 있음을 나타낸다. 예를 들어 코인베이스의 비트코인 가격이 글로벌 평균보다 200달러 높다면, 이는 시장에서 기관들의 매수세가 강하다는 긍정적 신호로 볼 수 있다.

지역 프리미엄을 활용하면 시장의 과열 또는 저평가 상태를 효과적으로 파악할 수 있다. 특히 김치 프리미엄이나 코인베이스 프리미엄이 비정상적으로 급등하는 상황이라면 시장에 과도한 투기적 심리가 형성되어 있다고 판단할 수 있고, 향후 가격 조정 가능성을 미리 대비할 수 있다.

실제로 김치 프리미엄이나 코인베이스 프리미엄을 직접 확인하려면 아래와 같은 온체인 및 거래 데이터 분석 사이트를 활용하는 것이 편리하다.

1) 크립토퀀트(CryptoQuant) : cryptoquant.com

크립토퀀트는 김치 프리미엄과 코인베이스 프리미엄을 실시간으로 보여주는 대표적인 플랫폼이다. 글로벌 거래소와 한국 및 미국 거래소의 가격 데이터를 비교하여 명확한 프리미엄 지표를 제공한다.

2) 트레이딩뷰(TradingView) : tradingview.com

트레이딩뷰는 사용자가 직접 김치 프리미엄이나 코인베이스 프리미엄 차트를 구성하여 확인할 수 있는 금융 차트 플랫폼이다. 다양한 거래소의 암호화폐 가격을 실시간으로 비교 분석할 수 있다.

이러한 플랫폼들을 활용하면 시장에서 발생하는 프리미엄의 변화를 즉각적으로 파악할 수 있고, 이를 통해 투자 전략 수립에 유용한 판단 기준을 얻을 수 있다.

24. 투자 심리를 더 깊이 이해하기 위한 지표와 분석도구

디지털자산 시장의 심리와 행동을 더욱 깊게 이해하려면 다음의 추가적인 지표와 분석 도구를 활용하는 것이 좋다.

1) Fear and Greed Index(공포와 탐욕 지수) 활용법

공포와 탐욕 지수는 뉴스, 소셜 미디어, 시장 변동성, 거래량, 비트코인 시장 지배력, 구글 트렌드 등을 종합적으로 분석하여 시장의 전반적인 심리 상태를 보여준다. 지수가 높을 때는 탐욕 상태(과열)를 의미하며, 낮을 때는 공포 상태(과매도)를 나타낸다.

탐욕 상태일 때는 시장 과열 가능성이 높아 신규 투자를 자제하고, 이익 실현을 고려한다.

극도의 공포 상태일 때는 장기적인 관점에서 저가 매수 기회를 포착하는 전략이 유리하다.

2) Glassnode, CryptoQuant 등 온체인 데이터 분석 플랫폼

시장 심리와 행동을 실질적으로 이해하고 예측하려면 Glassnode, CryptoQuant, CoinMetrics와 같은 온체인 데이터 분석 플랫폼을 활용하는 것이 효과적이다. 특히 Glassnode는 직관적인 시각화로 투자자 행동과 시장 심리를 명확히 보여준다. 다음과 같은 데이터를 분석하고 실제 투자 전략에 활용할 수 있다.

거래소 지갑 데이터 분석: 거래소 자금 흐름을 통해 시장의 매수 또는 매도 준비 상태를 확인한다.

SOPR(Spent Output Profit Ratio): 시장 참여자들이 이익 상태인지 손실 상태인지 실시간으로 확인하여 시장의 상태를 파악한다.

HODL Waves 등 보유 기간 지표: 장기 및 단기 투자자의 비율과 변화를 통해 시장의 과열과 안정성을 평가한다.

고래(Whale) 및 채굴자 행동 데이터: 대형 투자자와 채굴자의 자금 이동을 추적하여 시장 변동 가능성을 사전에 포착한다.

이러한 추가 학습을 통해 투자자는 단순히 개념적 이해에 그치지 않고, 실제 데이터를 활용한 분석적 사고와 의사결정 능력을 키울 수 있다. 이는 디지털자산 시장에서 보다 정확하고 전략적인 투자 결정을 내리는 데 큰 도움을 줄 것이다.

25. 오프체인 지표: 시장의 외부 환경과 역학 이해하기

디지털자산 시장을 이해하는 데 있어 블록체인 내부 데이터(온체인 지표)만큼 중요한 것이 외부 환경과 시장 심리를 나타내는 오프체인 지표이다. 오프체인 지표는 투자자 심리, 시장의 자금 흐름, 자산 선호 변화와 같은 거시적 움직임을 포착하며, 이를 통해 시장의 큰 흐름을 보다 잘 이해할 수 있다.

26. 비트코인 도미넌스: 시장 심리의 나침반

오프체인 지표 중 가장 널리 쓰이는 것은 바로 비트코인 도미넌스다. 이는 전체 디지털자산 시장의 시가총액 중 비트코인이 차지하는 비율을 나타낸다. 비트코인 도미넌스는 단순한 비율 이상의 의미를 가지며, 시장 심리와 투자자들의 자산 선호도 변화를 보여주는 핵심적인 지표이다.

비트코인은 디지털자산 시장의 중심축 역할을 하며, 흔히 '디지털 금'으로 불린다. 이는 비트코인이 안정성과 신뢰성 측면에서 알트코인들보다 우위에 있다는 투자자들의 믿음에서 비롯된다. 알트코인은 기술적 혁신과 높은 수익 가능성을 지니지만, 변동성과 리스크가 큰 편이다.

비트코인 도미넌스가 상승하는 경우는 주로 두 가지 상황에서 발생한다.

첫째, 시장이 하락하거나 불확실성이 높아 투자자들이 안전자산 성격의 비트코인으로 자금을 옮길 때이다. 예를 들어, 2018년 암호화폐 시장 하락기 당시 비트코인 도미넌스는 33%에서 약 58%까지 상승했다. 이는 투자자들이 불안한 시장 상황에서 알트코인보다 비트코인을 더 안전하게 인식했기 때문이다.

둘째, 비트코인 자체가 시장의 상승을 주도하며 강한 상승세를 보일 때이다. 대표적인 사례로, 2020년 말부터 2021년 초 비트코인이 1만 달러에서 4만 달러 이상 급등했을 때, 도미넌스 역시 57%에서 73%로 급상승했다.

반면, 비트코인 도미넌스가 낮아지는 시기는 흔히 '알트코인 시즌'으로 불린다. 시장의 안정성이 높아지고 비트코인의 상승세가 둔화되면 투자자들은 더 큰 수익을 기대하며 다양한 알트코인으로 자금을 이동시킨다. 2017년과 2021년 초 알트코인의 폭발적인 상승으로 인해 비트코인 도미넌스는 각각 85%에서 33%, 70%에서 40%로 큰 폭으로 떨어졌다.

비트코인 도미넌스는 이러한 투자자의 리스크 선호도와 시장 심리를 효과적으로 반영하기 때문에 투자 전략 수립에 유용하게 활용될 수 있다. 예를 들어, 도미넌스가 역사적으로 높은 수준에 있으면 알트코인으로 포트폴리오를 확대하는 전략을 고려할 수 있고, 반대로 매우 낮은 수준이라면 다시 비트코인의 비중을 높이는 전략을 검토할 수 있다.

그러나 주의할 점도 있다. 비트코인 도미넌스는 상대적 지표로서 시장 전체의 절대적인 가격 방향을 나타내지 않는다. 예를 들어, 비트코인과 알트코인이 동시에 하락하는 상황에서 알트코인이 비트코인보다 더 큰 폭으로 하락하면 도미넌스는 오히려 상승하는 현상이 나타난다. 따라서 도미넌스를 해석할 때는 가격과 시장의 전체적 움직임을 종합적으로 고려해야 한다.

투자자들이 이 지표를 활용할 때는 온체인 데이터와 함께 분석하여 시장 흐름을 입체적으로 파악하는 것이 바람직하다.

27. 달러인덱스(DXY)와 디지털자산 시장의 관계

디지털자산 시장을 움직이는 또 다른 중요한 외부 지표는 바로 달러인덱스(DXY)다. 달러인덱스는 미국 달러의 가치를 주요 6개국 통화(유로, 일본 엔, 영국 파운드, 캐나다 달러, 스웨덴 크로나, 스위스 프랑)에 대한 상대적 가치로 나타낸 지표이다. 달러인덱스가 상승하면 달러가 강세를 보이고 있음을 의미하고, 반대로 하락하면 달러가 약세를 보인다는 의미이다.

디지털자산 시장, 특히 비트코인은 일반적으로 달러인덱스와 반대로 움직이는 경향이 있다. 달러가 강세를 보이면 투자자들은 안전자산으로 여겨지는 달러로 자금을 이동시키기 때문에 비트코인 같은 위험 자산에 대한 투자 수요가 감소한다. 반면 달러가 약세를 보이면 인플레이션 우려와 함께 비트코인의 인플레이션 헤지 기능이 부각되어 수요가 증가한다.

이러한 관계는 연방준비제도(Fed)의 통화정책과 매우 밀접한 연관을 가진다. 예를 들어, Fed가 금리를 인상하면 달러의 가치가 높아지고, 이는 디지털자산 가격에 부정적 영향을 준다. 반대로 Fed가 금리를 낮추거나 양적완화를 실시하면 달러의 가치는 하락하고, 디지털자산 가격 상승의 긍정적 요인으로 작용한다.

실제 사례로, 2020년 3월 코로나19 팬데믹 이후 연준의 제로금리 정책과 대규모 양적완화가 시행되면서 달러인덱스는 102에서 89까지 하락했다. 이 기간 동안 비트코인은 약 3,800달러에서 42,000달러까지 폭등하며 달러인덱스와 명확한 역상관관계를 보였다.

반면, 2022년 초부터 연준이 공격적으로 금리를 인상하면서 달러인덱스는 95에서 114까지 급등했고, 비트코인 가격은 같은 기간 약 47,000달러에서

19,000달러까지 급락했다.

이러한 이유로 투자자들은 Fed의 통화정책 발표와 FOMC 회의 결과, 주요 경제지표 발표를 주의 깊게 관찰하여 달러인덱스의 변화를 예측하고, 이를 통해 디지털자산 시장의 중장기적 흐름을 예측할 수 있다.

28. 디지털자산 시장 유동성과 거래량 분석: 시장의 안정성을 측정하는 법

디지털자산 시장에서 가격만큼 중요한 요소가 바로 유동성(liquidity)이다. 유동성이란 특정 자산이 얼마나 빠르고 원활하게 거래될 수 있는지를 나타낸다. 시장의 유동성이 풍부하면 거래 시 가격이 안정적으로 유지되고, 대량 거래에도 가격이 급격히 변하지 않는다. 반면 유동성이 부족하면 작은 거래에도 가격이 크게 출렁일 수 있어 투자 리스크가 증가한다.

유동성의 주요 지표로는 거래량(Trading Volume), 오더북(Order Book) 깊이, 매수·매도 스프레드(Bid-Ask Spread)가 있다. 거래량은 시장 참여자의 활동을 나타내는 직접적 지표이다.

오더북 깊이는 매수와 매도 주문의 총량을 나타내며, 깊이가 두터울수록 시장이 안정적이다. 스프레드는 매수 가능한 최고 가격과 매도 가능한 최저 가격의 차이로, 이 차이가 좁을수록 시장의 유동성이 높다는 것을 의미한다.

29. 가격과 거래량을 통한 시장의 건강성 진단법

거래량과 가격 움직임을 함께 관찰하면 시장의 상태를 더욱 정확히 판단할 수 있다.

건강한 상승: 가격이 오를 때 거래량도 함께 증가한다면 시장 참여자들이 적극적으로 매수하고 있다는 뜻으로, 지속 가능한 상승세로 해석할 수 있다.

취약한 상승: 반대로 거래량 증가 없이 가격만 상승한다면 이는 투기적인 매수세일 가능성이 높아서, 단기적인 가격 조정이 있을 수 있다.

예를 들어, 2020년 말 비트코인이 1만 달러에서 4만 달러로 상승하는 동안 거래량이 지속적으로 증가했던 것은 신규 투자자와 기관의 참여가 활발했음을 나타냈다.

30. 하락장에서 거래량 분석하기

시장 하락 국면에서도 거래량은 유용한 단서를 제공한다.

패닉 셀링: 가격이 하락하며 거래량이 급증하면 투자자들이 공포에 빠져 자산을 급히 처분하고 있다는 신호다. 이 경우 일시적인 급락이 발생할 가능성이 크다. 2022년 테라·루나 폭락 사태 당시가 대표적 사례다.

매도 압력 감소: 하락 시 거래량이 감소하면, 시장의 매도 압력이 점차 약해지고 안정기에 접어들 가능성이 있다.

이러한 거래량의 움직임을 파악하면 투자자는 시장의 심리 상태를 보다 명확하게 이해할 수 있다.

31. 유동성 위기와 슬리피지(Slippage) 관리하기

유동성이 낮은 시장에서는 '슬리피지(slippage)'가 자주 발생한다. 슬리피지는 주문 체결 가격이 투자자의 예상 가격보다 불리하게 달라지는 현상으로,

특히 급격한 시장 변동이나 유동성 위기 때 흔히 나타난다.

2022년 11월 글로벌 거래소 FTX의 붕괴는 유동성 위기의 대표적 사례였다. 당시 오더북 깊이가 급격히 얇아지고 스프레드가 크게 벌어지면서 작은 규모의 매도 주문에도 가격이 크게 하락했다. 따라서 유동성이 부족할 때는 거래를 여러 번 나누어 체결하거나 스탑로스(stop-loss)를 설정할 때 충분한 여유를 두는 것이 중요하다.

32. 중앙은행 정책과 시장 유동성의 연결고리

유동성은 중앙은행의 통화정책과 밀접히 연관되어 있다. 특히 미국 연방준비제도(Fed)의 결정은 디지털자산 시장에 큰 영향을 준다.

양적 완화(QE): 중앙은행이 시장에 자금을 공급하면, 유동성이 증가하여 디지털자산 가격 상승을 이끌 수 있다. 예를 들어, 2020년 코로나19 이후 Fed의 대규모 양적 완화로 비트코인 가격은 큰 폭으로 상승했다.

양적 긴축(QT): 반대로 중앙은행이 유동성을 축소하면 시장의 리스크 자산 선호도가 떨어지고, 디지털자산 가격에 하방 압력을 준다. 2022년 Fed의 급격한 금리 인상과 양적 긴축은 비트코인 가격을 큰 폭으로 하락시킨 원인이었다.

투자자는 Fed의 정책 결정, 특히 연방공개시장위원회(FOMC)의 결과 발표와 같은 주요 경제 이벤트를 정기적으로 확인하여, 유동성의 변화를 미리 감지하고 대응해야 한다.

이론적 지식을 넘어 실제 투자에서 시장 유동성을 효과적으로 활용할 수 있는 방법은 다음과 같다.

1) 실제 거래소의 오더북 관찰하기

주요 거래소인 Binance, Coinbase, Kraken 등의 오더북(order book)을 실시간으로 관찰하며 매수와 매도 주문의 흐름을 확인하는 습관을 들이는 것이 좋다.

각 거래소 웹사이트나 모바일 앱에서 오더북의 두께와 스프레드의 변화를 정기적으로 확인한다. 큰 거래가 오더북에 어떻게 영향을 미치는지 관찰하여 시장의 심리와 주문 흐름을 이해한다. 이를 이해하면 실제 디지털자산 투자 시 진입과 청산 전략을 더욱 정교하게 세울 수 있다.

2) 변동성 지표(Volatility Index)

디지털자산 시장의 변동성을 나타내는 지수(예: Crypto Volatility Index)를 활용해 시장 위험도를 평가하는 방법을 학습하는 것도 유용하다.

변동성 지수가 상승하면 시장 리스크가 증가하고 있음을 나타내므로, 보수적인 전략을 취하거나 리스크 관리를 강화해야 한다.

변동성 지수가 낮아지면 시장 안정성이 증가한 상태로 볼 수 있어 투자 전략을 좀 더 적극적으로 변경할 수 있다.

변동성 지수를 주기적으로 확인하면 시장 환경에 따라 투자 전략을 보다 유연하게 조정할 수 있게 된다.

3) 경제 뉴스 및 중앙은행 발표 모니터링하기

시장 유동성은 중앙은행의 정책 결정과 밀접하게 연결되므로 주요 경제 이벤트와 상관관계가 높다. 매달 발표되는 주요 경제지표(인플레이션율, 실업률, GDP 성장률 등)를 모니터링해야 한다. FOMC 회의 결과, 특히 금리 인상이나 양적 긴축에 대한 발표가 중요하다. 이를 통해 유동성의 급격한 변화를 미리 감지하고, 시장 변화에 빠르게 대응할 수 있수 있다.

이처럼 유동성과 거래량 분석은 단순한 이론이 아니라 실제 투자 결정과 직결된 핵심 요소이다.

33. 총 락업 가치(TVL): 디파이 생태계를 이해하는 핵심 지표

블록체인 기술이 금융 분야에 가져온 혁신 가운데 가장 주목받고 있는 분야는 디파이(DeFi, 탈중앙화 금융)다. 디파이는 블록체인 위에서 중개기관 없이 금융 서비스(대출, 차입, 거래, 자산 관리 등)를 제공하며 빠르게 성장하고 있다. 이러한 디파이 생태계의 규모와 신뢰도를 파악할 수 있는 중요한 지표가 바로 총 락업 가치(Total Value Locked, TVL)이다.

TVL은 디파이 플랫폼이나 프로토콜에 사용자가 예치한 모든 자산의 가치를 나타내는 지표다. 이는 전통 금융에서 은행의 예금 총액이 그 은행의 신뢰와 안정성을 나타내는 것과 비슷하다. 따라서 디파이 프로토콜의 TVL이 높다는 것은 사용자들이 그 플랫폼을 신뢰하며, 이를 통해 안정적인 금융 활동을 하고 있다는 의미로 볼 수 있다.

특정 디파이 프로토콜의 TVL이 증가하는 현상은 사용자의 신뢰와 관심이 높아지고 있다는 긍정적인 신호다. 일반적으로 특정 프로토콜의 TVL이 빠르게 증가할 경우, 해당 프로젝트에 대한 시장의 평가도 함께 좋아지는 경향이 있다. 이는 많은 사용자들이 자산을 맡기고 신뢰할 수 있는 프로토콜로 인식하고 있다는 의미로 볼 수 있다.

반대로, TVL이 갑자기 감소하면 주의가 필요하다. 해킹이나 스마트 계약의 취약점 등 기술적 문제, 혹은 시장에서 신뢰를 잃는 사건으로 인해 자산이 빠르게 유출될 수 있기 때문이다. 이러한 상황은 디파이 프로토콜의 안정성과 신뢰성에 잠재적 위험 요소가 존재할 수 있음을 보여준다.

디파이 생태계는 최근 몇 년간 매우 빠르게 확장했다. 2020년 초 10억 달러 미만이었던 전체 디파이 시장의 TVL은 2021년 12월에는 약 2,500억 달러로 폭발적으로 증가했다. 특히 이 시기에는 이더리움을 중심으로 한 디파이 프로토콜들이 대규모로 등장했고, '수익 농사(Yield Farming)' 등 높은 수익을 추구하는 전략이 인기를 끌었다.

그러나 2022년 들어 암호화폐 시장 전반이 침체되면서 디파이 시장의 TVL 역시 크게 하락했다. 이는 전체 디파이 생태계가 전반적인 시장 흐름과 밀접한 관련이 있음을 보여주는 예시다. 이후 2023년에 이르러 다시 점진적인 회복세를 보이며 TVL이 1,000억 달러 이상으로 회복되는 등 디파이 시장의 주기적 확장과 수축 흐름을 관찰할 수 있다.

초기 디파이 시장은 거의 대부분이 이더리움 블록체인에서 이루어졌다. 그러나 이더리움의 높은 거래 수수료 문제로 인해 사용자들이 더 저렴하고 빠른 대체 블록체인을 찾기 시작하면서, 바이낸스 스마트 체인(BNB Chain), 솔라나(Solana), 아발란체(Avalanche) 등 다른 블록체인 생태계로 TVL이 점차 분산되었다.

이러한 현상은 블록체인 생태계의 다변화를 나타내는 중요한 흐름으로 이해할 수 있다. 각 블록체인 생태계의 TVL 변화를 통해 어떤 플랫폼이 사용자들로부터 신뢰를 얻고 있으며, 시장에서 경쟁력을 갖추고 있는지를 평가할 수 있다. 예컨대, 2023년 초 솔라나 생태계의 TVL이 급속히 증가하면서 SOL 토큰의 시장 평가가 함께 상승한 것은 TVL과 블록체인 가치 평가의 밀접한 관계를 잘 보여주는 사례다.

1) TVL을 통한 디파이 프로젝트의 평가 방법

디파이 프로젝트의 가치를 평가할 때 TVL은 매우 유용한 기준이다. 하지만 TVL만으로 모든 프로젝트의 가치를 결정하는 것은 불충분하다. TVL을 보다 효과적으로 활용하려면 다음과 같은 다양한 보완적 지표와 함께 분석하는 것이 필요하다.

(1) TVL 대비 시가총액 비율(P/TVL) 활용하기

이 지표는 디파이 프로토콜의 시가총액을 TVL로 나눈 값이다. 주식 시장에서의 P/E(주가수익비율)와 유사한 개념으로, 이 비율이 낮으면 시장에서 상대적으로 저평가된 상태라고 해석할 수 있다.

(2) 디파이 프로토콜의 자산 운용 효율성 평가하기

단순히 자산이 많이 예치되어 있다고 해서 반드시 프로토콜이 효율적이라고 보장할 수는 없다. 따라서 실제로 해당 프로토콜이 예치된 자산을 얼마나 효율적으로 운용하여 실질적인 가치를 창출하는지를 함께 분석하는 것이 중요하다.

2) TVL 데이터의 활용 방법과 관련 플랫폼 소개

TVL 데이터를 더 구체적으로 이해하고 활용하고자 한다면, 다음과 같은 플랫폼들을 참고하는 것이 도움이 된다.

(1) 디파이라마(DeFi Llama)

디파이 프로토콜별, 블록체인별 TVL 데이터를 실시간으로 제공하는 가장 대표적인 사이트 중 하나다. 이 사이트에서는 각 프로토콜의 TVL 변화를 시간별로 추적할 수 있어 디파이 시장의 전반적 흐름을 이해하는 데 유용하다.

(2) 댑레이더(DappRadar)

각종 디파이 앱과 블록체인 기반 서비스의 이용 현황과 TVL 데이터 등을 쉽게 확인할 수 있는 사이트다. 이곳을 통해 각 생태계의 인기 있는 서비스와 성장 추세를 한눈에 파악할 수 있다.

이러한 플랫폼들을 활용하여 TVL의 변화를 직접 관찰해보면, 디파이 생태계가 어떻게 확장하고 변화하는지에 대한 깊은 이해를 얻을 수 있다. 나아가 블록체인 기술이 금융 산업에 가져오는 실질적인 변화와 혁신의 방향성을 보다 명확하게 파악할 수 있을 것이다.

34. 거시경제 지표: M2 통화량과 시장 유동성

경제와 금융 시장을 이해하기 위한 중요한 개념 중 하나가 M2 통화량이다. M2 통화량은 경제 내에서 유통되는 전체 돈의 양을 의미하는데, 이는 단순히 현금이나 은행에 있는 즉시 인출 가능한 예금만을 의미하는 것이 아니다. M2는 현금과 당좌예금 등을 포함하는 협의의 통화(M1)에 정기예금이나 적금과 같은 장기적 성격의 금융자산(준통화)을 더한 광의의 통화 개념이다.

쉽게 말하면, M2는 시중에 존재하는 거의 모든 형태의 돈을 포괄적으로 나타내는 지표다. 이 지표는 중앙은행의 통화정책이 얼마나 효과적으로 작동하고 있는지 측정할 때 사용된다.

1) M2 통화량의 증감과 중앙은행 정책의 관계

중앙은행의 정책 방향은 M2 통화량에 직접적인 영향을 준다. 중앙은행이 금리를 내리거나 양적완화(QE, Quantitative Easing) 정책을 펼칠 때는 시장에 돈이 많이 풀리면서 M2가 증가한다. 반대로 중앙은행이 인플레이션을 막기 위해 금리를 올리거나 양적긴축(QT, Quantitative Tightening)을 시행하면, 돈의 공급이 줄어들면서 M2 증가세가 둔화되거나 심지어 감소할 수도 있다.

즉, M2 통화량은 중앙은행의 경제 정책을 읽을 수 있는 중요한 바로미터 역할을 한다.

2) M2 증가가 디지털자산 시장에 미치는 영향

(1) 풍부한 유동성 환경과 자산 가격 상승

M2 통화량이 증가한다는 것은 시장에 돈이 풍부하게 공급되고 있다는 의미다. 돈이 많아지면 투자자들은 다양한 투자처를 찾게 되고, 이는 전반적인 자산 가격 상승을 촉진한다. 특히 실물자산(부동산, 원자재 등)과 대체자산(금, 비트코인 등)의 수요가 증가하며, 비트코인과 같은 디지털자산도 이 과정에서 큰 수혜를 본다.

유동성이 많으면 은행이나 금융기관이 더 낮은 금리로 자금을 빌려줄 수 있기 때문에 레버리지 투자가 활성화되고, 이로 인해 시장의 상승세가 더욱 가속화된다.

대표적인 사례가 코로나19 팬데믹 직후 미국 중앙은행(연준, Fed)의 양적완화다. 2020년 2월부터 2022년 초까지 미국의 M2 통화량은 약 40%나 급증했다. 이 기간 동안 비트코인 가격은 약 3,000달러에서 69,000달러까지 크게 상승하며, 디지털자산 시장 역사상 가장 극적인 가격 상승을 기록했다.

(2) 유동성 축소 환경과 자산 가격 하락

반대로 M2 증가세가 둔화되거나 감소하면 시장의 분위기는 급격히 변할 수 있다. 중앙은행이 금리를 인상하고 긴축 정책을 펼치면, 시장의 유동성이 빠르게 줄어든다. 자금이 축소되면 투자 여력이 줄어들고, 자산 가격에도 하락 압력이 가해진다.

실제로 2022년 미국 연준이 인플레이션 억제를 위해 급격한 금리 인상과 양적긴축 정책을 추진하면서, M2 증가세가 멈추었고 심지어 역사상 최초로 감소세를 보였다. 이로 인해 비트코인 가격은 2021년 11월의 69,000달러에서 2022년 말 16,000달러까지 약 76% 급락하는 현상이 나타났다.

3) M2 통화량과 디지털자산 시장의 상관관계 이해하기

(1) 중장기적 방향성을 판단하는 지표

M2 통화량의 변화는 디지털자산 시장의 중장기 방향성을 분석할 때 매우 중요한 지표가 된다. 중앙은행의 정책 방향과 통화량의 흐름을 면밀히 살펴보

면, 앞으로 시장이 어떤 방향으로 움직일지를 예측하는 데 도움을 받을 수 있다.

예를 들어, 긴축 기조가 다시 완화되고 M2가 증가하기 시작하면 디지털자산 시장에도 긍정적인 신호로 작용할 가능성이 크다. 반대로 긴축 기조가 더욱 강화되면 시장은 추가적인 하락 압력을 받을 수 있다.

(2) 단기적 예측에는 한계가 존재

하지만 M2 통화량과 디지털자산 시장의 관계가 항상 직선적인 것은 아니다. 단기적으로는 다양한 요소가 시장에 복합적인 영향을 미칠 수 있기 때문이다. 규제 정책의 변화, 기관 투자자 유입 여부, 기술적 발전과 시장의 혁신, 대중의 심리와 투자 분위기 등 다양한 요소들이 단기적으로는 M2의 영향력을 넘어서는 경우도 많다. 특히 정치적 이벤트나 시장 심리, 특정 투자자 그룹의 행동 변화는 단기 가격 변동에 즉각적이고 강력한 영향을 줄 수 있다.

35. M2 통화량 분석을 위한 추가적인 이해와 활용 방법

M2 통화량은 디지털자산 시장의 중장기적 흐름을 이해하는 데 매우 중요한 지표지만, 이를 효과적으로 활용하기 위해서는 몇 가지 추가적인 배경지식과 관련 지표를 함께 살펴보는 것이 필요하다.

첫째, 주요국 중앙은행의 정책 방향을 정기적으로 모니터링하는 것이 필수적이다. M2 통화량 변화의 핵심 원인은 각국 중앙은행의 금리 결정이나 양적완화(QE), 양적긴축(QT)과 같은 정책에서 비롯되기 때문이다. 미국의 연방준비제도(Fed)가 개최하는 FOMC(연방공개시장위원회) 회의는 전 세계 금융시장에 직접적이고 즉각적인 영향을 미치기 때문에 특히 주목해야 한다. 이 외에도 유럽중앙은행(ECB), 일본은행(BOJ) 등 주요 중앙은행들의 통화정책 발표 역시 글로벌 시장 유동성의 방향성을 판단하는 데 중요한 단서를 제공한다.

둘째, M2 통화량과 밀접하게 연결된 주요 거시경제 지표들을 함께 살펴보는 것도 유용하다. 대표적인 경제지표로는 인플레이션율, GDP 성장률, 실업률, 소비자 신뢰지수 등이 있다. 예를 들어, 인플레이션율이 높아지면 중앙은행이 긴축적 정책을 펼칠 가능성이 커지고, 이는 M2 증가세의 둔화를 예고한다. 반대로 경기 침체나 실업률 상승이 나타나면 경기 부양을 위해 유동성을 확대하는 정책이 시행될 가능성이 높아진다. 이러한 경제지표들은 경제 전문 뉴스 사이트나 각국 중앙은행 웹사이트를 통해 쉽게 접근하고 확인할 수 있다.

마지막으로, 디지털자산과 거시경제 환경 간의 상관관계를 과거 사례를 통해 분석하는 것도 시장을 깊이 이해하는 데 도움이 된다. 예를 들어, 2020년 초 코로나 팬데믹 당시의 양적완화 정책과 비트코인의 폭발적 상승, 2022년 연준의 금리 인상 및 긴축 정책과 디지털자산 시장의 급격한 하락 사례를 살펴보면, M2 통화량이 실제로 시장 가격에 어떻게 반영되는지 명확하게 확인할 수 있다. 이러한 역사적 분석을 통해 경제 환경 변화에 따라 디지털자산 시장이 어떻게 반응했는지 구체적으로 이해하고, 향후 유사한 상황이 발생했을 때 더 정확한 시장 판단을 할 수 있는 능력을 키울 수 있다.

이와 같이 중앙은행 정책 모니터링, 경제 지표 분석, 그리고 과거 사례 분석을 병행한다면, M2 통화량을 중심으로 한 시장 유동성과 디지털자산 시장의 관계를 더욱 종합적이고 입체적으로 이해할 수 있게 될 것이다.

36. 시장 심리 지표: 펀딩피

펀딩피(Funding Fee)는 디지털자산 시장 중에서도 영구선물(perpetual futures) 시장에서 투자자들의 심리와 시장의 균형 상태를 보여주는 중요한 지표다. 일반적으로 선물 계약은 정해진 만기가 있지만, 디지털자산 시장에서는 만기일이 없는 영구선물이 널리 사용된다. 이런 영구선물 시장에서 현물 가격과 선물 가격이 크게 차이가 나지 않도록 균형을 유지하기 위해 정기적으로 정산하는 비용이 바로 펀딩피다.

펀딩피의 작동 원리는 다음과 같다.

1) 선물 가격 〉 현물 가격

선물 가격이 현물 가격보다 높은 상태에서는 롱(매수) 포지션 보유자들이 숏(매도) 포지션 보유자들에게 일정한 펀딩피를 지급한다. 이 경우 펀딩피는 양수(+)로 표시된다. 즉, 시장에 매수 심리가 강하다는 신호다.

2) 선물 가격 〈 현물 가격

반대로 선물 가격이 현물 가격보다 낮은 상태에서는 숏(매도) 포지션 보유자들이 롱(매수) 포지션 보유자들에게 펀딩피를 지급하게 되며, 이때 펀딩피는 음수(-)로 표시된다. 이는 시장의 매도 심리가 강하다는 의미다.

이러한 메커니즘을 통해 영구선물 가격은 장기적으로 현물 가격과 일정한 균형을 유지한다.

3) 펀딩피로 시장 심리 분석하기

펀딩피는 단순히 가격 균형을 유지하는 수단일 뿐만 아니라 시장 참여자들의 심리 상태를 직관적으로 보여주는 유용한 지표로 활용된다.

4) 지속적으로 높은 펀딩피(+)

지속적으로 높은 수준의 양수 펀딩피가 유지된다면, 시장의 과열을 의미하는 강력한 신호다. 이 상황에서는 많은 투자자가 높은 레버리지를 사용해 롱 포지션에 집중되어 있기 때문에, 작은 가격 하락에도 대규모의 청산(liquidation)이 발생해 가격 급락의 위험이 커질 수 있다.

예를 들어, 2021년 4월 비트코인 가격이 6만 달러를 넘어 최고점을 기록했을 당시 주요 거래소에서 펀딩피가 연간 약 30%에 육박한 적이 있었다. 이는 시장이 극도로 과열된 상태였음을 나타냈고, 실제로 얼마 지나지 않아 급격한 가격 조정이 뒤따랐다.

5) 지속적으로 낮은 펀딩피(-)

반대로 펀딩피가 크게 음수로 나타나는 경우에는 과도한 매도 심리를 반영하는 것으로, 시장이 과매도 상태에 가까워졌음을 의미한다. 이러한 상태에서는 작은 가격 상승에도 숏 포지션을 가진 투자자들이 급하게 포지션을 정리하면서 숏 스퀴즈(short squeeze)가 발생해 가격이 급등할 가능성이 높아진다.

2022년 6월, 비트코인이 2만 달러 이하로 하락하면서 펀딩피가 크게 음수로 전환된 사례가 있었다. 당시 시장은 과도하게 비관적인 상태였으나, 이후 가격이 다시 반등하면서 펀딩피의 신호가 시장 반전을 정확히 예측한 사례로 기록되었다.

6) 펀딩피 활용 시 유의사항 및 전략적 접근

펀딩피를 효과적으로 활용하기 위해서는 몇 가지 유의해야 할 점이 있다.

첫째, 펀딩피가 연율 기준 10%를 초과할 정도로 높은 상태가 지속된다면, 과열 징후로 해석하고 추가적인 상승 가능성보다는 하락 리스크에 더 유의할 필요가 있다. 이때는 포지션을 축소하거나, 적절히 헤지(hedge) 수단을 활용하는 것이 바람직하다.

둘째, 펀딩피가 음수로 극단적인 수준으로 내려가 있다면 시장이 지나치게 비관적이며, 반등 가능성이 높아지고 있음을 인지할 필요가 있다. 이 경우에는 시장의 공포가 과장된 상황일 수 있으므로 신중히 저가 매수 타이밍을 탐색할 수도 있다.

셋째, 펀딩피는 주로 바이낸스(Binance), 비트멕스(BitMEX) 같은 주요 거래소에서 8시간마다 정산되며, 실시간으로 크립토퀀트(CryptoQuant) 같은 온체인 데이터 플랫폼이나 코인글래스(Coinglass)를 통해 쉽게 확인할 수 있다.

넷째, 극단적인 펀딩피 상황에서는 시장 변동성이 급격히 커질 수 있으므로, 가능하면 높은 레버리지 사용을 줄이고 보수적인 리스크 관리 전략을 택하는 것이 현명하다.

펀딩피는 디지털자산 시장에서 단순히 선물과 현물 가격의 균형을 맞추기 위한 메커니즘 이상의 의미를 가진다. 투자자의 포지션 편향과 심리적 상태를 반영하는 강력한 지표로서, 이를 통해 시장의 숨겨진 변동성과 리스크를 보다 정확하게 예측하고 대응할 수 있는 중요한 도구가 된다.

37. 기술적 분석 지표: 시장의 파도 읽기

디지털자산 시장에서도 전통적인 주식시장과 마찬가지로 다양한 기술적 분석 지표들이 활용된다. 기술적 분석이란 과거의 가격 움직임과 거래량의 패턴을 바탕으로 미래의 가격 변화를 예측하는 방법으로, 이 접근법은 시장 가격에 이미 모든 정보가 반영되어 있으며, 가격 움직임은 일정한 추세를 따라가고, 과거의 패턴은 반복된다는 기본적인 전제에서 출발한다.

1) 이동평균선: 추세의 방향을 명확히 하다

이동평균선은 특정 기간 동안의 가격 평균을 연결한 선이다. 이는 시장의 일시적인 가격 급등락, 즉 노이즈를 제거하고 보다 명확한 가격의 흐름을 보여준다. 이동평균선에는 모든 가격 데이터에 동일한 가중치를 두는 단순이동평균(SMA)과 최근 가격에 더 많은 가중치를 주어 빠르게 변화를 반영하는 지수이동평균(EMA)이 있다.

디지털자산 시장에서 주로 사용하는 이동평균선은 단기 추세 확인을 위한 20일과 50일 이동평균선, 중장기 추세 분석에 활용되는 100일과 200일 이동평균선이다. 특히 200일 이동평균선은 시장에서 중요한 심리적 지지선과 저항선으로 여겨진다. 예컨대, 2020~2021년 비트코인 강세장에서는 가격이 지속적으로 200일 이동평균선 위에서 움직였지만, 2022년 하락장에서는 그 아래로 떨어지며 장기 하락의 신호가 되었다.

이동평균선 간의 교차는 시장에서 중요한 추세 전환 신호로 사용된다. 단기 이동평균선이 장기 이동평균선을 위로 교차할 때를 ‘골든크로스’라 부르며, 상승장의 시작을 의미한다. 반대로 아래로 교차하는 경우는 ‘데드크로스’라

불리며 하락장을 예고하는 신호가 된다. 예를 들어, 2020년 가을 비트코인은 골든크로스를 형성한 후 급등했고, 2022년 초에는 데드크로스 이후 하락세가 지속되었다.

추가로 이동평균선의 정렬 상태도 중요한 추세 판단 기준이다. 단기, 중기, 장기 이동평균선이 순서대로 배열된 '정배열' 상태는 강력한 상승 추세를 나타낸다. 반대로 장기 이동평균선이 위에 있고 단기 이동평균선이 아래에 있는 '역배열'은 뚜렷한 하락 추세를 의미한다. 2020년 말에서 2021년 초의 비트코인 상승장은 완벽한 정배열이 유지된 대표적 사례이고, 2022년의 하락장은 역배열의 대표적인 사례다.

2) 상대강도지수(RSI): 시장의 과열과 침체를 판단하는 척도

상대강도지수(RSI)는 최근 가격의 평균 상승폭과 평균 하락폭을 비교하여 시장의 과매수 또는 과매도 상태를 판단하는 지표로, 0부터 100까지의 범위를 가진다. 일반적으로 RSI가 70을 초과하면 시장이 과매수 상태로 과열될 가능성이 높아 가격 조정을 예상할 수 있고, 30 이하로 내려가면 과매도 상태로, 반등 가능성을 기대할 수 있다.

하지만 시장이 강력한 상승장일 경우 RSI가 70 이상의 높은 수준을 장기간 유지하기도 한다. 실제로 2020년과 2021년 비트코인의 강세장 기간 동안 RSI는 장기간 70 이상을 기록했음에도 가격은 꾸준히 상승했다. 따라서 RSI를 사용할 때는 다른 지표와 시장 상황을 함께 고려하여 종합적으로 판단해야 한다.

3) MACD: 시장의 추세와 힘을 읽는 지표

MACD(이동평균 수렴확산지수)는 시장의 추세 방향과 강도를 동시에 파악할 수 있도록 설계된 지표다. 최근 12일의 평균 가격과 26일 평균 가격의 차이를 나타낸 MACD선과 이 MACD선을 다시 9일 동안 평균한 시그널선으로 구성되며, 두 선의 차이를 시각적으로 나타낸 히스토그램이 추가된다.

MACD선이 시그널선을 위로 교차하면 상승 가능성이 있는 매수 신호로 보고, 반대로 아래로 교차하면 하락 가능성이 높은 매도 신호로 해석한다. 예를 들어, 2021년 7월 비트코인이 3만 달러에서 반등할 때 MACD선이 시그널선을 상향 돌파했고 이후 가격이 크게 상승했다.

히스토그램의 크기는 시장 움직임의 강도를 보여준다. 히스토그램이 커질수록 가격의 상승 또는 하락 움직임이 강력하다는 것을 의미한다.

4) 볼린저 밴드: 시장의 변동성과 방향성을 포착하다

볼린저 밴드는 이동평균선을 중심으로 상단과 하단에 표준편차를 적용하여 만들어진 범위로, 가격의 변동성과 과매수, 과매도 상태를 판단하는 데 도움을 준다. 가격이 상단 밴드에 근접하거나 돌파하면 시장이 과매수 상태에 들어갔다고 해석하고, 하단 밴드에 가까워지거나 돌파하면 과매도 상태로 판단한다.

볼린저 밴드의 폭이 좁아지는 구간은 시장 변동성이 축소된 상태로, 가까운 미래에 큰 가격 움직임이 나타날 가능성을 암시한다. 예를 들어 2022년 9월 비트코인 시장에서는 볼린저 밴드가 극도로 좁아졌다가 이후 큰 상승세가 나타났다.

5) 효과적인 기술적 분석 방법과 활용 시 유의점

기술적 분석 지표는 하나만으로 시장을 판단하기보다는 여러 지표를 동시에 종합하여 분석하는 것이 효과적이다. 예를 들어, 이동평균선이 정배열 상태이면서 동시에 MACD가 상승 신호를 보내고 RSI가 50 이상으로 상승 중이라면 시장의 강력한 상승 가능성을 나타내는 신호로 볼 수 있다.

하지만 기술적 분석은 본질적으로 확률적 접근 방식이므로 갑작스러운 외부 사건이나 시장 충격에는 빠르게 대응하지 못할 수 있다. 따라서 기술적 분석을 활용할 때는 항상 신중한 리스크 관리 전략과 함께 병행하는 것이 필수적이다.

기술적 분석의 정확성을 높이기 위해 가격이 형성하는 차트 패턴(헤드앤숄더, 더블 탑, 삼각 수렴 등)을 추가적으로 공부하면 시장의 전환점을 더 명확하게 인식할 수 있다. 또한 바이낸스, 코인베이스, 크라켄과 같은 주요 거래소에서 제공하는 실제 차트를 지속적으로 관찰하며 분석 능력을 키우는 것도 유용하다. 더 나아가 기술적 지표 외에도 주요 경제 뉴스와 글로벌 금융시장 동향을 함께 참고하면 보다 입체적이고 종합적인 분석 능력을 갖출 수 있다.

38. 온체인과 오프체인 지표의 통합적 분석

1) 두가지 지표를 함께 봐야 하는 이유

디지털자산 시장을 분석할 때 온체인과 오프체인 지표를 함께 살펴보는 것은 매우 중요하다. 온체인 지표는 블록체인 내부의 실제 거래 활동이나 네트워크의 상태를 보여주는 반면, 오프체인 지표는 외부 경제 환경이나 투자자들의 심리를 나타낸다. 두 지표는 서로 다른 관점에서 시장을 비추기 때문에, 이를 종합적으로 분석하면 시장의 흐름과 변화를 보다 정확하고 깊이 있게 이해할 수 있다.

마치 의사가 환자의 상태를 정확히 진단하기 위해 혈액 검사, 엑스레이, CT 촬영 등 다양한 검사를 종합하는 것과 같다. 각각의 검사는 환자에 대한 서로 다른 정보를 제공하지만, 모든 정보를 함께 분석해야 정확한 진단이 가능하다. 마찬가지로 디지털자산 시장도 온체인과 오프체인 지표를 동시에 검토하면 보다 신뢰할 수 있는 시장 신호를 얻을 수 있다.

2) 지표 간 상호 검증으로 시장의 전환점을 찾기

온체인과 오프체인 지표가 동시에 비슷한 신호를 나타낼 때, 이는 강력한 시장의 전환점을 시사할 수 있다. 예를 들어, 온체인 지표인 MVRV 비율이 매우 낮은 상태에서, 오프체인 지표인 펀딩피가 마이너스를 기록하고 동시에 거래소에서 자금이 지속적으로 빠져나가는 상황이라면, 시장이 바닥에 가까워졌다는 강력한 신호일 가능성이 높다.

대표적인 사례가 2020년 3월 코로나19 팬데믹 이후 나타난 상황이다. 이 당시 온체인 데이터는 MVRV 비율이 역사적으로 매우 낮은 수준인 1 이하로 하락했고, 채굴자들의 매도 압력이 크게 줄었으며, 장기 보유자 비율이 증가하고 있었다. 동시에 오프체인 데이터에서도 미국의 M2 통화량이 급격히 늘어났고, 달러인덱스가 하락하기 시작했으며, 기술적 분석 지표에서는 골든크로스가 나타났다. 이와 같은 지표들이 동시에 상승 신호를 나타낸 결과, 비트코인 가격은 이후 1년 동안 10배 넘게 상승하는 놀라운 회복을 보였다.

3) 지표들이 서로 엇갈릴 때 주의할 점

반대로 온체인과 오프체인 지표가 서로 다른 방향의 신호를 나타낼 때는 시장 분석에 더욱 신중해야 한다. 예를 들어 가격은 상승하고 있지만 네트워크의 활동이 감소하고 있고, 외부적으로는 중앙은행의 통화 긴축 정책이 예고되면서 시장 유동성이 줄어들고 있다면, 가격 상승이 실질적이고 지속 가능한 성장이라기보다는 투기적 심리에 의한 일시적 상승일 가능성이 크다.

실제로 2021년 하반기 비트코인이 다시 한번 6만 달러를 넘겼을 당시, 온체인 지표에서 활성 주소 수와 신규 주소 생성은 감소하는 추세를 보였다. 동시에 오프체인에서는 미국 연방준비제도(Fed)가 양적 완화 축소(테이퍼링)를 예고하며 달러인덱스가 상승하기 시작했다. 이러한 상황은 시장의 과열을 경고하는 신호였으며, 결국 얼마 지나지 않아 비트코인 가격은 급격히 하락했다.

이처럼 지표들이 서로 일치하지 않을 경우, 개별 지표의 의미와 신호의 강도를 더욱 면밀하게 따져야 한다. 만약 거래소에서 디지털자산이 빠져나가는 온체인 지표가 포착되더라도, 이는 단순히 투자자들이 자산을 장기 보유할 목적인지 아니면 이미 충분한 수익을 실현하고 떠나는 것인지 SOPR(손익 비율 지표) 같은 추가 지표와 함께 분석해야 한다. 장기 보유자 비율이 함께 증가하고 있다면 긍정적 신호로, 반대로 장기 보유자 비율이 감소하고 있다면 부정적 신호로 해석할 수 있다.

4) 전통 금융시장과의 연결성까지 고려하기

최근 디지털자산 시장은 전통 금융 시장과 더욱 긴밀히 연결되고 있다. 특히 2020년 이후 비트코인은 S&P500 지수와 유사한 움직임을 보이기 시작했다.

이는 디지털자산 시장 분석에서 온체인과 오프체인 데이터뿐 아니라 전통적인 경제지표와 금융시장의 동향까지 함께 고려해야만 시장의 큰 흐름을 보다 정확히 이해할 수 있는 시대가 되었다는 뜻이다.

이를 위해 투자자들은 미국 연방준비제도의 금리정책, M2 통화량 변화, 글로벌 경제성장률 등 주요 경제지표도 함께 분석하면 더욱 깊고 정확한 시장 전망을 얻을 수 있다. 이러한 통합적인 접근법은 시장의 큰 변화와 리스크를 미리 감지하고, 보다 안정적이고 현명한 의사 결정을 내리는 데 중요한 역할을 한다.

5) 시간 범위에 따른 분석 접근법

디지털자산 시장에서 온체인과 오프체인 지표를 효과적으로 활용하려면, 분석하고자 하는 시간 범위에 따라 적절한 지표를 선택하는 것이 필수적이다. 모든 지표가 같은 목적을 가진 것은 아니다. 어떤 지표는 짧은 기간 동안의 변화를 신속히 알려주지만, 다른 지표들은 장기적인 시장의 방향성을 예측하는 데 더 유용하기 때문이다. 따라서 각자의 투자 목표와 시간 지평선에 맞는 지표를 선택하고 해석하는 능력이 중요하다.

단기적인 시장 변동을 빠르게 파악할 때는 거래소 자금 흐름이나 펀딩피, 활성 주소 수, 김치 프리미엄과 같은 지표를 활용하면 좋다. 이 지표들은 시장에서 며칠에서 몇 주 정도의 짧은 움직임을 포착하는 데 매우 효과적이다.

예를 들어, 2021년 4월 비트코인 가격이 최고점인 6만 4천 달러에 도달했을 때, 주요 거래소들로 대규모 입금이 급격히 증가하고 펀딩피가 과도하게 높아지는 현상이 나타났다. 이러한 신호들은 단기적인 가격 조정을 미리 알려주는 신호였고, 실제로 비트코인은 며칠 만에 5만 달러 이하로 급격히 하락했다.

따라서 단기 트레이딩에서는 이러한 신호에 민첩하게 대응할 필요가 있다.

중기적인 시장 흐름, 즉 몇 주에서 몇 달 정도의 방향성을 이해하고자 할 때는 해시레이트의 추세, MVRV 비율, SOPR 지표, 달러인덱스(DXY) 등의 지표들이 유용하다. 예를 들어 해시레이트가 꾸준히 증가하고 있고, MVRV 비율이 1.5를 넘어 지속적으로 상승하고 있다면 시장은 상승 국면에 진입했거나 계속해서 상승할 가능성이 크다고 볼 수 있다.

이러한 지표들은 시장의 내부 강도와 투자자들의 심리적 상태를 중기적으로 잘 보여준다. 특히 MVRV나 SOPR 지표는 시장 참여자들의 실제 손익 상태를 반영하므로, 시장이 중기적으로 과열되었는지 혹은 저평가되었는지의 여부를 판단할 수 있게 한다.

장기적인 시장 주기를 파악할 때는 장기 보유자의 비율을 나타내는 HODL Waves, 장기간의 해시레이트 변화, M2 통화량의 증가 추세, 비트코인 도미넌스의 순환 주기 등을 집중적으로 관찰해야 한다.

2021년 초의 사례를 보면, 장기 보유자들의 비율이 점차 줄어들고 단기 투자자 비율이 높아지는 현상이 나타났다. 이러한 현상은 시장이 상승장의 중후반부에 접어들었음을 나타내는 강력한 장기적 신호였으며, 결국 몇 달 후 시장은 큰 조정을 맞았다. 이처럼 장기적 지표들은 시장의 큰 흐름을 보다 정확하게 예측하는 데 도움을 준다.

개인의 투자 스타일에 따라 중점을 두어야 하는 지표도 달라진다. 시장에서 단기적인 트레이딩을 하는 사람이라면, 펀딩피나 거래소의 입출금 데이터와 같은 빠르게 변화하는 지표에 주의를 기울이는 것이 좋다. 반면, 장기적인 관점으로 접근하는 투자자는 MVRV 비율, 해시레이트, TVL과 같은 펀더멘털 중심의 지표를 기준으로 시장을 판단하는 것이 더욱 효과적이다.

투자 스타일과 시간 지평선에 따라 활용하는 지표를 명확히 구분하면, 시장의 다양한 변화를 더욱 정확하게 이해하고, 그에 맞는 대응 전략을 세울 수 있다.

시간 범위에 따라 지표의 신뢰도와 신호의 의미가 달라질 수 있다는 점도 고려해야 한다. 일반적으로 단기적인 예측은 시장의 '노이즈'가 많아 실패할 가능성도 높지만, 장기적 예측은 시장의 근본적인 흐름과 연결되어 있어 신뢰도가 높다.

예를 들어, MVRV 비율이 3 이상으로 상승하면 장기적으로 시장이 조정을 받을 가능성이 매우 크지만, 정확한 조정 시점을 예측하기는 어렵다. 반대로 펀딩피가 극단적으로 높은 상태를 나타내면, 단기적으로 시장이 빠르게 조정될 가능성이 크다.

6) 포트폴리오 관리와 시간 지평선 전략의 결합

시간 지평선에 따른 분석 접근법은 포트폴리오 관리에도 직접적으로 활용할 수 있다. 예를 들어, 장기 투자를 목표로 하는 자금은 MVRV 비율이나 M2 통화량, 장기적인 해시레이트 추세와 같은 펀더멘털 지표를 바탕으로 관리하고, 단기 트레이딩 목적의 자금은 펀딩피, 거래소 자금 흐름 등 빠르게 변하는 지표를 기준으로 신속하게 대응하는 방식이다.

이렇게 시간 지평선을 나누어 관리하면 시장의 다양한 변화에 능동적으로 대응할 수 있으며, 시장의 흐름과 위험을 효율적으로 관리할 수 있다.

7) 온체인과 오프체인 지표의 한계 인식

온체인 지표와 오프체인 지표는 디지털자산 시장을 분석하는 데 매우 유용한 도구지만, 이들이 가진 한계를 함께 이해해야 한다. 지표를 맹신하는 대신, 그 한계를 고려해 균형 잡힌 시각을 유지하는 것이 중요하다.

온체인 데이터는 모든 것을 보여주지는 않는다. 블록체인은 가명성을 제공하기 때문에, 특정 주소가 누구에게 속하는지 명확히 알기 어렵다. 한 사람이 여러 개의 주소를 가질 수도 있고, 반대로 하나의 주소가 여러 사람의 자산을 포함하기도 한다. 대표적인 예가 거래소 주소다. 거래소 주소 안에는 수천 명, 수만 명의 사용자 자금이 섞여 있어 개별 투자자의 행동을 정확히 분석하는 데 한계가 있다.

또한 많은 거래는 중앙화된 거래소 내부에서 일어난다. 이 거래들은 거래소 서버에는 기록되지만, 블록체인에는 남지 않는다. 특히 거래량이 폭발적으로 증가하는 시기에는 실제 활동의 상당 부분이 온체인 데이터에 나타나지 않는다. 이는 온체인 데이터를 그대로 해석하는 것만으로는 시장 전반을 완벽히 이해할 수 없다는 의미다.

블록체인 확장성 솔루션이 늘어나면서 이런 문제는 더욱 복잡해졌다. 이더리움 메인넷 외에도 아비트럼, 옵티미즘 같은 레이어2 네트워크에서 활발한 거래가 일어나지만, 메인 체인 온체인 데이터에는 반영되지 않는다. 따라서 이더리움 온체인 지표만 보고 전체 활동을 판단하면 실제 시장 상황과 괴리가 생길 수 있다.

오프체인 지표 역시 완벽하지 않다. 거래량 데이터는 거래소마다 품질에 차이가 있고, 일부 거래소는 실제보다 거래량을 부풀리는 경우도 있다. 연구 결과에 따르면 일부 소규모 거래소는 실제보다 최대 10배 이상 거래량을 과장하는 경우도 있었다. 그렇기 때문에 신뢰할 수 있는 주요 거래소 데이터를 중심으로 분석하는 것이 필수적이다.

기술적 분석 지표도 약점이 있다. 대부분 과거 데이터를 기반으로 하고, 그 특성상 후행적인 신호를 준다. 과거에 효과적이었던 패턴이나 지표가 미래에도 동일하게 작동할 것이라고 보장할 수는 없다. 시장 상황이 달라지면 신호의 의미도 달라질 수 있다. 예를 들어 비트코인은 한때 200일 이동평균선이 강력한 지지선 역할을 했지만, 2022년 하락장에서는 여러 번 이 지지선을 무너뜨렸다.

블록체인 생태계는 빠르게 진화하고 있다. 과거에는 유효했던 시장 패턴이 기술 발전이나 규제 변화로 인해 무력화될 수 있다. 중앙은행 디지털화폐(CBDC) 도입, 글로벌 암호화폐 규제 강화 같은 변화는 시장 구조 자체를 흔들 수 있으며, 이런 변화는 과거 데이터를 기반으로 한 분석만으로는 예측할 수 없다.

또한 온체인과 오프체인 지표만으로는 시장을 완벽히 설명할 수 없다. 거시경제 요인, 정치적 사건, 대기업의 투자 발표, 사회적 인식 변화 등 수많은 외부 변수들이 디지털자산 가격에 영향을 미친다. 예를 들어 테슬라의 비트코인 매수 발표나 중국의 채굴 금지와 같은 뉴스는 온체인 데이터나 기술적 분석으로는 예측하기 어려운 가격 급등락을 촉발했다.

따라서 온체인 지표와 오프체인 지표를 사용할 때는 반드시 이들의 한계를 인식하고, 다른 분석 방법과 함께 조화롭게 활용해야 한다. 기술적 분석, 거시경제 분석, 감성 분석, 뉴스 모니터링까지 다양한 방법을 통합해서 시장을 바라봐야 한다. 무엇보다 중요한 것은, 어떤 분석 방법을 쓰더라도 항상 불확실성은 존재한다는 사실을 잊지 않는 것이다. 그렇기 때문에 철저한 위험 관리 전략을 함께 갖추는 것이 성공적인 투자로 가는 필수 조건이다.

39. 데이터 바다에서 인사이트를 찾아내는 항해

디지털자산 시장을 분석하는 일은 방대한 데이터의 바다에서 의미 있는 신호를 찾아내는 항해와 같다. 온체인 지표는 블록체인 내부의 실질적 거래 활동을 포착해 시장의 건강성과 투자자의 행동을 잘 나타낸다. 반면 오프체인 지표는 외부 환경, 거시경제 흐름, 투자자 심리 등 시장을 둘러싼 넓은 맥락을 보여준다. 이 두 가지 관점을 동시에 활용하면 복잡한 시장의 흐름을 더욱 정확하게 이해할 수 있다.

블록체인은 투명성을 핵심 가치로 삼아 전통 금융에서는 얻기 어려운 수준의 데이터 접근성을 제공한다. 거래소 입출금 데이터, 해시레이트, MVRV와 같은 온체인 지표들은 시장 참여자들의 행동과 네트워크의 상태를 명확하게 보여주며, 이는 마치 기업의 내부 운영 현황을 직접 관찰하는 것과 같다.

비트코인 도미넌스, 달러인덱스, 펀딩피, M2 통화량과 같은 오프체인 지표는 디지털자산 시장을 더 넓은 세계의 흐름과 연결시킨다. 전통 금융시장과의 상관관계, 글로벌 경제 정책의 변화, 투자 심리의 동향 등 시장 외부의 요소들이 디지털자산 시장에 어떤 영향을 미치는지 파악할 스 있도록 도와준다.

시장 분석에서는 한 가지 지표만을 무작정 따르는 것이 아니라 여러 지표를 동시에 살펴보고 종합적으로 판단하는 것이 중요하다. 이는 마치 의사가 환자의 상태를 정확히 진단하기 위해 다양한 검사를 종합적으로 분석하는 것과 같다. 여러 지표가 동일한 방향을 제시할 때 그 분석의 신뢰성은 크게 높아진다.

투자 전략은 개인의 투자 목표와 투자 기간에 따라 달라져야 한다. 단기적으로 시장에 접근하는 사람들은 펀딩피나 거래소 입출금 흐름과 같은 빠른 지표에 민첩하게 대응할 필요가 있다. 장기 투자자들은 MVRV 비율이나 M2 통화량, 해시레이트 추세와 같은 근본적인 지표를 기반으로 시장을 평가하는 것이 더 효과적이다.

모든 분석 방법은 완벽하지 않으며 각기 한계가 존재한다. 블록체인의 가명성, 오프체인 거래의 존재, 시장 상황 변화, 예상치 못한 뉴스나 규제 등 여러 요인이 분석의 정확성을 제한한다. 따라서 온체인과 오프체인 지표뿐 아니라 거시경제 분석, 뉴스, 규제 변화 등 다양한 정보 소스를 통합적으로 활용하는 것이 중요하다.

특히 성공적인 투자를 위해서는 철저한 리스크 관리가 필수다. 시장의 불확실성을 인정하고 미리 정해둔 리스크 관리 전략을 지속적으로 실천해야 한다. 데이터의 바다에서 인사이트를 찾는 여정은 결국 끊임없는 학습과 탐구, 그리고 신중한 리스크 관리로 이어져야 한다. 이는 변화무쌍한 디지털자산 시장에서 꾸준히 성장하고 성공할 수 있는 가장 확실한 방법이다.

2장 디지털자산 투자

디지털자산 시장은 전통 금융시장과는 다르게 매우 빠르고 역동적인 변동성을 지닌다. 비트코인을 필두로 지난 10여 년간 이 시장은 괄목할 만한 성장을 기록하며 수많은 기회를 제공했다. 특히 초기부터 지금까지 비트코인의 장기적 수익률은 매우 높았지만, 실제 많은 투자자들은 짧은 보유 기간 때문에 그 성과를 제대로 누리지 못했다는 연구 결과가 있다. 시장의 급격한 등락 속에서 투자자들이 심리적으로 흔들리거나, 조기에 이익을 실현하면서 장기 투자에서 얻을 수 있는 큰 혜택을 놓치는 경우가 많기 때문이다.

만약 2010년 비트코인 초기에 소액을 투자하고 장기간 보유했다면 오늘날 엄청난 자산 증가를 경험했을 것이다. 그러나 현실적으로는 대다수 투자자가 급격한 가격 변동을 견디지 못하고 중도에 매도하거나, 초기 상승 시기에만 소폭의 이익을 보고 투자 기회를 마감하는 사례가 빈번했다.

1. 디지털자산 시장 사이클의 이해와 중요성

디지털자산 시장에서 장기적으로 안정적인 수익을 올리려면 시장의 고유한 사이클을 깊이 이해하는 것이 필수적이다. 이 시장의 움직임은 단지 개별 코인의 기술력이나 유용성만으로 설명할 수 없다. 투자자들의 심리 상태, 거시경제 환경, 규제 변화 등 다양한 요소들이 복합적으로 작용하기 때문이다.

특히 비트코인은 알트코인과 뚜렷이 다른 시장 구조와 장기적 상승 추세를 보여왔다. 반면, 알트코인들은 대부분 훨씬 높은 변동성을 갖고 있어 장기 보유 시 오히려 손실로 연결되는 사례도 적지 않았다. 따라서 개별 자산의 특성을 면밀히 파악하고 전략을 달리하는 지혜가 필요하다.

2. 올바른 질문과 전략의 중요성

디지털자산 투자에서 흔히 던지는 질문인 “어떤 코인이 좋은가?”라는 질문은 정육점에서 “어떤 고기가 가장 맛있느냐?”고 묻는 것과 유사하다. 맛이 개인의 취향이나 조리법에 따라 달라지듯이, 디지털자산의 투자 성과도 단순히 코인의 종류에만 좌우되지 않는다. 동일한 자산이라도 투자 시점, 매수가격, 보유 기간, 투자자의 리스크 수용 능력에 따라 결과는 천차만별로 나타날 수 있다.

특히 디지털자산 시장에서는 무엇을 사느냐 못지않게 언제, 어떻게 팔 것인지에 대한 전략이 매우 중요하다. 아무리 유망한 자산이라도 매도 타이밍을 잘못 선택하면 기대한 수익을 제대로 실현하기 어렵다. 따라서 자산 선택뿐 아니라 매매 시점을 철저히 계획하는 것이 수익률을 좌우하는 핵심이다.

3. 리스크 관리와 전략적 자산 배분의 필요성

디지털자산은 본질적으로 변동성이 큰 고위험 자산이다. 전통적인 금융자산보다 훨씬 큰 가격 변동을 보이며, 기술적 문제나 규제 변화, 투자 심리 변화와 같은 외부 변수로 인해 급격한 상승과 하락을 반복한다. 이처럼 변동성이 높은 환경에서는 개별 코인을 선정하는 것뿐 아니라 매수 시점, 투자 비율 등 철저한 투자 전략이 요구된다.

전통적인 재무 관리의 관점에서도 디지털자산에 너무 많은 비중을 할당하는 것은 위험할 수 있다. 금, 채권, 주식, 부동산과 같은 다양한 자산군에 분산투자하는 것은 오랜 기간 검증된 투자 원칙이다. 일반적으로 전체 자산 중 5~10% 정도를 디지털자산에 배분하는 것이 안정적이며, 개인의 투자 성향과 시장 상황에 따라 비율을 조정하는 것이 좋다.

4. 시장의 비효율성과 이를 활용한 전략

현재 디지털자산 시장은 아직 발전 단계에 있어 시장 효율성이 낮은 편이다. 정보의 비대칭성이 크고 시장 조작 가능성이 상대적으로 높으며 거래 비용도 여전히 높은 수준이다. 그러나 이러한 시장의 비효율성은 잘만 활용하면 오히려 기회가 될 수 있다. 신뢰할 수 있는 정보와 면밀한 시장 분석을 통해 투자하는 이들은 추가적인 수익 기회를 창출할 수 있다.

디지털자산 투자는 단순히 높은 변동성을 이용하는 것이 아니라, 전략적 사고와 냉정한 판단력이 필요한 복합적인 활동이다. 시장 특성을 제대로 이해하고 자신의 투자 목표와 리스크 수용 범위에 맞는 계획을 세운다면, 디지털자산 시장은 매우 매력적이고 수익성 높은 투자처가 될 수 있다.

5. 투자자 심리와 반복되는 실패의 원인

디지털자산 시장은 인간의 감정적 심리, 특히 탐욕과 두려움이 극적으로 드러나는 공간이다. 비트코인과 같은 디지털자산은 높은 변동성을 가지기 때문에 투자자의 감정 변화에 매우 민감하게 반응한다. 따라서 이 시장에서 성공하기 위해서는 인간의 감정적 특성을 이해하고 이를 통제하는 능력이 매우 중요하다.

많은 초보 투자자들이 반복적으로 겪는 문제가 있다. 바로 FOMO(Fear Of Missing Out), 즉 '기회를 놓칠까 두려워하는 심리'이다. 가격이 급등했다는 소식을 들으면 성급하게 시장에 진입하게 되고, 이후 가격이 하락하면 장기투자라는 합리화를 시도한다. 그러나 손실이 지속적으로 늘어나게 되면 결국 감정을 이기지 못하고 저점에서 매도하는 실수를 반복하게 된다.

이런 감정적 행동은 반복되는 시장 사이클과 밀접하게 연관된다. 대부분의 개인 투자자들은 시장의 최고점에서 열광적으로 진입하고, 가격이 최저점에 다다르면 절망과 함께 떠나버리는 경향이 있다. 반면, 경험이 풍부한 기관 투자자들은 개인 투자자들의 이러한 감정 변화를 예측하여 반대로 행동하며 이익을 취하는 전략을 구사한다.

많은 투자자들이 자주 범하는 오해가 몇 가지 있다. 첫 번째는 "우량 코인을 장기 보유하면 반드시 수익을 얻을 수 있다"는 것이다. 하지만 이는 비트코인과 일부 주요 코인을 제외한 대부분의 알트코인에 적용하기 어렵다. 과거 상위권을 차지했던 코인들도 시간이 흐르면서 가치가 급격히 하락하거나 심지어 시장에서 퇴출되는 사례가 많기 때문이다.

두 번째는 “매일 시장을 확인해야 한다”는 생각이다. 디지털자산 시장에서 주요 가격 변동은 일부 특정 시기에 집중되어 있으며, 너무 빈번한 시장 체크는 오히려 감정적이고 성급한 거래를 유발하여 성과를 떨어뜨릴 수 있다.

세 번째 오해는 “정보가 많을수록 투자 성과가 좋다"는 믿음이다. 시장에 넘쳐나는 뉴스와 소셜미디어 정보는 대부분 이미 가격에 반영되어 있다. 중요한 것은 정보의 양이 아니라 정보의 정확성과 적절한 시점이다.

마지막으로 “기술적으로 우수한 프로젝트는 반드시 성공한다”는 생각 역시 신중하게 바라봐야 한다. 실제로 디지털자산 시장에서는 기술력보다는 마케팅 능력, 커뮤니티 형성 능력, 시장 유동성 등이 더 큰 가격 영향을 미치는 경우가 많다. 이러한 심리적 함정에서 벗어나기 위해서는 자신의 감정적 편향을 명확히 인식하고, 이를 데이터 중심의 체계적이고 명확한 투자 전략으로 통제하는 훈련을 해야 한다. 감정에 따라 움직이기보다 명확한 원칙을 세우고 그에 따라 투자할 때, 일관된 투자 성과를 기대할 수 있다.

6. 밸류(가치) 투자의 기본 원리와 적용 방법

디지털자산 투자 철학의 핵심 중 하나는 가치 투자다. 가치 투자는 자산이 가진 본질적인 가치보다 시장 가격이 낮을 때 매수하여, 장기적으로 시장 가격이 본래의 가치에 도달할 것을 기대하는 전략이다. 전통 금융시장에서는 벤저민 그레이엄과 워렌 버핏이 대표적인 가치 투자자로 유명하다.

하지만 디지털자산 시장에서는 명확한 내재 가치를 산출하는 것이 쉽지 않다. 대신 이를 보완하는 몇 가지 대체 지표를 활용할 수 있다. 대표적인 예가 네트워크 가치 대 트랜잭션 비율(NVT)과 실현 가치(Realized Value)

이다. NVT는 주식 시장의 PER과 유사하게 평가할 수 있고, 실현 가치는 네트워크의 실제 사용 활동을 더욱 정확히 나타낸다. 또한 미결제약정(Open Interest)과 같은 선물 시장 데이터를 통해 시장의 관심도와 방향성을 파악할 수도 있다.

이러한 지표들을 통해 디지털자산의 가치를 판단할 때는 현재의 수치뿐 아니라 장기적 성장 가능성과 네트워크 생태계 확장성을 함께 고려하는 것이 중요하다. 따라서 디지털자산 가치 투자는 전통적인 주식 가치 투자보다는 벤처 캐피털 투자와 유사한 접근 방식이 더 효과적이다.

7. 모멘텀 투자와 디지털자산 시장의 특성

모멘텀 투자는 최근 가격 상승세를 보이는 자산에 투자하여, 단기에서 중기적으로 추가 상승할 가능성을 노리는 전략이다. 이 전략은 “상승 추세를 보이는 자산은 지속해서 상승할 가능성이 높다”는 기본 원리를 따른다. 특히 디지털자산 시장은 투자자 심리와 급격한 시장 반응으로 인해 모멘텀 효과가 강하게 나타나는 시장이다.

모멘텀 전략은 여러 가지 방법으로 구현할 수 있다. 가장 간단한 방법은 일정 기간 동안 가장 크게 상승한 자산을 선정해 투자하는 것이다. 또한, 이동평균선 교차(골든 크로스, 데드 크로스)와 RSI(상대강도지수) 같은 기술적 지표를 활용하여 강력한 추세의 시작과 종료를 판단할 수도 있다.

디지털자산 시장은 주요 코인들이 강한 추세를 형성하면 오랫동안 그 방향성을 유지하는 경향이 있어 모멘텀 전략이 매우 효과적이다. 다만, 모멘텀은 영구적이지 않으며 어느 순간 추세가 약화되거나 반전될 수 있다. 따라서 추세 변화의 신호를 신속하게 파악하고, 적절한 타이밍에 포지션을 조정하는 전략적 민첩성이 요구된다.

8. 밸류와 모멘텀의 균형 잡힌 활용

디지털자산 시장에서 가치와 모멘텀 투자는 서로 대립하는 전략이 아니라 상호 보완적인 전략으로 볼 수 있다. 가치 투자는 시장에서 저평가된 자산을 장기적으로 보유하면서 수익을 창출하고, 모멘텀 투자는 단기적인 상승 추세를 활용해 수익률을 높이는 데 기여한다.

두 가지 전략을 명확하게 이해하고 적절히 결합한다면 디지털자산 시장에서 보다 균형 잡히고 안정적인 투자 성과를 기대할 수 있다. 특히 투자자의 성향과 목표에 따라 장기적 자금은 가치 투자 전략으로 운용하고, 단기적 자금은 모멘텀 전략으로 운용하는 방식을 통해 보다 효과적인 포트폴리오 관리가 가능하다.

디지털자산 시장의 특성을 잘 이해하고 밸류와 모멘텀의 원칙을 조화롭게 적용하면, 불확실한 환경에서도 장기적이고 안정적인 성과를 얻는 데 큰 도움이 될 것이다.

9. 투자 기간과 전략 선택의 원칙

투자 전략을 결정할 때 가장 먼저 고려해야 하는 것은 자신이 목표로 하는 투자 기간이다. 투자 기간은 전략의 방향과 접근법을 근본적으로 결정짓는 중요한 요소다. 크게 보면, 단기적인 투자와 장기적인 투자는 서로 다른 원칙과 도구를 요구하기 때문이다.

1) 단기 투자의 핵심, 모멘텀 전략

1년 이내의 단기 투자를 목표로 한다면, 자산의 본질적 가치(밸류)보다는 시장의 현재 흐름과 움직임(모멘텀)을 더 중요하게 바라봐야 한다. 특히 디지털 자산 시장에서는 단기적으로 가격이 급격히 상승하거나 하락하는 경향이 자주 발생하기 때문에, 이때는 가격의 최근 흐름을 따라가는 모멘텀 전략이 효과적일 수 있다.

모멘텀 전략은 이동평균선, 거래량, 최근 가격의 변화율 등을 통해 시장에서 형성된 뚜렷한 상승 또는 하락 흐름을 찾아내고, 그 추세를 이용하는 방식이다. 실제로 비트코인의 역사적 가격 데이터를 보면, 주요 이동평균선(예: 120일 이동평균선)이 상승 추세를 확인하는 중요한 기준으로 작용했다. 또한, 거래량이 급격히 늘어나면서 가격이 상승할 때 이는 강한 모멘텀 신호로 해석될 수 있다.

그러나 모멘텀 전략에도 약점이 있다. 갑작스러운 가격 반전으로 인해 예상하지 못한 손실이 발생할 수 있기 때문에, 철저한 리스크 관리가 필수다. 항상 손절매 기준을 설정하고, 예상과 달리 움직일 경우에는 신속하게 대응하는 훈련이 필요하다.

2) 장기 투자의 핵심, 밸류 전략

반면 3년 이상을 목표로 하는 장기 투자에서는 단기적인 가격 움직임보다 자산의 본질적 가치가 더욱 중요하다. 장기 투자는 시장의 변동성에 덜 민감하며, 자산의 실제 가치가 시간이 지나면서 시장 가격에 반영될 것이라는 가정을 따른다.

부동산 투자가 대표적인 장기 투자 예시다. 부동산은 거래가 빠르게 이루어지기 어려워 처음부터 저평가된 자산을 선택하는 것이 성공의 관건이다.

디지털자산 시장에서도 장기 투자를 하려면 자산의 내재 가치와 생태계의 탄탄함을 중점적으로 평가해야 한다. 예를 들어 비트코인이나 이더리움은 네트워크의 활성 주소 수, 트랜잭션 수, 기술적 안정성, 사용자 생태계의 성장 가능성 등 펀더멘털 요소를 종합적으로 고려해 가치를 평가할 수 있다. 특히 MVRV 비율(Market Value to Realized Value)과 같은 온체인 지표는 디지털자산의 내재 가치를 평가하는 대표적인 도구로 사용된다.

많은 성공적인 투자자들은 단기적인 모멘텀과 장기적인 밸류 전략을 결합한 하이브리드 전략을 활용한다. 이를 간단히 표현하면 "저평가된 자산을 사서 가격이 상승세를 탈 때 판다"로 정리할 수 있다. 다시 말해, 현재 가격이 실제 가치보다 낮게 평가된 디지털 자산을 선택하여 매수하고, 이후 그 자산이 본격적으로 상승 추세를 보일 때 매도하는 전략이다.

반대로 가격이 과열되어 시장 가격이 내재 가치를 크게 넘어섰을 때는 모멘텀 신호를 바탕으로 매도 타이밍을 잡는 방식이다. 이런 방식은 장기적으로 안정적인 수익을 얻으면서도 단기 시장 흐름을 적극적으로 활용하는 균형 잡힌 접근법이다.

가장 중요한 것은 자신만의 투자 철학과 전략을 분명히 세우고 일관성 있게 적용하는 것이다. 외부의 소문이나 갑작스러운 시장 변동에 흔들리지 않고 자신이 선택한 원칙을 지켜나갈 때, 비로소 시장의 변동성을 견디고 장기적으로 좋은 성과를 낼 수 있다.

10. 투자 대가들의 전략을 디지털 자산에 적용하기

금융시장에서 부를 축적한 투자자들의 전략은 저마다 다르지만, 그들 사이에는 공통된 성공 원칙이 존재한다. 이러한 투자 원칙은 주식뿐 아니라 디지털자산 시장에서도 효과적으로 적용될 수 있다. 자산의 종류가 달라도 시장을 움직이는 힘의 본질과 인간의 심리는 근본적으로 유사하기 때문이다.

1) 래리 윌리엄스의 계절성과 시장 주기 전략

래리 윌리엄스는 시장의 특정 시기와 반복되는 주기적 패턴을 활용하여 성공한 대표적인 트레이더다. 그는 1987년 세계 상품거래 챔피언십에서 1만 달러를 1년 만에 110만 달러로 키우며 전설이 되었다. 윌리엄스는 시장이 특정 주기와 계절성을 반복한다고 믿었고, 이를 분석하여 거래했다.

디지털자산 시장에서도 윌리엄스의 계절성 전략은 효과적이다. 예를 들어 비트코인의 가격은 4년마다 반복되는 반감기(Halving) 이후 약 12~18개월 사이에 강력한 상승세를 보이는 경향이 있다. 실제로 2017년과 2021년에는 반감기 이후 이와 같은 뚜렷한 상승 사이클이 관찰되었다. 이처럼 시장의 주기적 패턴과 계절성을 이해하면 투자자는 더 나은 타이밍을 포착할 수 있다.

추가적으로 디지털자산 시장에서 비트코인의 반감기 효과와 계절적 가격 패턴을 더 깊이 연구하면, 투자 전략 수립에 유용한 기준을 얻을 수 있다.

2) 제시 리버모어의 추세 추종과 손익 관리 전략

제시 리버모어는 "시장의 역사는 반복된다"고 믿으며, 주식의 가격 움직임을 분석하여 큰 수익을 올린 20세기 초의 대표적인 투자자다. 그의 유명한 원칙 중 하나는 "상승하는 자산은 함부로 팔지 말라"는 것이다. 즉, 상승하는 추세를 존중하고 지속하는 동안은 최대한 그 추세를 유지하는 것이 중요하다는 뜻이다.

디지털자산 시장에서도 리버모어의 전략은 유효하다. 예컨대 비트코인 가격이 장기 상승 추세에 들어섰을 때는 추가 상승 가능성을 고려해 성급한 이익 실현을 자제해야 한다. 그는 또한 손실을 작게 제한하고 수익은 크게 가져가는 원칙을 중요하게 여겼는데, 이는 디지털자산 시장의 높은 변동성을 관리하는 데 필수적이다.

리버모어가 사용한 피벗 포인트(Pivot Point) 전략 역시 비트코인과 알트코인 시장의 기술적 분석에서 중요한 지지선과 저항선을 설정하는 데 유용하게 활용될 수 있다. 이 전략은 고점과 저점의 전환점을 중심으로 시장의 방향성을 확인하는 방법이다.

3) 에드 세이코타의 리스크 관리 전략

에드 세이코타는 현대 투자계의 거장으로, "투자에서 가장 중요한 것은 살아남는 것"이라는 철학을 실천한 인물이다. 세이코타는 시장 가격에 모든 정보가 반영되어 있다고 믿고, 철저하게 가격의 움직임 자체에 초점을 맞췄다. 또한 그는 주요 이벤트나 호재가 현실화되는 순간이 오히려 시장을 떠나야 할 때임을 강조했다. 이는 디지털자산 시장에서도 자주 목격되는 현상으로, 투자자들이 기대했던 뉴스가 발표되자마자 가격이 하락하는 경우가 많기 때문이다.

세이코타의 핵심 원칙 중 하나는 철저한 리스크 관리다. 그는 투자 자본의 약 2% 이상을 절대 하나의 거래에 위험으로 노출하지 않았다. 이 같은 체계적인 리스크 관리는 극심한 변동성을 가진 디지털자산 시장에서 반드시 실천해야 하는 원칙이다.

뿐만 아니라, 세이코타는 투자자의 심리 통제를 중시했다. 자신의 감정적 반응을 이해하고 통제하지 못하면 장기적으로 시장에서 살아남기 어렵다. 이는 특히 변동성이 큰 디지털자산 시장에서 더욱 중요하다.

4) 니콜라스 다비스의 시장 타이밍 전략과 박스 이론

니콜라스 다비스는 "어떤 자산을 사느냐보다 언제 사느냐가 더 중요하다"고 주장한 트레이더로, 타이밍 전략의 중요성을 널리 알린 인물이다. 그는 주식 가격이 일정 범위(박스)를 벗어나 상승할 때만 매수하는 전략을 사용했다.

이 전략은 디지털자산 시장에 매우 적합하다. 비트코인과 알트코인은 일정 기간 박스권에서 횡보하다가 강한 방향성을 보이는 경우가 많기 때문이다. 가격이 박스를 명확하게 돌파하는 순간이 진입 시점이 될 수 있다. 또한 다비스는 가격 상승 중 이익을 보호하면서 추가 상승 가능성도 활용할 수 있도록 트레일링 스톱(Trailing Stop) 전략을 제안했는데, 이 역시 변동성이 큰 디지털자산 시장에서 효과적으로 사용할 수 있다.

디지털자산 시장은 전통 금융 시장과 비슷하게 일정한 패턴과 주기를 가지고 있다. 결국 시장을 움직이는 핵심은 사람들의 심리와 행동이다. 래리 윌리엄스의 시장 계절성, 제시 리버모어의 추세 관리, 에드 세이코타의 리스크 통제, 니콜라스 다비스의 타이밍 전략은 모두 디지털 자산 투자에 성공적으로 적용할 수 있다.

이러한 전략들을 통합적으로 배우고 실천하면 디지털자산 시장에서도 장기적인 성공 가능성을 높일 수 있다. 무엇보다도 중요한 것은 각 전략의 본질을 제대로 이해하고, 자신만의 투자 원칙과 기준을 명확히 정립하는 것이다. 이것이야말로 변동성이 크고 예측하기 어려운 디지털자산 시장에서 투자자가 흔들리지 않고 꾸준히 수익을 얻는 열쇠가 될 것이다.

11. 디지털자산 시장의 사계절 이해하기

디지털자산 시장, 특히 비트코인은 역사적으로 반복되는 패턴을 가지고 있다. 비트코인의 가격 흐름은 약 4년마다 발생하는 '반감기'(halving)라는 이벤트를 중심으로 움직인다. 반감기란 비트코인 채굴에 대한 보상이 절반으로 줄어드는 시기로, 지금까지 2012년, 2016년, 2020년, 2024년에 일어났으며, 다음 반감기는 2028년에 예정되어 있다. 이러한 반감기 이후 약 6개월에서 1년 사이에 비트코인의 가격이 최고점을 기록하는 현상이 여러 번 반복되었다.

이런 흐름을 '봄, 여름, 가을, 겨울'이라는 계절로 구분하여 이해하면, 시장의 움직임과 적합한 투자 전략을 더욱 체계적으로 파악할 수 있다.

1) 시장의 봄: 조용히 씨앗을 심는 시기

봄은 반감기가 오기 약 12~18개월 전, 긴 겨울의 하락장 이후 시장이 다시 바닥을 다지고 안정화되는 시기다. 이 시기의 시장 분위기는 대체로 침체되어 있다. 거래량은 감소하고, 미디어는 부정적인 기사로 가득 차 있어 대중의 관심은 낮다. 하지만 경험 많은 기관 투자자나 장기적인 관점에서 접근하는 투자자들은 이 시기에 조용히 자산을 축적하기 시작한다.

봄에는 비트코인과 같이 장기적으로 기술적 기반이 견고한 디지털 자산을 중심으로 천천히 자산을 늘려가는 전략이 적합하다. 특히 이 시기에는 디지털 자산의 기술적 특성과 장기적인 가치를 평가하는 방법을 추가적으로 공부하면 좋다. 장기적 관점에서의 시장 분석법이나 비트코인의 역사적 흐름을 면밀히 학습하는 것이 큰 도움이 될 것이다.

2) 시장의 여름: 기다림과 인내의 시간

여름은 반감기 전후로 비트코인의 가격이 크게 움직이지 않고 대체로 일정 범위 내에서 횡보하는 시기다. 이 기간 동안 공급 감소 효과가 가격에 즉시 나타나지는 않으며, 채굴자들의 행동 변화나 해시레이트 같은 네트워크 지표가 중요한 관찰 대상이 된다.

이 시기의 투자자들은 크게 두 가지를 염두에 두어야 한다. 하나는 비트코인을 중심으로 포트폴리오를 유지하면서 아직은 알트코인 투자를 신중히 접근하는 것이며, 다른 하나는 과도한 레버리지 사용을 자제하는 것이다. 추가로 시장 참여자들의 심리 변화를 관찰하고 시장 동향을 분석하는 능력을 키우는 것이 중요하다. 이는 추후 시장이 움직일 때 빠르고 정확한 대응을 돕는다.

3) 시장의 가을: 성장을 수확하는 시기

가을은 반감기 이후 약 6개월에서 18개월 사이의 기간으로, 본격적인 상승세가 펼쳐지는 수확의 계절이다. 이 시기에는 비트코인이 먼저 가격 상승을 주도하며, 이후 투자자들의 관심은 점차 알트코인으로 옮겨간다. 시장에는 낙관적이고 긍정적인 뉴스가 넘쳐나고, 새로운 기술이나 혁신이 주목받으며 투자자들의 흥분이 절정에 이른다. 이른바 '알트시즌'(altseason)이 찾아오는 시기도 가을에 해당된다.

이 단계에서는 상승한 자산을 점진적으로 매도하여 이익을 실현하고, 포트폴리오의 균형을 다시 조정하는 것이 중요하다. 무리한 욕심을 부리기보다는 시장의 과열 신호에 민감하게 반응할 필요가 있다. 또한 투자 심리학과 시장의 과열 징후를 식별하는 법을 별도로 공부하면 도움이 될 것이다. 시장의 극단적 낙관론이 오히려 위험 신호임을 이해하는 것이 중요하다.

4) 시장의 겨울: 방어하며 다음을 준비하는 시기

겨울은 시장이 최고점을 지난 이후 하락으로 접어드는 시기다. 일반적으로 반감기 이후 약 18개월쯤 지나면 시장은 하락 국면으로 진입하고, 전반적인 분위기는 침체되고 부정적으로 변한다. 개인 투자자들의 손실이 커지고 시장에서의 이탈이 늘어나며, 미디어 보도 역시 부정적으로 돌아선다. 이 시기에는 각국의 규제가 강화되는 등 외부적인 압박 요인도 나타나기 쉽다.

겨울에는 현금 비중을 높이고 투자 규모를 줄이면서 다음 사이클을 준비해야 한다. 이 시기의 하락장을 활용해 우수한 프로젝트나 기술적 기반이 튼튼한 자산을 발굴하고 연구하는 데 시간을 투자하면 다음 상승장을 대비한 좋은 기회가 된다. 겨울이야말로 시장과 기술에 대한 깊이 있는 학습과 연구에 가장 적합한 시기다.

12. 사이클을 보는 유연한 관점의 필요성

디지털자산 시장의 사계절 모델은 시장의 흐름을 개괄적으로 이해하고 투자 전략을 세우는 데 효과적이다. 하지만 항상 정확하게 타이밍을 맞추는 것은 어렵다. 규제 변화, 기술 혁신, 세계적인 경제 변화 같은 외부적 요인이 시장 사이클을 예상보다 빠르게 혹은 느리게 변화시킬 수 있기 때문이다. 따라서 사계절 모델은 시장 흐름을 보는 하나의 참고 프레임워크로 활용하되, 유연한 태도로 시장의 변화를 지속적으로 점검하고 대응하는 것이 현명하다.

13. 객관적이고 체계적인 데이터 기반 투자

디지털자산 시장은 감정이나 직관에 의존하기에는 변동성이 매우 크다. 따라서 데이터를 바탕으로 한 객관적이고 체계적인 접근법이 필요하다. 그 중에서도 가장 신뢰받는 지표가 바로 비트코인의 120일 이동평균선이다.

비트코인의 가격 움직임은 전체 디지털자산 시장의 방향을 미리 보여주는 지표로 작용한다. 실제로 비트코인이 120일 이동평균선을 돌파하고 본격적인 상승 추세에 진입하면, 이더리움이나 솔라나와 같은 주요 알트코인들도 비트코인을 뒤따라 상승하는 경향이 있다. 이후 디지털자산 시장 전체가 동반 상승하는 추세적 상승 국면으로 들어가는 모습을 자주 볼 수 있다. 따라서 비트코인의 120일 이동평균선 돌파 여부는 개별 투자뿐 아니라 시장 전체의 큰 그림을 그릴 때도 반드시 고려해야 하는 중요한 기준점이 된다.

14. 120일 이동평균선을 활용한 주요 투자 전략

비트코인이 120일 이동평균선을 돌파해 위에 머무르는 기간에는 시장 참여자들의 투자 심리가 긍정적으로 전환되며, 이는 본격적인 상승장의 시작으로 이어질 가능성이 높다. 반대로 비트코인 가격이 120일 이동평균선 아래로 내려가 지속적으로 머물게 되면, 시장 전반에 하락 심리가 확산될 가능성이 크기 때문에 리스크 관리에 집중할 필요가 있다.

투자자들은 또한 이동평균선의 방향과 기울기에도 주목해야 한다. 120일 이동평균선이 상승하는 구간은 시장의 상승세가 점차 강해지고 있다는 것을 의미하며, 반대로 이동평균선이 하락하거나 횡보하는 구간에서는 상승세가 약해지고 하락 위험이 커지는 상황으로 볼 수 있다.

이러한 120일 이동평균선을 중심으로 하는 전략은 디지털자산 전체의 투자 흐름을 파악하는 데에도 유용하다. 예를 들어 비트코인이 120일 이동평균선을 확실하게 상향 돌파하면, 비트코인뿐만 아니라 알트코인 시장에서도 투자 심리가 살아나면서 시장 전체가 활기를 띠게 된다. 이는 투자자들이 새로운 자산을 편입하거나 추가 매수할 수 있는 중요한 기회를 의미한다.

15. 온체인 데이터를 통한 투자 심리 분석

블록체인 위에서 투명하게 기록되는 온체인 데이터는 투자자의 실제 움직임을 정확하게 반영한다. 특히 거래소 지갑에서 개인 지갑으로 자산 이동이 증가할 경우 장기 투자 성향이 강해지고 있다는 긍정적 신호로 해석할 수 있다. 반대로 개인 지갑에서 거래소로 자금 유입이 증가하면 매도 압력이 높아지는 경고 신호로 보아야 한다.

큰 자산을 보유한 고래들의 움직임 또한 시장의 변화를 예측할 수 있는 중요한 신호로 작용한다. 거래소로 고래들의 대규모 입금이 발생하면 가격 하락 위험이 높아질 수 있어 주의가 필요하며, 반대로 거래소에서 대량 출금이 나타난다면 시장의 장기 상승에 대한 기대감을 강화시키는 신호로 볼 수 있다.

16. SOPR을 통한 시장 변곡점 예측

디지털자산 시장에서는 SOPR(Spent Output Profit Ratio) 지표가 유용하다. SOPR은 투자자들이 보유한 자산을 수익 상태에서 팔고 있는지, 손실 상태에서 팔고 있는지 보여준다. SOPR이 1 이하로 내려가면 손실을 보고 매도하는 투자자들이 많다는 의미로 시장의 단기적 바닥을 나타내는 경우가 많다. 반대로 SOPR이 과도하게 높은 수준에 머무른다면 시장 과열을 경계해야 하는 시점이다.

17. 네트워크의 안정성을 나타내는 해시레이트와 채굴 난이도

비트코인의 네트워크 안정성은 해시레이트와 채굴 난이도를 통해 확인할 수 있다. 해시레이트가 지속적으로 증가하면 채굴자들이 장기적으로 비트코인 네트워크의 가치를 높게 평가하고 있음을 시사한다. 반대로 해시레이트가 갑자기 감소한다면 채굴자의 이탈이나 네트워크의 불안정성을 암시하는 신호일 수 있어 주의가 필요하다.

18. 스테이블코인과 파생상품 데이터의 활용

시장 분석에서는 스테이블코인의 시가총액 변화도 중요한 지표가 된다. 스테이블코인의 공급량 증가가 나타나면 시장 내에 투자 대기 자금이 많아져 시장 전반에 긍정적인 영향을 미칠 가능성이 높다.

또한 펀딩비(Funding Rate)와 같은 파생상품 지표는 시장의 과열 또는 침체 정도를 명확하게 보여준다. 펀딩비가 높은 수준으로 유지되면 시장 과열로 판단할 수 있고, 펀딩비가 마이너스로 유지된다면 시장이 바닥을 다지고 있을 가능성이 크다.

19. 다양한 기술적 지표의 통합적 활용법

디지털자산 시장에서는 RSI, MACD, 볼린저밴드 같은 기술적 분석 도구도 유용하게 쓰인다. 이 지표들은 개별적으로 활용되기보다 서로 결합하여 보다 정확한 시장 분석을 가능하게 한다. 예를 들어 RSI가 과매수 상태이고 볼린저밴드 상단과 가격이 만나면서 MACD가 하락 신호를 보낸다면, 이는 매우 강력한 매도 신호로 해석할 수 있다.

기술적 지표들은 개별적 신호가 아니라 통합적이고 종합적인 판단의 근거로 활용하는 것이 바람직하다.

20. 데이터 중심 접근법의 장점과 유의점

데이터 기반 투자 접근법은 투자자가 감정적인 판단을 피하고 일관된 투자 전략을 세우도록 도와준다. 하지만 어떤 지표나 데이터도 완벽하지는 않기 때문에 과거 데이터만으로 미래를 완벽히 예측하는 데 한계가 있다. 따라서 데이터를 통한 분석과 함께 철저한 리스크 관리 전략이 병행되어야 한다.

디지털자산 시장에서 장기적으로 성공하기 위해서는 데이터를 신중하게 분석하되, 동시에 그 한계를 인식하고 유연한 사고와 꾸준한 리스크 관리 습관을 유지하는 것이 무엇보다 중요하다. 120일 이동평균선을 중심으로 시장 전체의 흐름을 객관적으로 읽어내는 능력은 이런 전략적 접근을 가능하게 해주는 가장 강력한 도구 중 하나다.

21. 포트폴리오 구성과 자산 배분

디지털 자산 투자의 성패는 포트폴리오를 어떻게 구성하고 관리하느냐에 달려 있다. 높은 수익을 기대하며 한 가지 자산에만 모든 자금을 투입하는 전략은 성공하면 큰 수익을 얻을 수 있지만, 실패하면 막대한 손실을 초래할 수 있다. 따라서 여러 종류의 자산에 분산하여 리스크를 관리하는 접근이 필수적이다.

전체 자산 중 디지털 자산에 배분할 비율은 투자자의 재정 상황과 리스크 감수 성향에 따라 결정된다. 재무 전문가들은 일반적으로 전체 자산의 약 5~10% 정도를 디지털 자산에 할당하는 것이 적절하다고 권장한다. 이는 디지털 자산의 특성상 변동성이 크고, 외부 환경의 변화에도 민감하게 반응하기 때문이다. 즉, 전체 자산 중 일부만 투자함으로써 시장 변동에도 안정적인 재무 상태를 유지할 수 있다.

디지털 자산 내에서도 추가적인 분산이 필요하다. 비트코인은 전체 포트폴리오에서 가장 큰 비중을 차지하는 것이 바람직하며, 일반적으로 40~60% 정도가 적합하다. 비트코인은 디지털자산 시장의 대표적 지표로서 안정성과 유동성을 제공하기 때문이다.

비트코인 외에 이더리움이나 솔라나와 같은 대형 알트코인은 포트폴리오의 20~40%를 차지할 수 있다. 이들은 상대적으로 더 큰 성장 가능성을 가지지만 그만큼 높은 변동성을 보이기 때문에 균형 있게 배분하는 것이 중요하다.

반면, 중소형 알트코인의 경우는 높은 수익률을 기대할 수 있지만, 그만큼 위험도 크다. 따라서 전체 포트폴리오에서 10~20%를 넘지 않도록 제한하는 것이 바람직하며, 철저한 사전 조사와 지속적인 모니터링이 필수적이다.

마지막으로 현금을 5~15% 정도 유지하는 것도 매우 중요하다. 현금은 갑작스러운 시장 하락 시 추가 매수 기회를 제공할 뿐만 아니라, 심리적 안정감을 유지하는 데에도 도움을 준다.

이러한 비율은 시장 상황이나 투자자의 목표와 성향에 따라 유연하게 조정될 필요가 있다. 장기적 안정성을 목표로 하는 투자자는 비트코인과 대형 알트코인의 비율을 높이고, 높은 수익을 목표로 하는 투자자는 중소형 알트코인 비율을 늘릴 수 있다.

진입 시점은 투자 수익률에 큰 영향을 미친다. 진입 전략이 체계적으로 수립되어야 시장의 변동성에 휘둘리지 않고 지속 가능한 성과를 거둘 수 있다. 분할매수 전략(DCA)은 주기적으로 일정 금액을 매수하여 가격 변동에 따른 리스크를 줄이는 방법이다. 이는 단기적인 시장 변동에 신경 쓰지 않고 장기적으로 자산을 축적하는 데 효과적이다.

기술적 지표에 기반한 전략도 유용하다. 특히 비트코인의 120일 이동평균선을 활용하여 가격이 해당 평균선을 상향 돌파하면 매수하는 방식이 대표적이다. 이는 시장 전체의 상승 신호로 활용될 수 있다.

펀더멘털 분석을 활용한 전략도 중요하다. 네트워크 활성도 증가, 개발자 활동 증가, 온체인 데이터의 긍정적 신호 등이 확인될 때 장기적 관점에서 매수할 수 있다. 특히 거래소에서 개인 지갑으로의 출금이 증가하는 현상은 투자자들이 장기적으로 보유할 의사가 강해졌다는 긍정적 신호로 볼 수 있다. 이러한 전략들을 결합한 하이브리드 접근법은 가장 안정적인 방법이다. 기술적 신호와 펀더멘털의 개선이 동시에 나타날 때 진입하면 성공 확률을 높일 수 있다.

매도 전략을 세우는 것은 진입 전략만큼 중요하다. 많은 투자자들이 매도 계획 없이 투자에 나서지만, 매수 하기전에, 명확한 매도 전략을 세우고 매수해야 한다. 단계적 매도 방식은 가격 상승 시마다 일정 비율씩 매도하여 지속적으로 이익을 실현하는 방법이다. 이 방식은 시장의 정확한 고점을 맞추기 어려운 점을 보완해준다. 트레일링 스톱 전략은 상승하는 가격을 따라 손절매 기준을 점진적으로 높이는 방식이다. 상승장의 수익을 최대한 보호하면서 하락 전환 시 자동으로 이익을 실현할 수 있다.

가장 중요한 것은 사전에 명확한 원칙을 세우고 이를 충실히 지키는 것이다. 감정적이고 충동적인 매수와 매도를 피하기 위해 구체적인 기준과 규칙을 정해두는 것이 중요하다.

22. 거시경제 환경과 디지털자산 시장의 관계

디지털자산 시장은 이제 더 이상 독립된 영역이 아니라, 글로벌 금융 시스템과 깊게 연결되어 움직인다. 이는 곧 거시경제 환경의 변화가 디지털 자산의 가격과 투자 심리에 직접적인 영향을 미친다는 것을 의미한다. 따라서 투자자는 거시경제의 주요 요소를 이해하고, 이를 지속적으로 모니터링하여 투자 전략을 유연하게 조정해야 한다.

중앙은행의 통화 정책은 디지털자산 시장에 큰 영향을 미치는 핵심 요소 중 하나다. 특히 중앙은행이 통화 공급을 확대하는 시기, 즉 유동성이 풍부한 환경에서는 디지털 자산을 포함한 다양한 위험자산이 동반 상승하는 경향이 있다. 반면에 통화 긴축이 이루어질 때는 시장 전체의 하방 압력이 커지므로 주의를 기울여야 한다. 예를 들어 미국 연방준비제도(Fed)의 금리 결정이나 양적완화(QE)의 축소 여부는 항상 투자자가 예의주시해야 할 요소다.

또 다른 중요한 요소는 달러의 강도를 나타내는 달러 인덱스(DXY)다. 일반적으로 달러가 강세일 때 디지털 자산 가격은 약세를 보이는 반비례 관계가 자주 관찰된다. 반대로 달러의 가치가 약세로 전환되면 디지털 자산, 특히 비트코인은 투자 대안으로 인식되며 가격 상승의 기회를 얻는다. 이러한 달러와 디지털 자산 간의 상관관계는 글로벌 경제의 흐름을 이해할 때 중요한 참고가 된다.

금리와 인플레이션 환경 역시 디지털 자산의 역할을 명확히 규정하는 데 중요한 요소다. 특히 인플레이션이 높은 시기에는 투자자들이 자산 가치를 보호할 수 있는 대체 투자처를 찾기 마련인데, 비트코인은 이 시기에 '디지털 금'의 역할을 하며 주목받기도 한다. 반면 금리가 상승하면 위험 자산 전반에 부담이 되어 디지털 자산 가격에도 부정적인 영향을 미칠 수 있다.

지정학적 불확실성 역시 디지털자산 시장에 영향을 주는 요인이다. 국제 분쟁이나 정치적 불안정성이 증가하면 전통적인 금융 시장에서 자금이 이탈하고, 비트코인과 같은 자산이 일종의 '디지털 안전자산'으로서 각광받기도 한다. 이러한 환경에서 투자자는 글로벌 이슈를 세심히 관찰하여 시장의 흐름을 예측하고 대응해야 한다.

최근 들어 비트코인과 미국 기술주, 특히 나스닥 지수와의 상관관계가 증가하는 경향이 나타났다. 이는 디지털 자산이 기술주와 비슷한 위험자산으로서 인식되는 경향이 강화되고 있음을 의미한다. 따라서 투자자는 나스닥을 포함한 주요 주식 시장의 흐름을 함께 관찰하여 디지털자산 시장의 향방을 보다 정확히 예측할 수 있다.

이처럼 디지털 자산은 거시경제적 요소와 깊이 연결되어 움직인다. 투자자는 통화정책, 달러 가치, 금리 및 인플레이션 환경, 그리고 글로벌 정치 이슈를 포괄적으로 이해하고 이를 통해 전략을 조정해 나가야 한다.

23. 기술 발전과 디지털자산 시장의 미래

디지털 자산의 장기적인 성과는 기술적 진보와 실생활에서의 활용 여부에 달려 있다. 단기적인 가격 움직임에 집중하기보다 장기적인 기술적 진화와 실질적인 채택 가능성을 이해하는 것이 중요하다.

최근 블록체인 기술에서는 다양한 확장성 솔루션이 발전하고 있다. 레이어 2(Layer 2) 네트워크와 샤딩(Sharding) 기술 등은 기존의 한계를 극복하여 보다 많은 사용자를 수용할 수 있게 하며, 이는 디지털 자산의 광범위한 채택을 촉진할 수 있다.

또한, 서로 다른 블록체인 간 상호운용성(interoperability)의 향상도 주목할 필요가 있다. 서로 독립적인 네트워크들이 연결되고 정보를 자유롭게 교환할 수 있게 되면 디지털 자산 생태계 전체가 더욱 풍부해지고, 실제 사용 사례도 증가할 수 있다.

기관 투자자의 진입과 정부 및 대기업의 블록체인 기술 도입도 중요한 요소다. 규제 환경이 명확해질수록 기관들의 투자가 증가하며, 이는 시장 전체의 성숙과 안정성에도 큰 도움이 된다. 특히 금융기관과 정부가 참여하는 프로젝트는 디지털자산 시장의 신뢰성을 높이고 장기적인 성장 기반을 제공할 수 있다.

실생활에서의 활용 사례가 많아질수록 디지털 자산의 가치는 더욱 공고해진다. 예를 들어, 국제 송금, 디지털 신원 인증, 공급망 관리, 소유권 증명 등 다양한 분야에서 블록체인이 실제 문제를 해결할 수 있는 기술로 부각되면, 그 가치는 장기적으로 지속 가능한 성장을 이끌게 된다.

이러한 기술적 발전과 활용 확대는 디지털자산 시장의 미래 사이클에 긍정적 영향을 미칠 수 있다. 그러나 투자자는 장밋빛 전망에만 집중하지 말고, 기술적 진보의 실제 진행 상황과 도전 과제, 그리고 규제 환경 변화 등 다양한 요소를 종합적으로 평가하여 신중히 접근해야 한다.

24. 디지털 자산 투자: 금융과 기술의 융합점

디지털 자산 투자는 금융과 기술이 만나는 특별한 분야로, 단순한 자산 가격 예측 이상의 의미를 가진다. 이는 혁신 기술의 진화 과정에 직접 참여하고, 다가올 미래 경제에서 자신의 자리를 확보하는 의미 깊은 행위이기도 하다.

이 시장은 여전히 초기 단계에 있으며, 그만큼 상당한 리스크와 불확실성을 포함하고 있다. 그러나 투자자가 리스크를 충분히 인지하고, 거시경제 환경과 기술적 발전 흐름을 함께 이해하며 접근한다면, 지속 가능한 장기 투자 전략을 수립할 수 있다.

결국, 투자자는 자신의 목표, 리스크 허용 수준, 투자 기간 등을 고려하여 개인에게 맞는 고유한 투자 방식을 찾아야 한다. 이를 통해 단기 변동성에 흔들리지 않고, 디지털자산 시장이 제공하는 장기적인 가능성을 더욱 효과적으로 활용할 수 있을 것이다.

Part 04

블록체인 기술과 비즈니스

1장 블록체인 비즈니스 방법론

블록체인 기반의 디지털 자산에 대해 금융당국은 아직도 보수적이지만 유의미한 변화가 존재한다. 아직은 블록체인 기술의 성숙도가 실제 필드에서 기존 기술을 대체할 정도로 성숙했다고 볼 수는 없다. 그래서 기업은 블록체인 기술을 선택적으로 단계적으로 적용하는 것이 필요하다.

또한 블록체인은 비싼 기술이다. 단순히 생각해봐도 한곳에 저장할 데이터를 여러 곳의 장소에 분산해서 저장하니 비용이 많이 들 수밖에 없다. 그래서 기업에서 블록체인 기술을 도입할 때는 블록체인에 올리려는 데이터가 블록체인을 사용해 보호할 만한 가치가 있는지, 데이터의 성격을 우선적으로 고려해야 한다.

1절 블록체인 기술 도입 시 고려사항

블록체인 기술은 기업의 비용을 줄이거나 매출을 증대시키는가? 기업의 블록체인 담당자들이 블록체인 기술 도입을 주장할 때 경영자로부터 가장 많이 받는 질문일 것이다. 이 질문에 대한 당신의 답변은 무엇인가? 아마도 블록체인 기술의 장점에 대해서 말할 것이다.

질문을 조금 바꾸어보겠다. 여기 우산이 있다. 당신이 우산을 사는 이유는 무엇인가? 우산의 성능이 좋아서 사는 사람은 없을 것이다. 우산은 비를 피하고자 사는 것이다. 비를 피하려고 필요해서 우산을 사는 것처럼, 블록체인 기술도 기업의 비즈니스에 필요해야 한다. 어쩌면 기업에 블록체인 기술이 활발히 도입되지 않는 이유는 기업의 경영자가 블록체인 기술이 지금 당장 필요하지 않다고 여기기 때문일 것이다. 경영자는 블록체인 기술이 지금 당장 기업의 비용을 줄이거나 매출을 증대시키는 것에 이바지하지 못한다고 생각한다. 또는 현재의 기술로 모두 구현이 가능해서 굳이 블록체인 기술을 사용할 필요가 없다고 여길 수도 있다.

그런데 만약 블록체인 기술이 기업의 지속가능 경영을 위협하는 위험을 감소시킬 수 있다면 경영자의 판단은 달라질 수 있다. 디지털 기술의 발달로 산업 간 경계가 무너지고 있기에 기업은 더는 한 가지 제품이나 서비스를 제공하지 않는다. 고객 성향의 변화에 따라 기업은 생산하는 제품 또는 서비스를 빠르게 변화시켜야 한다. 이때 가장 중요한 것은 고객과의 관계 형성이다. 제품과 관련된 작은 거짓말이 드러나면 고객은 돌아서서 불매운동을 할 수도 있다. 아무리 훌륭한 기업이라도 고객의 신뢰를 잃으면 기업은 어려운 상황에 놓이게 된다. 작은 실수가 정보를 왜곡한다면 그 위험은 매우 중대하다. 실수로라도 정보가 왜곡되지 않도록 프로토콜(절차)을 만드는 것이 중요하다.

블록체인 기술은 정보의 신뢰 프로토콜을 가능하게 한다. 기업이 블록체인 시스템을 도입하여 해당 기업뿐 아니라 특정 제품 또는 서비스를 제공하기 위한 value chain(가치사슬)의 참여 기업들과 함께 과정을 투명하게 기록하여 제공한다면, 고객으로부터 신뢰를 얻을 수 있다. 단기적으로는 비용을 낮추지도 매출을 늘리지도 못할 수 있지만, 장기적으로 깊은 신뢰 관계를 구축해나가는 것이 더 좋은 전략일 수 있다. 이것이 기업이 블록체인 기술을 도입해야 하는 이유가 될 수 있다.

1. 기업의 리스크

기업의 리스크는 빙산과 같다,
노출된 리스크보다
실제 리스크는 더 크다.

우리 회사는 블록체인 기술 도입이 필요한가? 블록체인 기술의 도입을 고려하는 회사의 실무자들이 가장 많이 하는 고민이다. 이 질문에 답을 구하기 위해서는 우선 우리 회사가 속한 산업의 특성, 회사의 내부·외부 환경, 조직, 프로세스에 대한 이해가 선행되어야 한다. 회사를 이해해야 회사에 블록체인 기술이 필요한지, 필요하다면 어느 프로세스에 어떤 목적을 달성하기 위해서인지 알 수 있다.

이를 위해서는 주요 프로세스를 담당하는 프로세스 담당자와의 커뮤니케이션을 통해 해당 프로세스를 이해해야 한다. 이때는 각각의 비즈니스 프로세스를 담당하는 직원과 인터뷰를 수행하여 해당 프로세스가 흐르는 '프로세스 플로차트(process flowchart)'를 그려보면 효율적이다. 이 과정을 통해 회사의 비즈니스 프로세스에서 중요한 업무는 무엇이며, 누가 중요한 업무를 담당하는지 파악할 수 있다. 프로세스 플로차트를 그리는 것은 어렵지 않다. 현재(as-is)

프로세스에 대한 플로차트를 그렸다면 회사의 비즈니스 프로세스가 한눈에 들어올 것이다.

2. 플로차트 작성(예시)

Flowchart / CM

〈그림 4-1〉 구매 프로세스 플로차트

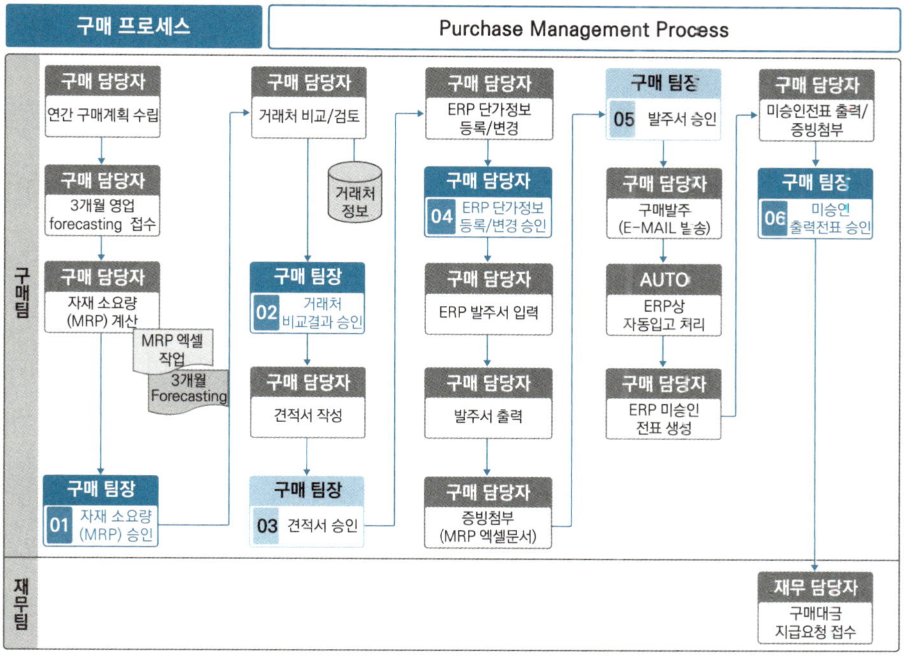

플로차트를 그려보며 프로세스를 이해함과 동시에 프로세스상의 위험요인을 파악해야 한다. 프로세스 진단 과정을 통해서 회사의 지속가능 경영을 위협하는 중대한 위험뿐 아니라, 회사 내부 또는 외부의 상호 간 신뢰 부족으로 발생하는 비효율 및 비효과적인 결과의 원인이 되는 것도 재무적 손실을 가져올 수 있는 위험이다. 이런 위험요인을 찾는 것이 중요하다. 위험의 재무적 효과를 측정하여 위험정도에 따라 차등하여 진단결과를 표시한다.

3. 비즈니스 프로세스 리스크 진단(예시)

〈그림 4-2〉 프로세스상 위험요인 진단

프로세스 진단결과에 따라 부정위험, 비효율성 또는 비효과적인 업무 결과로 이어지는 취약점을 파악하고, 취약점에 대한 집중적인 인터뷰를 통해서 상세한 내용 및 원인을 파악한다. 그리고 이 취약점에 블록체인 기술을 도입하면 취약점을 개선할 수 있을지 검토한다. 블록체인 기술을 기업에 적용하기에 앞서 자사의 어느 업무 영역에 블록체인 기술이 필요하며, 어떻게 해야 더 큰 효과를 얻을 수 있을지에 대한 분석이 선행되어야 한다.

4. 비즈니스 프로세스별 취약점 요약 및 블록체인 기술 도입 검토(예시)

〈그림 4-3〉 비즈니스 프로세스별 취약점 요약

비즈니스 프로세스 진단 결과 확인된 업무별 취약점은 다음과 같습니다.

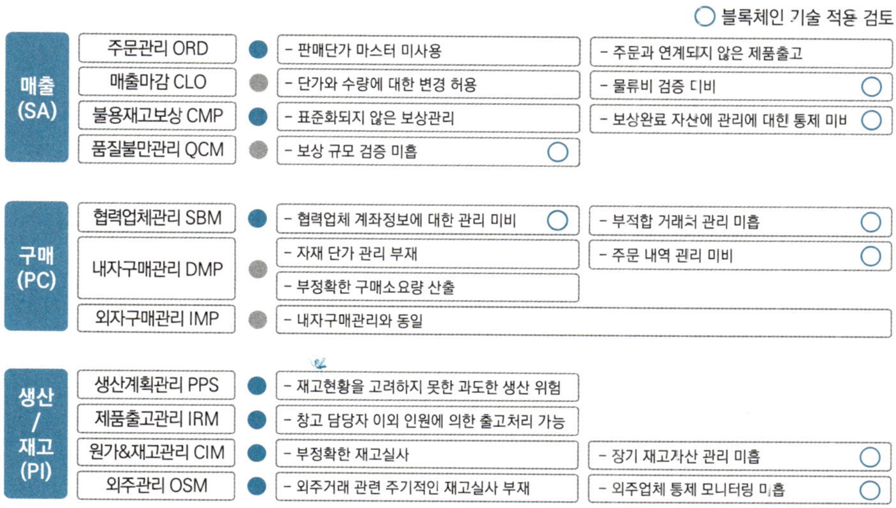

취약한 프로세스 중 블록체인 도입을 통해 개선이 가능한 부분을 '신뢰 취약점'이라 부를 수 있다. 비즈니스 프로세스의 '신뢰 취약점'은 블록체인 기술 도입을 통해 개선이 가능할 수 있다. 신뢰 취약점 개선을 목표로 블록체인 시스템을 구축하고 'to be 비즈니스 프로세스'를 설계해야 한다.

기업의 경영자는 더하기 셈법보다는 빼기의 셈법에 능해야 한다. 매출을 늘리고 비용을 줄여서 수익을 증대(더하기)시키는 것도 중요하지만, 더 중요한 것은 눈에 보이지 않는 기업의 리스크를 파악하여 혹시 있을지 모르는 위험을 낮추는(빼기) 것이다. 필자가 생각하기에 블록체인 기술은 결과가 아닌 과정을 투명하게 공유하고 기업 생태계의 플레이어들을 참여시켜서 상호 신뢰를 더할 수 있는 기술로서, 기업 내부와 외부의 조력자 더 나아가 고객과의 신뢰 관계를 형성함으로써 혹시 있을지 모를 경영환경의 위험을 감소시킬 수 있다.

이를 위해서는 블록체인 기술에 대한 검토뿐만 아니라 블록체인 도입 담당자가 비즈니스 프로세스를 이해하고 취약점을 검토하는 것이 중요하다. 기업의 자산이 디지털화된 자산인지, 사업에 중개자가 끼어 있는지, 노동집약적인지 또는 자본집약적인지 등 블록체인 기술을 도입하는 데 필요한 질문들을 던지며 비즈니스 모델을 파악해야 한다. 그리고 기술적으로 성공 가능성이 있는지 검토해야 한다. 블록체인 시스템 메인넷을 직접 만들지, 아니면 블록체인 솔루션을 사용할지도 따져봐야 한다.

블록체인 솔루션을 도입할 때는 솔루션의 특성과 기업 비즈니스 프로세스의 결이 잘 맞는지 꼼꼼히 살펴봐야 한다. 예를 들어 IBM Hyperledger는 물류 또는 유통에 적용하여, 물동의 흐름을 관리하기에 좋다. R3 Corda는 거래 당사자만의 보안 프로토콜을 지원하며 정보의 프라이버시와 보안성을 높여서 금융 산업과 결이 잘 맞는다. 이렇듯 해당 기업이 속한 업의 특성과 블록체인 시스템의 특성이 잘 맞는지 살펴봐야 한다.

기업의 'to be 비즈니스 프로세스' 요건을 상세하게 분석하여 기업 비즈니스 모델의 필요에 맞는 맞춤형 블록체인 시스템을 구축하여야 한다. 기업이 추구하는 목적에 따라 블록체인 도입 여부나 어떤 유형의 블록체인을 도입해야 할 것인지에 대한 의사결정이 달라질 수 있다.

〈그림 4-4〉 블록체인 도입을 위한 사전 체크리스트

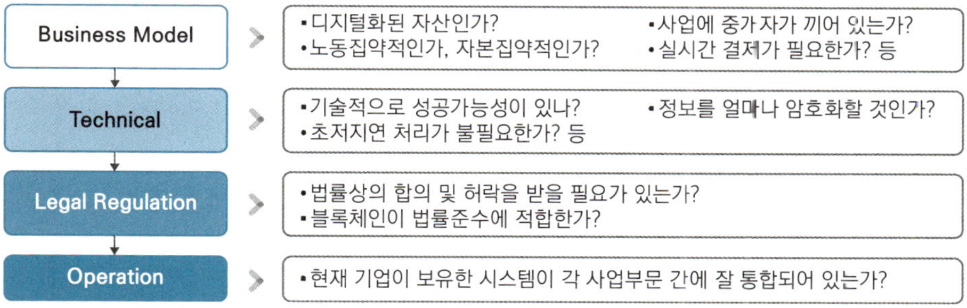

출처: Crypto 2.0 Musings-Blockchain Disruption Evaluation, Alex Batlin
Note 1) KORBIT 재인용

비즈니스에 블록체인 시스템을 도입할 때는 세부적인 기술 검토도 이뤄져야 한다.

기업은 블록체인을 설계할 때 발생하는 거래를 단일 블록체인 시스템에서 처리해야 한다고 생각할 수 있다. 그러나 거래가 발생한 후에 거래가 블록체인 네트워크에 전파되어 확정되기까지는 시간이 걸리기 때문에 빠른 처리가 필요한 서비스는 다른 곳에서 처리한 후 결과만을 블록체인 시스템에 올리는 것이 더 효율적이다. (단일) 블록체인 시스템 내부에서 일어나는 거래를 온체인(on-chain) 거래, (단일) 블록체인 시스템 외부에서 일어나는 오프체인(off-chain)거래라고 부른다.

프라이버시 측면에서 살펴보면 블록체인에 올라가는 모든 거래 정보는 공개 장부를 통해서 모든 사람에게 공개된다. 따라서 공개가 되어서는 안 되는 회사의 기밀정보 정보가 담겨 있는 거래를 발생시켜야 할 때는 오프체인 거래로 처리해야 한다.

〈표 4-1〉 온체인과 오프체인 정보 관점에서 비교

구분	온체인(블록체인 내부)	오프체인(블록체인 외부)
저장 대상	합의가 필요한 거래 정보	합의가 필요하지 않은 정보
정보보호	공개 가능한 정보	외부 공개 불가능한 정보
데이터 크기	작은 데이터를 주로 올림	용량이 큰 데이터를 주로 올림
변경 및 삭제	불가능	가능
속도	느림	빠름

온체인(블록체인 내부)과 오프체인(블록체인 외부)을 정보 관점에서 비교하면, 구성원 간에 합의가 필요한 정보는 온체인에 올려야 하고, 합의가 필요하지 않은 정보는 오프체인에 올린다. 기업 외부에 공개가 가능한 정보는 온체인에 올려서 공개하고, 기밀 유지가 필요한 중요한 거래는 오프체인으로 처리한다. 일단 온체인에 거래명세가 올라가서 노드 간에 합의가 이뤄지고 나면 변경 및 삭제가 불가능하므로 신중해야 한다.

오프체인의 데이터를 온체인으로 가져오는 것을 오라클(Oracle)이라 한다. 온체인에서는 탈중앙화가 가장 중요하므로 원칙적으로 블록체인 내부에서 합의가 일어나지 않은 어떤 데이터도 의존해서는 안 된다. 블록체인은 데이터 위변조가 거의 불가능한 분산 저장 기술이지만, 데이터가 블록체인 안으로 들어와야 블록체인으로 관리할 수 있다. 블록체인 밖의 데이터는 설령 국가가 보증하는 데이터라 하더라도 블록체인 관점에서는 신뢰할 수 없는 데이터인 것이다. 이것을 '오라클 문제'라고 부른다. 오라클 문제를 피하고자 외부 데이터를 받아서 이를 합의에 따라 처리하는 별도의 작은 블록체인을 만든 다음, 여기서 합의된(즉 신뢰할 수 있는) 데이터만 사용하는 방법도 있다.

블록체인 시스템의 속도가 중앙화 시스템보다 상대적으로 느리므로 데이터의 온체인에서는 크기가 작은 데이터를 주로 처리하는 것을 추천한다.

블록체인 시스템이 비즈니스 프로세스의 속도를 맞출 수 있는지도 주요한 검토 사항이다. TPS란 Transaction Per Second의 약자로, 1초당 처리할 수 있는 거래(transaction)의 개수를 뜻한다. 예를 들어 1만 TPS란 1초당 1만 건의 거래를 처리할 수 있는 속도를 말한다. 여기서 말하는 거래란, 물건을 구매하고 금액을 지급하는 일상적인 의미가 아니라, 블록체인상의 데이터(암호화폐) 이동을 의미한다. 즉 블록체인에서 거래(transaction)는 블록체인상 데이터 이동의 최소단위를 의미한다.

또한 법률상의 합의 및 허락을 받을 필요가 있는지 법률 검토도 진행해야 한다. 마지막으로, 현재 기업이 보유한 시스템이 각 사업부분 간에 잘 통합되어 있는지도 살펴야 한다.

〈표 4-2〉 기업의 블록체인 도입을 위한 자가진단 체크리스트(예시)

구분	질문 항목	주요 내용
Business Model		
a.	디지털 기반인가?	• 디지털 기반 혹은 디지털화된 자산에 적합하다.
b.	중개자가 끼어 있는가?	• 당사자 간에 신뢰가 필요하지 않은 사업 모델에 적합하다.
c.	사업이 성공 가능해 보이는가?	• 이런 새로운 가치가 제안되었을 때, 고객들이 충분한 수수료를 낼 것으로 보이는가?
d.	거의 실시간 결제가 필요한가?	• 고객, 규제 당국이나 자본상의 이유로 실시간에 가까운 결제 시스템이 필요할 때 적합하다.
e.	투명성이 필요한가?	• 고객이나 규제 당국이 자료의 투경성을 요구하는가? • 블록체인은 낮은 비용으로 데이터를 보여주는 데 적합하다.
f.	보고가 필요한가?	• 고객, 파트너, 규제 당국에 보고를 강화할 필요가 있는가? • 블록체인은 데이터의 동기화를 값싼 비용에 가능하게 해준다.
g.	노동집약적인가?	• 블록체인은 완전한 자동화를 가져오기 때문에 장기적으로 비용을 절감하는 효과가 있으며, 만약 언젠가 자동화를 도입할 예정이라면 블록체인을 통한 자동화가 더 저렴하다.
h.	자본집약적인가?	• 결제일의 지연, 운영상의 이유로 자본이 묶여 있는가? • 블록체인은 실시간 결제가 가능허 이러한 자본의 묶임을 줄여준다.
I.	레거시 기술이 많은가?	• 현재의 데이터 저장, 관리, 계산 기술이 복잡하고 오래되었는가? • 만약 이 기술들을 업그레이드할 필요가 있다면 블록체인을 활용하여 더 강하고 저렴한 기술적 효과를 고려해봄 직하다.
Technical		
a.	기술적으로 성공 가능해 보이는가?	• 현재의 시스템 요구사항이 블록체인 기술을 감당할 수 있는가?
b.	거래 정보를 얼마나 암호화할 것인가?	• 현재 퍼블릭 블록체인은 거래가 일어났음은 확인할 수 있지만 그 암호화 매커니즘으로 인해 어떤 사람들끼리 했는지는 확인할 수 없다.
c.	(public인 경우) 너무 처리량이 많지는 않는가?	• 만약 퍼블릭 블록체인을 활용할 예정이라면 현존하는 퍼블릭 블록체인의 처리속도가 아직 충분히 빠르지 않다는 것을 알아야 한다.
d.	(public인 경우) 초저지연 처리가 불필요한가?	• 퍼블릭 블록체인을 활용한 예정이라면 현존하는 퍼블릭 블록체인 중에 비트코인의 경우 10분의 지연이 있을 수 있음을 알아야 한다.

구분	질문 항목	주요 내용
Legal Regulatory		
a.	법률 규제가 있는가?	• 법률상의 합의 및 허락을 받을 필요가 있는가? • 블록체인 스마트 컨트랙트의 데이터 동기화, 암호화, 순차적인 기입은 회계 추적 및 법률 준수에 적합하다. 만약 이런 사항들을 도입할 필요가 있다면 블록체인을 도입하는 것이 비용면에서 유리하다.
Operational		
a.	통합이 잘되어 있는가?	• 만약 현존하는 시스템이 잘 통합되어 있다면, 그 시스템에는 블록체인을 적용하지 않는 것이 좋다. • 독립되어 있고, 다른 시스템이나 비즈니스에 영향을 받지 않는 사업에 우선적으로 블록체인을 도입하는 것이 좋다.

출처: Crypto 2.0 Musings-Blockchain Disruption Evaluation, Alex Batlin
Note 1) KORBIT 재인용

이처럼 기업이 블록체인을 도입할 때에는 기업의 비즈니스 성숙도 및 특징에 따른 블록체인 도입 및 활용 전략 수립이 필요하다.

〈그림 4-5〉 블록체인 도입 방법 프레임워크

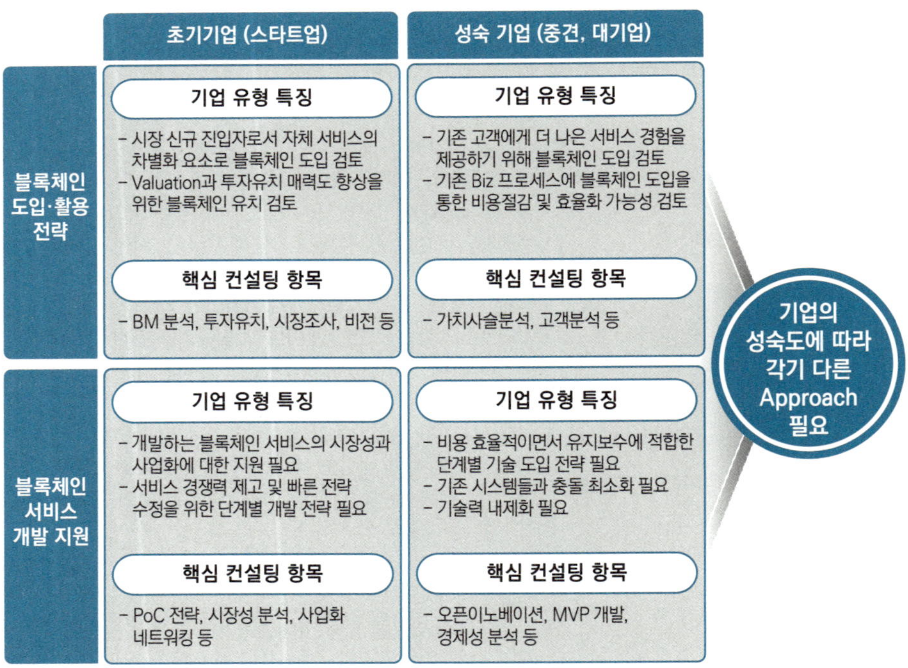

2절 블록체인 기술과 오픈이노베이션

1. 오픈이노베이션

오픈이노베이션(open innovation)은 기업이 혁신을 위해 사내 자원에만 의존하지 않고 대학이나 다른 기업과의 협력을 적극적으로 활용한다는 개념이다. 기업 내부 인력 중심으로 개발을 수행하며 폐쇄적인 혁신(closed innovation)을 해오던 기업들은 경영환경의 빠른 변화와 혁신의 불확실성이 증가하는 상황에 직면하자 오픈이노베이션이란 생존전략을 채택하게 되었다.

오픈이노베이션

[Open Innovation]

"기업들이 연구 및 개발 상업화 과정에서
다른 기업이나 대학·연구소 등
외부 기술과 지식을 활용해
효율성을 높이는 기술 혁신 전략"

- 헨리 체스브로 교수, UC Berkeley, 2003 -

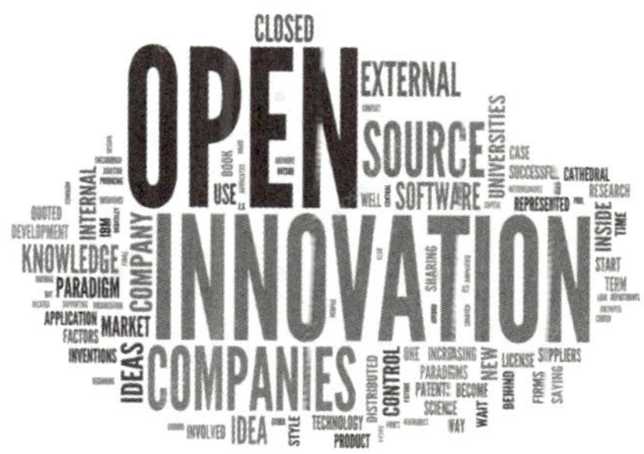

외부의 자원을 기업 혁신에 활용하는 오픈이노베이션 전략이 왜 화두가 되었는지 배경을 살펴보자. 초기의 오픈이노베이션은 연구 및 기술개발 활동에만 초점이 맞춰져 있었다. 그러다가 점차 사업전략 수립, 구매, 생산, 마케팅 프로세스 등 기업의 가치사슬 전반의 혁신 활동을 포괄하게 되었다. 대표적인 사례로, 샤오미의 경영전략을 꼽을 수 있다.

샤오미는 '미펀(米粉)'으로 불리는 샤오미 팬 수백만 명과 수천만 사용자로부터 개선점과 아이디어를 받아 제품에 반영한다. 샤오미의 고객들은 스스로 홍보를 하거나 입소문 등을 통하여 샤오미의 제품을 홍보한다. 즉, 모든 고객이 샤오미의 기획자 겸 판매담당자가 되는 오픈이노베이션 전략으로, 초기 연구·개발에만 치중하던 오픈이노베이션 전략을 확장하여 성공한 베스트 사례로 꼽을 수 있다.

〈그림 4-6〉 오픈이노베이션의 부상 배경

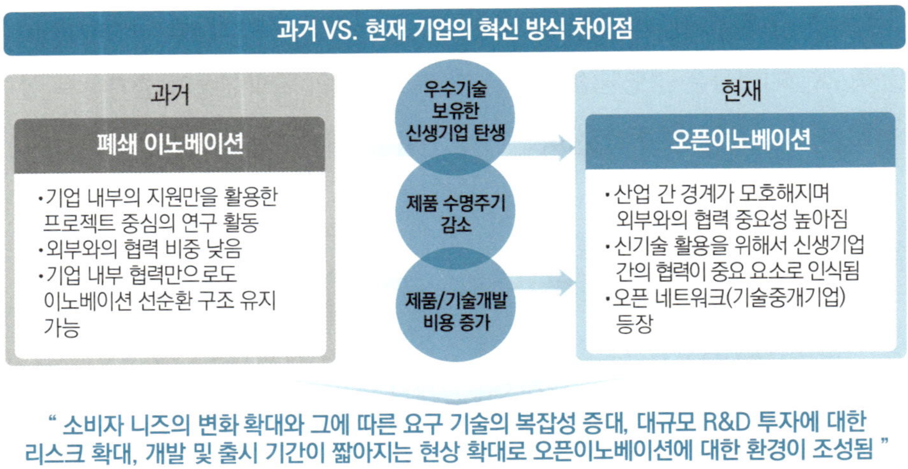

오픈이노베이션 유형은 외부와의 연계 정도에 따라 여러 유형으로 나뉜다. 첫 번째는 기업조직 외부에서 내부로 들어오는 방식(outside-in)이다. 외부의 지식이나 기술의 조달, 유통이나 생산을 위한 공급자 조달, 외부 지식재산권(IP)에 대한 라이선스 등의 유형이 있다.

두 번째는 기업 내부에서 외부로 나가는 방식(In side-out)이다. R&D 업무 아웃소싱, IP 포트폴리오 활동, 내부 지식재산권(IP)에 대한 라이선스 허락, 스핀오프(Spin-off) 및 사업부 매각 등의 유형이 있다.

세 번째는 기업과 외부 대학 또는 연구기관이 공동으로 개발하는 유형, 네 번째는 기업 내부에 사내벤처와 같은 혁신 프로그램을 운영하는 유형이 있다.

기업의 지속적인 성장과 이익 극대화를 위해 기술혁신 과정에서부터 외부 자원을 적극적으로 활용하는 오픈이노베이션 유형을 채택하는 기업이 늘고 있다. 개발 비용의 증가와 제품 수명 주기 단축 등 빠른 경영환경 변화에 우연하게 적응하기 위해 오픈이노베이션을 도입하는 기업이 점차 늘고 있다. 오픈이노베이션을 통하여 기업은 상호 보완적인 자원과 기술을 얻을 수 있고, 혁신 과정에서의 위험과 비용을 줄일 수 있다.

기업의 비즈니스 영역별 오픈이노베이션 주요 내용과 추진 사례는 〈그림 4-7〉과 같다.

〈그림 4-7〉 비즈니스 분야별 오픈이노베이션 추진 영역 및 사례

분야	영역 및 유형	주요 내용	예시
제품기획	Idea Collaboration	외부 전문가/대중이 제안한 아이디어에 기반한 제품 컨셉 도출	ALESSI 다양한 산업의 디자인 전문가 풀을 활용하여 혁신적인 생활용품 설계
제품기획	Design Collaboration	다양한 산업의 디자인 전문가 풀을 활용하여 기존 틀을 깨는 설계	
제품기획, R&D	집단 지성/공모	자발적 참여자들의 아이디어를 제품 기획이나 기술개발/개선에 반영	TESLA 파나소닉, 도요타, 로터스 등과 전기자동차 공동개발
R&D	공동 연구	외부 기관과의 협약을 통한 공동 연구 및 개발	
R&D	기술 구매 및 M&A	유망 기술 및 이력 확보를 위한 기업 인수, JV, 지분 투자	
생산	주문형 생산	공격적 목표달성을 위한 지속적인 가이드 및 설비/공정 관련 선수금 지원	협력사의 혁신 실행을 위한 투자
마케팅	온라인 마케팅	목표 고객군의 접근성이 높은 온라인 마케팅 채널 선별 및 활용	미펀을 활용한 팬덤 마케팅

오픈이노베이션은 일반적으로 다섯 단계를 거쳐 진행된다.

첫 번째 단계는 프로젝트 전략 기획 단계이다. 기업 및 산업 동향을 분석하고 오픈이노베이션의 목적을 결정한다.

두 번째는 오픈이노베이션의 모델을 결정하는 단계이다. 오픈이노베이션 유형별 비용 및 예상 성과를 분석하고, 오픈이노베이션을 통해 진행할 프로젝트의 범위를 결정한다.

세 번째는 후보 기업을 선발하는 단계이다. 협력 대상 기업 및 스타트업을 심사하여 필터링하고 선발한다. 가장 경쟁력이 있는 후보 기업을 방문한 후 기술을 검토하고 시너지 효과를 고려한다.

네 번째 단계는 Proof of Concept(POC) 단계이다. POC 진행 및 후보 기업을 사업 제휴 파트너로 승인을 얻는다.

마지막 다섯 번째는 투자를 진행하는 단계이다. 공동 개발 프로젝트를 출시함과 동시에 파트너 기업에 대한 투자 및 인수를 진행한다.

2019년 딜로이트에서 발표한 전 세계 국가들의 오픈이노베이션 현황을 살펴보면, 오픈이노베이션에 가장 적극적인 국가는 네덜란드, 스위스 등의 유럽 국가들이었다. 북미 역시 대부분 산업 분야에서 오픈이노베이션이 활발히 이뤄지고 있다. 한국의 경우 전 세계에서 12위, 아시아에서는 두 번째로 높은 오픈이노베이션 도입률을 보인다.

〈그림 4-8〉 전 세계 오픈이노베이션 추진 현황

유럽 및 북미 지역 산업별 오픈이노베이션 활용 비율(%)

"다양한 산업군에서 과반수의 기업이 오픈이노베이션 전략 도입 및 추진 중"

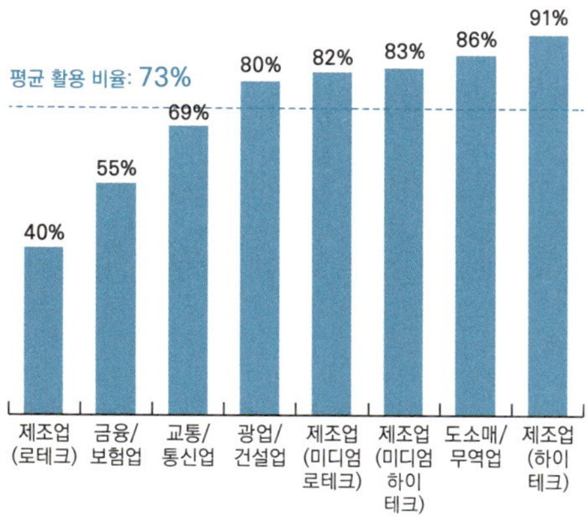

전 세계 국가별 오픈이노베이션 도입 순위(2018년 기준)

순위	국가	지역	오픈이노베이션 도입 점수
1	Switzerland	EUR	68.40
2	Netherlands	EUR	63.32
3	Sweden	EUR	63.08
4	United Kingdom	EUR	60.13
5	**Singapore**	**ASIA**	**59.83**
6	United States of America	NAC	59.81
7	Finland	EUR	59.63
8	Denmark	EUR	58.39
9	Germany	EUR	58.03
10	Ireland	EUR	57.19
11	Israel	EUR	56.79
12	**Korea, Republic of**	**ASIA**	**56.63**
13	**Japan**	**ASIA**	**54.95**
14	**Hong Kong(China)**	**ASIA**	**54.62**
15	Luxembourg	EUR	54.53
16	France	EUR	54.36
17	China	OCN	53.06
18	Canada	NAC	52.98
19	Norway	EUR	52.63
20	Australia	OCN	51.98
21	Austria	EUR	51.32
22	New Zealand	OCN	51.29
23	Iceland	EUR	51.24
24	Estonia	EUR	50.51
25	Belgium	EUR	50.50
26	Malta	EUR	50.29
27	Czech Republic	EUR	48.75

출처: Deloitte Analysis, Research & Technology Management, Global Innovation Index

국내에서 오픈이노베이션에 가장 적극적인 분야는 제약, 바이오 산업군이다. 국내 제약, 바이오 산업의 성장을 위한 방편으로 오픈이노베이션 전략이 주목받고 있는데. 주목할 점은 신약개발을 외부의 조직과 연계하는 오픈이노베이션을 했을 때 얻어지는 결과다. 오픈이노베이션을 통해 진행된 신약개발의 성공확률은 34%로, 기업 자체적으로 운영한 R&D 방식의 성공률인 11% 대비 3배 이상 높게 나타났다.

오픈이노베이션의 정의, 필요성, 유형에 대해서 살펴보았다. 지금부터는 오픈이노베이션이라는 경영전략이 왜 블록체인 기술과 밀접한 관계가 있는지 알아보겠다.

2. 블록체인과 오픈이노베이션

1) 오픈이노베이션의 블록체인 기술 적용

오픈이노베이션은 기업의 21세기 생존전략이다. 소비자들의 성향이 빠르게 바뀌고 산업 간 경계가 허물어지면서 제조업이 유통업을 하고, 유통기업이 콘텐츠를 생산해야 하는 필요가 생겼다. 점점 더 치열해져 가는 경영환경에서 한 기업이 이 모든 산업 분야를 다 잘할 수는 없으니, 기업의 핵심 분야를 내세우고 필요 분야에 강점이 있는 외부 기업과의 협력을 통해서 비용을 최소화하고 이윤을 극대화하는 생존전략을 펴게 되었다. 이것이 오픈이노베이션이다. 오픈이노베이션에서도 협력 주체 간의 기술개발을 위해 각자가 소유한 정보를 투명하게 공개하고 신뢰에 기반을 둔 협력관계를 구축하는 것이 핵심이다.

〈그림 4-9〉 신뢰 기반의 블록체인과 오픈이노베이션

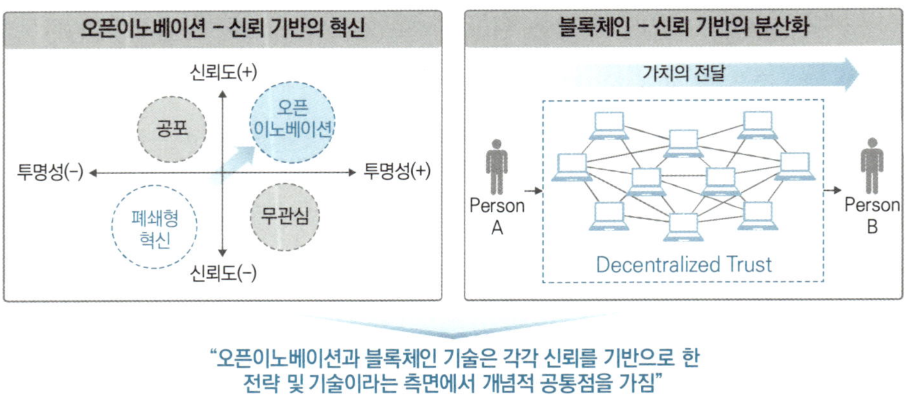

오픈이노베이션 프로젝트를 진행하면서 상호 조직 간 정보의 유출은 불가피하다. 따라서 상호 신뢰를 바탕으로 한 비밀유지가 성공적인 오픈이노베이션의 필수 조건이다. 서로 다른 조직이 신뢰를 기반으로 공동의 업무를 수행해나가는 오픈이노베이션의 업무수행 방식은 중앙의 감독기관 없이 참여자들이 투명하

게 정보를 공개하고 정보를 직접 상호 검증함으로써 정보를 신뢰할 수 있게 하는 블록체인 기술과 똑 닮았다. 오픈이노베이션 경영전략을 디지털 기술로 구현한 것이 블록체인 기술이라고 봐도 될 정도로 유사하다.

각기 다른 기업이 모여 오픈이노베이션 방식으로 업무를 진행할 때, 중요한 정보의 공개가 불가피하다. 상대방을 향한 신뢰가 없는 상황에서 상대방의 정보가 진짜임을 믿어야 하는 상황은 블록체인의 작업증명을 통한 정보 검증의 상황과 똑 닮았다.

오픈이노베이션 프로젝트를 진행할 때 블록체인 기반의 시스템 안에서 작업한다면 더 효과적일 것이다. 오픈이노베이션에 참여하는 기업들은 업무를 진행하면서 그 내용을 분산원장에 기록하고, 참여기업들은 각각이 노드가 되어 내용을 검증하고 합의하는 과정을 이행한다. 그리고 보안을 위해서 블록체인의 해시 암호화 프로토콜을 사용하면 된다. 오픈이노베이션과 블록체인 기술은 각각 신뢰를 기반으로 한 전략 및 기술이라는 측면에서 개념적 공통점을 가지고 있다. 이 개념적 공통점을 바탕으로 향후 기업과 기업 간의 오픈이노베이션에 블록체인 기술의 적용이 보편화될 것이다.

2) 기업의 블록체인 도입 시 오픈이노베이션의 필요성

기업의 블록체인 기술을 도입할 때도 오픈이노베이션 전략이 필요하다. 블록체인 기술 도입 시 오픈이노베이션이 필요한 이유를 블록체인의 기술적 특성, 기업 외부요인, 기업 내부요인으로 나눌 수 있다.

(1) 블록체인의 기술적 특성

- 기술개발의 복잡성: 블록체인 기술은 신기술인 만큼 기존 소프트웨어 개발사를 포함하여 개발 역량을 갖춘 회사 외의 조직으로서는 자체개발이 쉽지 않다. 외부 전문 인력과의 협업이 효과적이다.
- 네트워크 효과: 참여 네트워크가 넓을수록 참여자의 효용이 커지는 기술의 특성상 외부와의 협업을 통한 기술 도입이 향후 네트워크 확장에 도움이 된다.

(2) 기업 외부요인

- 빠른 외부 환경변화: 블록체인 산업은 빠른 환경변화로 인하여 환경변화 속도에 맞춰 적절한 기술을 빠르게 수급할 수 있는 체계가 요구된다. 외부 파트너와의 전략적 제휴가 필요한 요인이다.
- 잠재적 협력사 풀(pool)의 증가: 잠재적 협력사인 국내외 블록체인 기술개발 스타트업 및 SI 업체들이 지속적으로 늘어나고 있다. 이에 따라 해당 블록체인 기술개발 업체와 대기업 간의 협력 사례도 꾸준히 증가하고 있다.
- 우호적인 지원 환경: 액셀러레이터 및 대기업 CVC 등이 오픈이노베이션 지원 사업을 지속해서 실시하고 있어 희망기업에 유리한 환경이 조성되고 있다.

(3) 기업 내부요인

- 순환 인적 구조: 기업 내 신기술 도입 담당 유관부서의 주기적 인사이동으로 도입과 관련한 담당자의 의사결정 및 실행력이 저하된다. 블록체인 담당이 바뀌면 블록체인 기술에 대한 스터디부터 다시 시작할

가능성이 크다. 외부 전략적 파트너사에 블록체인의 기술적인 개발 부분을 맡기고 내부 인력은 블록체인 기술의 비즈니스 적용 부분을 맡아 업무가 지속해서 이어지도록 하는 것도 좋은 방법이다.

- 내부 경쟁으로 인한 폐쇄성: 기업 내 블록체인 도입 유관부서 간의 내부 경쟁 탓에 기업 내부의 정부 공유 폐쇄성이 전사 차원의 시너지를 저해할 수 있다. 오히려 외부조직과 전략적 협업을 하는 것이 내부의 결속력을 높일 수 있다.

빅데이터, AI, 클라우드, IoT 등 4차 산업혁명 요소기술의 방대하고 복잡한 융합이 보편화하여 단일 기업 내부 역량과 기술에만 의존하는 전통적인 방식으로는 한계가 존재한다. 단순히 내부의 인력 중심으로 개발(R&D)에 투자하여 기술 역량을 키워나가는 전통적 방식으로는 블록체인 기술을 비롯한 디지털 변화 속도를 따라가기 어렵다. 필요하다면 오픈이노베이션을 통해 내부 자원과 지식을 기업 외부에 공개하고, 외부의 조직으로부터 회사에 필요한 혁신 기술과 아이디어를 끌어와야 한다. 그래서 성공 확률을 높이고, 실패 비용을 줄여야 한다. 신뢰할 수 있는 프로토콜을 통하여 내부의 전략적 비즈니스 자원을 외부와 공유하고, 외부로부터는 기업 혁신에 필요한 블록체인 기술과 인력을 끌어와서 새로운 확장을 시도해야 한다. 이것이 실패를 줄이며 성공 확률은 높이는, 오픈이노베이션을 통한 블록체인 기술 도입 전략이다.

2장 블록체인을 이용한 비즈니스 모델 사례

1절 블록체인 시장 동향

블록체인은 2008년 사토시 나카모토라는 익명의 개발자가 비트코인을 발표하면서 처음으로 세상에 알려졌다. 비트코인은 금융기관과 같은 중개자 없이 안전하게 디지털 화폐를 주고받을 수 있는 새로운 개념을 제시했다. 처음에는 암호화폐와 금융 분야에서 주목받기 시작했지만, 이후 빠른 기술적 진보와 함께 다양한 산업 분야로 그 영향력이 확대되기 시작했다.

최근 몇 년 사이 글로벌 블록체인 시장은 눈에 띄게 빠른 속도로 성장하고 있다. 글로벌 시장 조사 기관의 보고서에 따르면, 2025년 글로벌 블록체인 시장 규모는 약 2,800억 달러로 확대될 것으로 예상되며, 이후에도 연평균 45% 이상의 높은 성장률을 기록하여 2030년에는 그 규모가 1조 달러를 넘어설 것으로 전망된다. 이처럼 높은 성장률은 블록체인이 가진 독특한 기술적 특성과 산업 전반의 디지털 전환 추세와 맞물리면서 더욱 가속화되고 있다.

블록체인의 핵심 기술은 분산원장 기술(DLT, Distributed Ledger Technology)이다. 이 기술은 중앙의 서버가 아니라 여러 참여자가 동일한 원장을 동시에 공유하고 서로 검증하는 방식으로 데이터를 관리한다. 과거에는 금융 거래, 계약 체결, 데이터 검증 등의 업무에 반드시 신뢰할 수 있는 중개기관이 필요했지만, 블록체인 기술을 사용하면 이러한 중개기관 없이도 데이터의 신뢰성을 유지할 수 있다.

블록체인 기술은 특히 데이터 보안성과 투명성 측면에서 강점을 보인다. 데이터가 한 번 블록에 기록되면 변경이나 삭제가 사실상 불가능하기 때문에 데이터 위변조와 해킹 위험이 현저히 낮아진다. 이로 인해 기업과 기관은 데이터 관리의 신뢰성을 획기적으로 높이고 운영 비용을 절감할 수 있게 되었다. 최근에는 이러한 특성을 살려 금융, 물류, 헬스케어, 공공 서비스 등 다양한 산업이 블록체인을 활발히 도입하고 있다.

금융 산업은 블록체인을 가장 먼저 도입한 대표적인 분야로, 거래 처리 속도를 높이고 거래 비용을 낮추며 보안성을 강화하는 성과를 올리고 있다. 최근 JP모건과 골드만삭스 같은 글로벌 금융기관들은 블록체인을 이용한 자산 토큰화, 디지털 통화, 채권 발행 등 혁신적인 금융 서비스를 선보이며 금융 생태계를 변화시키고 있다.

물류 산업에서도 블록체인의 활용이 두드러지고 있다. IBM과 머스크(Maersk)는 블록체인을 활용하여 글로벌 해운 물류 플랫폼인 '트레이드렌즈(TradeLens)'를 개발했고, 월마트 같은 글로벌 유통업체들은 블록체인을 이용하여 공급망의 투명성을 높이고 물류 이력을 빠르게 추적하고 있다. 이처럼 블록체인은 공급망에서 데이터의 실시간 공유와 신뢰성을 확보해 기업과 소비자 모두에게 큰 이점을 제공한다.

헬스케어 분야에서도 블록체인의 잠재력이 주목받고 있다. 의료기관들은 블록체인 기술을 활용해 환자의 의료 기록을 안전하게 관리하고 데이터 공유의 효율성을 높이고 있다. 특히 최근 코로나19 팬데믹 상황에서 의료 데이터의 신뢰성 확보와 관리의 중요성이 강조되면서 의료 분야에서 블록체인의 활용이 더욱 활발해졌다.

공공서비스 분야에서도 블록체인의 도입 사례가 증가하고 있다. 대표적으로 전자투표 시스템, 토지 등기, 정부 계약의 투명한 관리 등 다양한 영역에서 활용되고 있다. 에스토니아는 이미 국가 차원의 블록체인 기반 전자정부 서비스를 성공적으로 운영하고 있으며, 미국과 영국, 한국 등 여러 국가들도 공공서비스에 블록체인을 적극적으로 활용하기 위한 연구와 시범 사업을 추진하고 있다.

2020년 이후 코로나19 팬데믹은 전 세계적으로 디지털 경제로의 전환을 가속화했다. 재택근무, 비대면 회의, 온라인 쇼핑 등이 일상화되면서 신원 인증, 데이터 보안, 공급망 관리 분야에서 디지털 신뢰 기술인 블록체인에 대한 수요가 급격히 증가하였다. 그중에서도 특히 주목받는 것이 분산신원증명(DID, Decentralized Identity) 기술이다.

DID는 중앙 집중식 데이터 관리에서 벗어나 개인이 자신의 신원 정보를 직접 통제하고 필요한 데이터만 선택적으로 제공할 수 있도록 지원하는 기술이다. 이 기술은 개인 정보 보호를 강화하고 데이터 유출이나 신원 도용 문제를 최소화할 수 있다는 장점을 가진다. 이러한 이유로 DID 시장은 빠르게 성장하고 있으며, 2024년까지 글로벌 시장 규모가 약 120억 달러로 예상되며 이후에도 연평균 70% 이상의 높은 성장률을 기록할 것으로 보인다.

블록체인의 도입과 확산은 단지 기술적 혁신만이 아니라 경제 전반에도 실질적인 효과를 가져온다. 세계경제포럼(WEF)은 블록체인의 적극적인 활용이 이루어질 경우 2030년까지 글로벌 GDP가 약 1.76조 달러 증가할 것으로 분석하였다. 특히 공급망 관리, 금융 서비스, 신원 인증 분야가 블록체인 기술 도입을 통해 가장 큰 경제적 혜택을 받을 것으로 기대된다.

이러한 경제적 효과는 단지 단기적 성과에 그치지 않고, 앞으로 장기적으로 산업 구조 전반을 변화시킬 가능성이 크다. 블록체인 기반의 새로운 비즈니스 모델이 지속적으로 등장하고 있으며, 이를 이해하기 위해서는 산업별로 실제로 블록체인이 어떻게 적용되고 활용되는지에 대한 지속적인 연구와 학습이 필요하다.

블록체인의 이러한 급속한 성장은 앞으로도 계속될 것으로 예상되며, 기술의 변화와 산업 응용의 추세를 주의 깊게 관찰하는 것이 중요하다. 지속적으로 등장하는 글로벌 사례와 신기술 동향을 학습하면서, 블록체인 기술의 미래를 준비할 필요가 있다.

1. 글로벌 기업들의 블록체인 기술 도입 사례

글로벌 기업들도 블록체인과 디지털 자산 활용에 적극적으로 참여하고 있다. 대표적인 사례가 바로 IBM이다. IBM은 블록체인 기술 분야에서 가장 활발히 활동하는 기업 중 하나로, 현재 1,500명 이상의 전문가가 블록체인 관련 연구와 개발에 참여하고 있다. IBM의 대표 솔루션인 '하이퍼레저 패브릭

(Hyperledger Fabric)'은 금융, 공급망, 헬스케어 등 여러 산업 분야에서 널리 사용되고 있다. 특히 IBM이 개발한 '푸드 트러스트(Food Trust)' 시스템은 식품의 생산부터 소비자에게 전달되기까지 전 과정을 블록체인으로 투명하게 관리하는 솔루션이다. 이 시스템에는 월마트, 네슬레, 까르푸와 같은 글로벌 식품 기업들이 참여하고 있으며, 이를 통해 식품 리콜 시간을 기존의 약 7일에서 단 2.2초로 단축시키는 성과를 올렸다. 이 같은 블록체인 기반 공급망 관리는 앞으로 기업들이 식품 안전성뿐 아니라 다양한 산업의 공급망 관리에 혁신을 일으킬 수 있는 중요한 사례가 될 것으로 평가된다.

아마존 웹 서비스(AWS) 역시 블록체인 기술을 적극적으로 도입하고 있다. AWS는 기업들이 블록체인을 쉽게 도입할 수 있도록 '아마존 매니지드 블록체인(Amazon Managed Blockchain)' 서비스를 제공하고 있다. 이 서비스를 통해 기업들은 복잡한 인프라 구축 없이 하이퍼레저 패브릭과 이더리움 기반 블록체인 네트워크를 간편하게 구축하고 관리할 수 있다. 또한 개발자들이 퍼블릭 이더리움 메인넷이나 테스트넷에 손쉽게 접속할 수 있도록 지원함으로써 블록체인 애플리케이션(DApp) 개발의 진입 장벽을 낮추고 있다.

구글 클라우드 역시 최근 블록체인과 디지털 자산 관련 서비스에 큰 관심을 보이고 있다. 2022년에 구글은 디지털 자산팀을 신설하고 블록체인 기반 제품 개발을 본격화했다. 구글의 '빅쿼리 크립토(BigQuery Crypto)' 서비스는 비트코인과 이더리움 등 주요 블록체인 네트워크의 데이터를 쉽게 분석할 수 있는 도구를 제공하여 개발자와 연구자들에게 유용한 정보를 제공한다. 또한 금융 서비스 기업들과 협력하여 블록체인 기술 기반 결제 및 정산 시스템 개발에도 적극 참여하고 있다.

마이크로소프트 역시 '애저 블록체인 워크벤치(Azure Blockchain Workbench)' 서비스를 통해 블록체인 애플리케이션을 쉽고 빠르게 개발 및 배포할 수 있도록 지원하고 있다. 특히 마이크로소프트는 신원 관리 분야에서 블록체인 기술을 활발히 활용하며, '마이크로소프트 아이덴티티 오버레이 네트워크(Microsoft Identity Overlay Network)'를 통해 개인이 직접 자신의 신원 데이터를 관리하는 자기주권형 신원(Self-Sovereign Identity)을 구현하고 있다. 이는 사용자 개인정보 보호의 중요성이 높아지는 추세에서 향후 신원 관리 및 인증 분야의 표준으로 자리 잡을 가능성이 크다.

알리바바는 2016년부터 블록체인 기술에 투자하며, 특허 출원 건수에서 글로벌 선두를 차지하고 있다. 알리바바의 금융 계열사인 앤트그룹(Ant Group)은 자체 블록체인 플랫폼 '앤트체인(AntChain)'을 운영하며, 공급망 금융, 제품 추적, 디지털 저작권 보호 등 다양한 분야에 블록체인 기술을 적용하고 있다. 특히 앤트그룹은 마오타이 등 고급 주류 브랜드와 협력하여 블록체인 기반의 정품 추적 서비스를 제공하고 있으며, 이를 통해 위조품 유통을 방지하고 소비자 신뢰를 높이고 있다.

텐센트는 '텐센트 블록체인(Tencent Blockchain)'을 통해 금융, 게임, 의료 등 다양한 분야에 블록체인 기술을 적용하고 있다. 특히 텐센트는 중국 인민은행과 협력하여 디지털 위안화 시범 사업에 참여하고 있으며, 텐센트의 소셜 미디어 플랫폼 위챗을 통해 디지털 위안화 지갑 서비스를 제공하고 있다. 또한 텐센트는 '텡종베이(騰中北)' 블록체인 컨소시엄을 구축하여, 금융 기관들과 함께 블록체인 기반의 공급망 금융 및 무역 금융 플랫폼을 운영하고 있다.

바이두(Baidu)는 '슈퍼체인(Super Chain)' 블록체인 플랫폼을 개발하여 지적재산권 보호, 의료 정보 관리, 금융 서비스 등에 활용하고 있다. 특히 바이두는 '퇴잉(Totem)' 프로젝트를 통해 블록체인 기반의 이미지 저작권 보호 서비스를 제공하고 있으며, 이를 통해 디지털 콘텐츠 창작자의 권리를 보호하고 있다. 또한 바이두는 '바이두 샹롄(Baidu Xuperchain)'을 오픈소스로 공개하여 개발자들이 쉽게 블록체인 응용 프로그램을 개발할 수 있도록 지원하고 있다. 이는 중국 내 블록체인 생태계 확장과 기술 혁신 촉진에 기여하고 있다.

글로벌 기업들의 이러한 블록체인 기술 활용 사례는 단순한 기술적 혁신을 넘어, 앞으로 기업들의 비즈니스 프로세스와 가치 창출 방식에 근본적인 변화를 가져올 수 있음을 시사한다. 이와 같은 혁신은 지속적으로 발전할 것이며, 투자자나 기술 개발자는 블록체인의 기술적 진보뿐 아니라 산업 내 실제 적용 사례들을 꾸준히 모니터링하며 미래를 준비하는 것이 중요하다.

2. 공급망 및 물류 분야 활용 사례

월마트는 블록체인 기술을 활용하여 식품 이력 추적 시스템을 구축함으로써 공급망의 투명성과 안전성을 획기적으로 향상시켰다. 이 시스템은 제품의 원산지부터 가공, 유통, 판매에 이르는 모든 과정을 실시간으로 기록하고 관리한다. 과거에는 식품의 원산지와 유통 이력을 파악하는 데 최대 7일까지 걸렸지만, 블록체인 기술을 적용한 후에는 이를 단 2.2초 만에 처리할 수 있게 되었다. 대표적인 사례로, 망고의 유통 경로 추적이 극적으로 빨라지면서 소비자 안전뿐 아니라 기업 신뢰성도 함께 향상되었다. 이와 같은 성공 사례는 다른 식품 기업들에게도 블록체인 기술 도입을 촉진하는 계기가 되고 있다.

세계 최대 해운 물류 기업인 머스크(Maersk)는 IBM과 협력하여 블록체인 기반의 물류 플랫폼인 '트레이드렌즈(TradeLens)'를 개발했다. 이 플랫폼은 해운과 물류 전 과정의 문서 처리를 디지털화하여 정보 공유를 효율화하고 비용과 시간을 대폭 절감시켰다. 현재 전 세계 100개 이상의 항만과 물류 업체가 참여하여 연간 1,000만 개 이상의 컨테이너 정보를 실시간으로 관리하고 있으며, 문서 처리 시간은 최대 40%까지 감소했다. 이를 통해 글로벌 물류 네트워크의 투명성과 효율성을 크게 높이는 성과를 얻었다.

중국 알리바바 그룹의 물류 자회사인 차이냐오(Cainiao) 역시 블록체인 기술을 적극적으로 활용하여 글로벌 물류 관리 시스템을 구축하고 있다. 이 시스템에서는 50개국 이상에서 수입되는 약 3만여 종의 상품 정보가 블록체인에 기록된다. 이를 통해 상품의 원산지, 품질, 유통 경로 등의 데이터를 투명하게 관리하며 소비자에게 정확한 상품 정보를 제공할 수 있게 되었다. 특히 위조품 문제가 많은 고급 주류나 화장품 같은 상품에 대해서는 블록체인 기반의 진품 인증 시스템을 제공함으로써 소비자 신뢰를 높이고 전자상거래 산업 전반의 신뢰성을 강화하는 데 기여하고 있다.

징둥(JD.com)은 자체 블록체인 플랫폼 'JD 체인(JD Chain)'을 개발하여 공급망 관리, 제품 추적, 금융 서비스 등에 활용하고 있다. 특히 징둥물류는 블록체인 기술을 활용한 물류 추적 시스템을 구축하여, 제품의 생산, 운송, 보관, 배송 전 과정을 투명하게 관리하고 있다. 이를 통해 징둥은 물류 효율성을 높이고, 소비자에게 신뢰성 있는 제품 정보를 제공하고 있다. 또한 징둥은 디지털 위안화 시범 사업에 참여하여, 징둥닷컴 플랫폼에서 디지털 위안화 결제를 지원하고 있다.

3. 금융 분야에서 블록체인 기술 활용 사례

글로벌 금융기관들도 블록체인 기술을 적극적으로 도입하여 금융 서비스의 혁신을 주도하고 있다. JP모건은 기업용 블록체인 플랫폼 '쿼럼(Quorum)'을 기반으로 자체 디지털 통화인 'JPM 코인' 시스템을 운영 중이다. 이 시스템은 은행 간 결제 및 국제 송금을 실시간으로 처리하여 기존 방식 대비 처리 속도는 빠르고 비용은 약 40%가량 절감하는 효과를 보였다. 또한 JP모건은 '오닉스(Onyx)'라는 블록체인 플랫폼을 통해 디지털 자산 거래뿐 아니라 토큰화된 예금, 자본시장 결제와 같은 다양한 금융 서비스를 제공하고 있다. 특히 2023년에는 싱가포르개발은행(DBS)과 협력하여 블록체인을 이용한 토큰화된 채권 거래와 국채를 담보로 한 대출 서비스를 성공적으로 수행하면서 금융 혁신의 가능성을 입증했다.

골드만삭스는 2020년부터 디지털 자산 트레이딩 데스크를 설립하여 기관투자자들을 대상으로 비트코인 선물 거래 서비스를 제공하고 있다. 2023년에는 블록체인 기술을 적용하여 채권 발행 과정을 디지털화함으로써 채권 발행에 걸리는 시간을 절반으로 단축시키고 비용을 25% 절감했다. 이후 2024년까지 연간 10억 달러 규모의 디지털 채권을 성공적으로 처리하면서 자본 시장의 효율성을 극대화했다. 골드만삭스 사례는 블록체인이 전통 금융의 비효율성을 개선하고 새로운 금융 모델의 가능성을 보여주는 대표적 사례로 평가된다.

글로벌 결제 네트워크 기업인 비자(Visa) 역시 블록체인 기술 도입에 적극적이다. 비자는 이더리움 기반의 스테이블코인인 USDC를 활용하여 국제 결제 시스템을 구축함으로써 결제 효율성을 높이고 수수료를 절감했다. 또한 전 세계 70개 이상의 암호화폐 거래소와 지갑 서비스 제공업체들과 파트너십을 맺고

비자 카드를 통해 암호화폐 결제가 가능한 글로벌 인프라를 확대하고 있다. 이러한 접근은 블록체인 기술이 기존의 글로벌 결제 시스템과 결합해 어떻게 새로운 금융 생태계를 구축할 수 있는지를 잘 보여준다.

마스터카드(Mastercard)는 블록체인 기반의 디지털 신원 인증과 결제 시스템 개발에 적극적으로 참여하고 있다. 대표적으로 '프로브완(Provable)' 플랫폼을 개발하여 개인 정보를 보호하면서도 신원 인증을 효과적으로 처리할 수 있는 솔루션을 제공하고 있다. 또한 여러 중앙은행과 협력하여 중앙은행 디지털 화폐(CBDC)의 개발에도 참여하며, 기존 결제 네트워크와 블록체인 기술을 융합한 차세대 결제 인프라 구축에 앞장서고 있다.

금융 분야의 블록체인 기술 적용 사례를 이해하기 위해서는 CBDC나 디지털 자산의 규제 동향도 함께 살펴보면 더욱 효과적이다. 규제가 명확해질수록 기관 투자자들의 참여가 활성화될 수 있기 때문이다. 이러한 규제 변화와 산업의 대응 방식을 함께 이해하면 블록체인 금융 시장의 미래를 더욱 잘 예측할 수 있을 것이다.

4. 글로벌 암호화폐 거래소 현황

암호화폐 거래소는 블록체인 기술의 확산과 함께 디지털 자산 생태계의 핵심 인프라로 급부상하고 있다. 최근 글로벌 암호화폐 거래소들은 단순한 거래 중개 서비스를 넘어, 다양한 금융 서비스까지 제공하는 종합 디지털 자산 플랫폼으로 빠르게 진화하고 있다.

세계 최대 규모의 거래소인 바이낸스(Binance)는 2017년 설립된 이후 급격한 성장을 이루었다. 바이낸스는 현재 350개 이상의 암호화폐를 지원하며,

하루 평균 거래량이 300억 달러 이상을 기록할 정도로 압도적인 시장 점유율을 보유하고 있다. 바이낸스는 현물 거래뿐만 아니라 선물, 마진 거래 등 다양한 형태의 거래 서비스를 제공하고 있으며, 자체 블록체인 네트워크인 'BNB 체인'을 통해 독자적인 디지털 자산 생태계를 구축하고 있다. 특히 바이낸스의 자체 토큰인 BNB는 수수료 할인과 토큰 세일 참여 등의 혜택을 제공하여 사용자 확보에 효과적으로 활용되고 있다. 최근에는 NFT 마켓플레이스와 탈중앙화 금융(DeFi) 서비스, 교육 플랫폼으로 서비스 영역을 확장하면서 디지털 금융 생태계를 주도하는 플랫폼으로 자리 잡고 있다.

미국의 대표적인 암호화폐 거래소인 코인베이스(Coinbase)는 2012년 창립 이후 사용자 친화적인 플랫폼과 뛰어난 보안성을 바탕으로 빠르게 인지도를 높였다. 특히 2021년 나스닥에 직상장하여 전통 금융시장과 디지털자산 시장의 연결을 강화하는 중요한 계기를 마련했다. 코인베이스는 100종 이상의 암호화폐를 지원하며, 일반 투자자를 위한 기본 플랫폼과 기관 투자자를 위한 고급 플랫폼 '코인베이스 프로'를 별도로 운영하고 있다. 또한 기관 투자자 전용 디지털 자산 보관 서비스인 '코인베이스 커스터디'와 암호화폐 기반 결제를 위한 '코인베이스 카드'를 제공하며 서비스의 다양화를 추진하고 있다. 최근에는 NFT 시장 진출과 탈중앙화 금융(DeFi) 서비스 확대로 디지털 자산 생태계를 더욱 폭넓게 구축하고 있다.

미국과 유럽 시장에서 강세를 보이는 크라켄(Kraken)은 2011년에 설립된 이후 거래 수수료가 낮고 높은 보안성을 유지해 온 거래소로 잘 알려져 있다. 크라켄은 특히 보안 사고가 전혀 없었던 신뢰할 수 있는 거래소 중 하나로, 투자자들에게 높은 신뢰를 얻고 있다. 최근 크라켄은 와이오밍주에서 특별 목적

예금 기관(SPDI) 자격을 얻어 'Kraken Bank'를 설립하고, 암호화폐 거래 외에도 예금 및 대출 같은 전통 금융 서비스를 결합하여 새로운 금융 서비스를 제공할 계획이다. 이는 디지털 자산이 점점 기존 금융 서비스와 통합되는 추세를 반영한 것이다.

한국을 대표하는 거래소인 업비트(Upbit)는 2017년 설립된 이래 국내 시장에서 선두적인 위치를 유지하고 있다. 200종 이상의 암호화폐를 제공하며 사용자 친화적인 인터페이스와 정확한 실시간 시세 제공으로 국내 투자자들에게 신뢰받고 있다. 업비트는 두나무의 기술력과 금융 전문성을 기반으로 서비스 안정성을 높이고 있으며, 최근에는 NFT 마켓플레이스를 출시하고 디지털 자산 수탁 서비스를 강화하며 서비스 범위를 넓히고 있다. 싱가포르와 인도네시아 등 해외 시장 진출을 통해 글로벌 거래소로의 도약을 목표로 하고 있다.

글로벌 암호화폐 거래소들은 이제 디지털 자산 생태계에서 필수적인 인프라로 자리 잡으며 전통 금융과 디지털 자산을 잇는 중요한 연결고리가 되었다. 특히 기관 투자자들의 시장 참여가 증가함에 따라 규제 준수, 보안 강화, 서비스 안정성 제고에 더욱 주력하면서 시장의 신뢰성을 확보해 나가고 있다. 거래소의 다양한 서비스 전략과 운영 방식을 이해하는 것은 디지털 자산 시장 전체의 발전 방향을 파악하는 데 매우 유익하다.

2절 블록체인을 활용한 금융 비즈니스 모델

1. 금융기관의 블록체인 도입전략

금융기관들이 블록체인 기술을 도입할 때는 일반적으로 네 가지 주요 전략을 중심으로 접근한다. 이 전략들은 서로 독립적이지 않고, 기관의 특성과 시장 환경에 따라 병행하여 추진되는 경우가 많다. 효과적인 블록체인 도입을 위해서는 기관의 역량과 목표에 맞추어 전략을 유연하게 조정하는 것이 필수적이다.

첫 번째 전략은 기관 내부의 업무 프로세스를 블록체인으로 최적화하는 것이다. 금융기관들은 주로 결제, 거래 정산, 증권 발행과 같은 업무를 효율화하는 데 블록체인을 활용한다. 기존의 복잡하고 비효율적인 절차를 블록체인의 투명성과 보안성을 이용해 간소화함으로써 시간과 비용을 절감할 수 있다.

이 전략의 대표적 사례로는 JP모건의 '오닉스(Onyx)' 플랫폼이 있다. JP모건은 오닉스를 통해 은행 간 실시간 자금 이체 시스템을 구축하여 송금 비용을 약 40% 절감하고, 거래 처리 속도를 대폭 개선했다. 전통적인 국제 결제 시스템인 SWIFT의 경우, 여러 중개은행을 거쳐야 하기 때문에 송금 과정이 길고 비용도 높았지만, 블록체인 기술을 이용하면 중개 절차를 줄이고 거래 시간을 수일에서 수분 내로 단축할 수 있다. 스페인의 산탄데르 은행은 리플(Ripple)과 협력하여 국제 송금 서비스인 '원페이 FX(One Pay FX)'를 도입했는데, 이를 통해 송금에 걸리는 시간을 크게 줄이고 수수료 역시 최대 80% 절감했다. 이처럼 블록체인을 통한 내부 프로세스 최적화는 금융기관의 효율성을 크게 높일 수 있는 중요한 전략이다.

두 번째 전략은 블록체인을 활용한 디지털 자산 서비스를 제공하여 새로운 시장을 창출하는 접근법이다. 금융기관들은 디지털 자산 거래 플랫폼 구축, 자산 수탁 서비스, 자산 관리 서비스 확장 등을 통해 고객들에게 새로운 금융 서비스를 제공하고 있다. 특히 디지털 자산 수탁 서비스는 금융기관이 고객의 자산을 대신 보관하고 관리하는 전통적 신탁(Custody) 업무를 디지털 자산에 적용한 것이다. 이러한 서비스는 기관 투자자의 디지털 자산 시장 참여를 촉진하는 중요한 역할을 하고 있다.

대표적인 사례로 피델리티는 '피델리티 디지털 애셋(Fidelity Digital Assets)'이라는 사업부를 통해 기관 투자자들에게 비트코인 거래 및 수탁 서비스를 제공하고 있다. 골드만삭스 역시 2023년 블록체인을 활용해 채권 발행 과정을 자동화하여 채권 발행 시간을 절반으로 단축하고 비용을 25% 절감하는 성과를 거두었다. 또한 BNY멜론과 스테이트 스트리트와 같은 주요 금융기관드 최근 디지털 자산의 수탁 서비스를 적극적으로 확장하며 금융시장에서 새로운 경쟁력을 확보하고 있다. 이처럼 금융기관들이 제공하는 디지털 자산 서비스는 금융기관의 전통적 역할에서 혁신적 서비스 제공자로의 변화를 상징하며, 앞으로 디지털 금융 시대를 주도하는 중요한 전략으로 자리 잡을 것이다.

세 번째 전략은 부동산, 미술품, 비상장 주식 등 실물 자산을 블록체인 기반의 토큰으로 전환하여 거래할 수 있게 하는 자산 토큰화 전략이다. 자산 토큰화는 전통적으로 유동성이 낮았던 자산을 디지털 형태로 전환하여 거래 편의성을 높이고 투자 접근성을 확대하는 효과가 있다.

영국의 바클레이스 은행은 2023년 부동산 자산을 블록체인을 통해 토큰화하여 투자 접근성을 30% 이상 높이고 거래 비용은 약 20% 절감했다. 싱가포르의

ADDX 플랫폼 역시 사모펀드, 헤지펀드, 부동산과 같은 대체투자 상품을 토큰화하여 최소 투자금액을 기존 대비 1/10 수준으로 낮춤으로써 투자 진입 장벽을 크게 낮추었다.

자산 토큰화에 사용되는 토큰은 주로 증권형 토큰(Security Token)으로 분류된다. 증권형 토큰은 소유권과 같은 법적 권리를 블록체인상의 디지털 형태로 나타낸 것으로, 주식이나 채권과 유사하게 규제와 법적 보호를 받는다. 반면, 유틸리티 토큰(Utility Token)은 특정 플랫폼이나 서비스 이용을 위한 권한을 제공하며, 투자나 소유권을 나타내지 않는다. 금융기관이 자산 토큰화 전략을 추진할 때는 이러한 토큰의 성격과 규제 요건을 정확히 이해하고 반영하는 것이 매우 중요하다. 금융기관들이 자산 토큰화를 통해 투자 접근성을 높이고 유동성을 증가시키면서 새로운 금융시장을 창출하고 있다는 점에서 이 전략의 중요성은 더욱 커지고 있다.

네 번째 전략은 금융기관이 직접 블록체인 서비스를 구축하지 않고, 유망한 블록체인 기술기업에 전략적으로 투자하여 간접적으로 시장에 참여하는 방식이다. 이러한 전략은 금융기관들이 빠르게 변화하는 기술 트렌드를 이해하고, 장기적으로 유망한 기업들과의 협력을 통해 경쟁력을 강화하기 위한 목적을 가진다.

시티그룹과 모건스탠리는 블록체인 스타트업 투자를 통해 시장의 기술적 흐름을 주도하고 있으며, JP모건은 'JP모건 상업 벤처 투자(Commercial Ventures)'를 통해 핀테크 및 블록체인 기술기업에 적극적으로 투자하고 있다. 골드만삭스 역시 'Principal Strategic Investments' 그룹을 통해 관련 기업 투자를 진행하여 기술적 혁신과 비즈니스 기회를 동시에 확보하고 있다. 이 같은 투자 전략은 금융기관이 직접 기술을 개발하거나 운영하는 부담을 줄이면서도 시장 혁신과 변화의 혜택을 충분히 누릴 수 있게 한다.

금융기관이 블록체인 도입을 성공적으로 추진하려면 명확한 비즈니스 목표 설정과 함께 기관의 역량에 적합한 블록체인 기술을 신중히 선택해야 한다. 동시에 금융 규제 환경에 대한 철저한 이해와 효과적인 대응 전략도 중요하다. 특히 자금세탁방지(AML), 고객신원확인(KYC), 개인정보 보호와 같은 규제 요건을 블록체인 시스템에 효과적으로 반영해야 지속 가능한 서비스를 제공할 수 있다.

금융기관이 블록체인 기술 도입에서 주목해야 할 또 하나의 중요한 요소는 산업 내 협력과 생태계 구축이다. 블록체인의 특성상 단일 기관의 독립적인 노력만으로는 충분한 성과를 내기 어려우므로, 컨소시엄을 구성하거나 오픈소스 프로젝트에 참여하는 등 다수의 기관 간 협력이 필수적이다. 이를 통해 금융기관은 생태계 확장과 기술 표준화를 촉진하고, 시장에서 더 큰 영향력을 발휘할 수 있다.

금융기관은 규제 기관과의 적극적인 협력을 통해 규제 리스크를 최소화하고, 블록체인 기반 서비스의 법적 확실성을 확보하여 디지털 금융 생태계의 지속 가능성을 높이고 있다. 금융규제 샌드박스나 규제 기관과의 긴밀한 협력은 혁신적인 서비스의 실험과 빠른 시장 진입을 돕는 실용적인 전략이 되고 있다. 이러한 종합적 접근을 통해 금융기관들은 블록체인을 기반으로 한 혁신을 지속적으로 확대하고, 금융시장의 미래를 선도해 나가고 있다.

2. 글로벌 금융기관의 블록체인 활용 사례

글로벌 금융기관들은 블록체인 기술을 활용하여 금융 서비스의 효율성을 높이고 새로운 비즈니스 모델을 개발하는 등 다양한 혁신을 이루고 있다. 이 사례들은 블록체인이 금융 산업에 가져올 수 있는 실제적 변화와 가능성을 구체적으로 보여준다.

JP모건은 글로벌 금융기관 중 블록체인 도입에 가장 적극적인 사례로 평가된다. 자체 개발한 기업용 블록체인 플랫폼 '쿼럼(Quorum)'을 기반으로 하는 'JPM 코인' 시스템은 국제 송금과 은행 간 결제를 실시간으로 처리할 수 있게 만들었다. 기존의 국제결제망인 SWIFT 시스템과 비교했을 때, JPM 코인은 거래 처리 시간을 최대 95%까지 단축하고 비용도 약 40% 절감하는 성과를 보였다.

JP모건의 블록체인 전담 사업부인 '오닉스(Onyx)'는 토큰화된 예금, 사모 자산의 토큰화, 은행 간 지급 결제 등 다양한 금융 영역에서 혁신적 서비스를 제공하고 있다. 특히 싱가포르개발은행(DBS)과 협력하여 토큰화된 채권 거래를 성공적으로 진행하고 국채를 담보로 한 블록체인 기반 대출 서비스로까지 영역을 확장했다. 이는 블록체인 기술이 단순히 결제 속도를 높이는 데 그치지 않고 금융기관의 핵심 인프라로 자리 잡을 수 있음을 명확하게 보여준다.

골드만삭스는 2020년 기관투자자 대상의 디지털 자산 트레이딩 데스크를 설립하고 비트코인 선물 거래 서비스를 개시했다. 나아가 2023년에는 블록체인 기반 채권 발행 플랫폼을 구축해 채권 발행 시간을 50% 단축하고, 비용은 25% 절감하는 성과를 달성했다. 이 플랫폼에서는 채권 발행자와 투자자가 직접 연결되고, 스마트 계약을 통해 이자 지급과 원금 상환 등 모든 결제 과정이 자동화되어 자본시장 전체의 효율성을 크게 개선했다.

골드만삭스의 디지털 채권 플랫폼은 2024년 연간 약 10억 달러 규모의 거래를 안정적으로 처리하면서, 기존 T+2일의 결제 시스템을 T+0(당일 결제)으로 단축시키는 성과를 보였다. 이 사례는 블록체인이 자본시장 거래의 투명성 및 효율성을 혁신적으로 향상시킬 수 있는 중요한 모델로 자리매김하고 있음을 보여준다.

영국 바클레이스 은행은 2023년에 부동산 자산을 블록체인으로 토큰화하는 플랫폼을 개발했다. 이 플랫폼을 통해 부동산 투자의 최소 투자 단위를 크게 낮추고, 소규모 투자자들도 상업용 부동산 시장에 쉽게 참여할 수 있도록 했다. 이를 통해 부동산 시장의 진입장벽을 낮추고, 거래 비용도 기존보다 약 20% 절감하는 효과를 달성했다.

바클레이스의 플랫폼은 부동산 소유권, 임대 수익, 가치 평가 정보를 블록체인에 투명하게 기록하고, 스마트 계약을 통해 임대료 분배와 소유권 이전을 자동으로 처리한다. 이러한 자산 토큰화 방식은 기존 부동산 시장의 비효율성을 개선하고, 투자 기회를 확대하는 데 크게 기여하고 있다.

스페인의 산탄데르 은행은 2024년 이더리움 블록체인 기반으로 1억 유로 규모의 디지털 채권을 발행했다. 이 디지털 채권은 발행, 거래, 결제, 이자 지급 등 채권의 전체 생애주기를 블록체인상에서 관리한다. 이 과정을 통해 발행 시간은 기존 대비 70%나 단축됐고, 비용 역시 30% 절감되었다. 특히, 스마트 계약을 활용하여 이자 지급과 원금 상환이 자동화됨으로써 금융기관의 운영 효율성이 크게 개선되었다. 산탄데르의 디지털 채권 발행 사례는 블록체인 기술이 유럽 금융 시장에서 어떻게 실질적이고 혁신적인 역할을 수행할 수 있는지를 보여주는 의미 있는 사례이다.

리플(Ripple)은 2024년까지 XRP 레저(Ledger)를 기반으로 약 250개 금융기관과 국제 송금 네트워크를 구축했다. 이 네트워크에 한국의 우리은행을 비롯한 다양한 국가의 금융기관들이 참여하고 있으며, 국제 송금 속도를 기존의 수 시간에서 약 5초 내외로 획기적으로 단축했다. 거래 수수료 역시 평균 65% 절감하는 성과를 거두었다.

리플의 '온디맨드 유동성(On-Demand Liquidity, ODL)' 서비스는 노스트로 계좌(Nostro account)를 통한 선결제 방식 없이도 실시간 국제 송금을 가능하게 해 운영 자본의 효율성을 높이고 있다. XRP를 브릿지 통화로 사용하는 이 시스템은 송금의 투명성을 높이고 국가 간 금융 거래를 혁신적으로 개선하는 효과를 가져오고 있다.

BNY멜론은 2023년 기관 투자자들을 위한 블록체인 기반 자산 관리 플랫폼을 출시했다. 이 플랫폼은 암호화폐뿐 아니라 토큰화된 증권과 스테이블코인 등 다양한 디지털 자산을 수탁하고 통합적으로 관리할 수 있도록 설계되었다. 자산의 거래, 가치 평가, 회계 처리 등 종합적인 서비스를 제공하며, 콜드 스토리지(Cold storage), 다중 서명(Multi-signature), 생체 인증 등 다양한 보안 체계를 활용하여 투자자의 자산 보호를 강화하고 있다. 이 사례는 블록체인이 전통적인 자산 관리 산업에서 어떻게 실질적인 혁신과 효율성을 제공할 수 있는지를 명확히 보여주고 있다.

UBS와 크레디트 스위스 등 글로벌 금융기관들이 참여한 유틸리티 셋틀먼트코인(Utility Settlement Coin, USC) 프로젝트는 중앙은행 디지털화폐(CBDC)와 상업은행의 디지털 화폐 시스템을 연결해 국가 간 결제 효율성을 높이는 것을 목표로 한다. USC는 기존의 법정화폐와 1:1로 연동된 토큰화된 디지털 화폐로, 은행 간 결제나 증권 거래에 사용된다. USC 프로젝트는 기존 금융 인프라 대비 결제 시간과 비용을 크게 절감할 수 있으며, 금융기관들의 결제 리스크를 줄이고 글로벌 금융 네트워크의 효율성을 높일 수 있는 중요한 혁신으로 평가받고 있다.

글로벌 금융기관들의 이러한 블록체인 활용 사례들은 단지 초기 개념 증명(PoC) 단계를 넘어 실제 금융서비스의 혁신을 이끌고 있다. 이는 블록체인 기술의 적용이 금융 산업에서 점점 필수적인 요소로 자리 잡고 있음을 시사하며, 앞으로 더 많은 금융기관들이 블록체인을 금융의 핵심 인프라로 도입할 가능성을 높이고 있다. 특히 규제 환경의 변화와 함께 이러한 혁신적 시도들은 금융기관들의 디지털 전환을 더욱 촉진할 것으로 전망된다.

3. 토큰증권의 개념과 특성

토큰증권(Security Token)은 주식, 채권, 부동산 등 기존의 전통적 자산을 블록체인 기술을 통해 디지털화한 새로운 형태의 금융상품이다. 금융감독원은 이를 분산원장 기술(Distributed Ledger Technology, DLT)을 활용하여 자본시장법상 증권의 권리를 디지털화한 것으로 정의하고 있다. 다시 말해, 토큰증권은 법적으로 인정받은 실물 자산 또는 증권에 대한 권리를 블록체인상의 디지털 토큰으로 표현한 것이다. 따라서 전통적 증권이 제공하는 권리와 의무를 동일하게 가지면서도 디지털 자산의 특성을 동시에 갖춘다.

토큰증권의 첫 번째 특성은 전통 자산의 법적 권리를 디지털 토큰 형태로 변환한 것이다. 예를 들어, 주식형 토큰은 기존 주식과 마찬가지로 배당금을 받을 수 있는 권리와 의결권을 가진다. 부동산 토큰 역시 실물 부동산에 대한 소유권 또는 임대 수익에 대한 권리를 나타내며, 투자자는 실제 자산과 동일한 법적 보호를 받을 수 있다. 이는 기존 암호화폐와 같은 디지털 자산과는 구분되는 중요한 특징으로, 법적 지위와 기술적 혁신성을 동시에 확보한다.

두 번째 특성은 자산의 분할 소유가 용이해졌다는 점이다. 블록체인 기술을 사용하면 고가의 자산을 소액 단위로 손쉽게 나누어 여러 명의 투자자들이 함께 소유할 수 있다. 수십억 원대의 상업용 부동산이나 고가의 미술품 등도 몇 만 원 단위로 투자할 수 있게 되면서 일반 투자자들도 과거에는 접근하기 어려웠던 프리미엄 자산 시장에 참여할 기회를 얻게 된다. 이러한 변화는 자산 소유의 민주화를 촉진하며, 금융 시장의 투자자 기반을 크게 확대하는 효과를 가져온다.

세 번째 특성은 스마트 계약(Smart Contract)을 기반으로 한 거래 및 운영 프로세스의 자동화이다. 스마트 계약은 블록체인상에서 미리 정의된 조건이 충족되면 자동으로 계약 내용을 실행하는 프로그램이다. 이를 통해 토큰증권은 배당금 지급, 이자 지급, 의결권 행사 등의 절차를 중개기관 없이 자동으로 처리할 수 있다. 배당금은 정해진 날짜에 자동으로 투자자 계정에 입금되며, 의결권 역시 블록체인 상에서 즉각 행사 가능하다. 이는 거래 비용 절감과 함께 금융 거래 과정의 투명성, 효율성, 예측 가능성을 크게 높인다.

토큰증권의 네 번째 특성은 거래의 투명성이다. 블록체인 기술은 모든 거래 기록이 영구적이고 공개적으로 저장되며 언제든지 검증 가능하다는 장점을 갖는다. 이는 부정거래, 이중 지불과 같은 기존 전통 자산 거래의 리스크를 효과적으로 감소시킨다. 특히 부동산이나 미술품과 같이 거래 과정에서 투명성이 상대적으로 부족했던 시장에서는 더욱 중요한 이점으로 작용하며, 투자자들의 신뢰도를 높이는 데 기여한다.

다섯 번째 특성은 글로벌 접근성이다. 토큰증권은 국경과 시간의 제약 없이 전 세계 투자자들이 쉽게 접근하고 거래할 수 있도록 한다. 전통적 금융 시장에서는 국가 간 규제와 시간 차이로 인해 투자가 제한적이었지만, 블록체인 기반의 토큰증권은 24시간 거래가 가능하며, 국제적인 자산 유동성과 효율성을 높인다. 특히 개발도상국이나 신흥시장의 자산에도 전 세계 투자자들이 손쉽게 접근할 수 있도록 하여 글로벌 금융 시장의 통합을 촉진하고 있다.

토큰증권의 발행 방식인 STO(Security Token Offering)는 기존의 기업공개(IPO)와 암호화폐공개(ICO)의 특성을 결합한 새로운 형태의 자본 조달 방식이다. STO는 전통적인 IPO와 마찬가지로 엄격한 증권법 규제 하에서 이루어지며 투자자 보호 장치를 제공한다. 동시에 블록체인 기술을 활용하여 자동화와 탈중앙화된 운영 방식을 결합한다는 점에서 ICO와 유사한 특징을 가진다.

기존의 IPO는 주로 대기업이나 성숙한 기업들이 이용하는 전통적 자본 조달 방식으로, 높은 비용과 까다로운 규제를 요구한다. 반면 ICO는 낮은 규제와 저비용을 특징으로 하며, 주로 초기 단계의 스타트업들이 이용했다. STO는 이러한 IPO와 ICO의 장점을 융합하여 규제 준수와 비용 효율성 간 균형을 이루고 있다. 법적 안정성과 투자자 보호는 강화하면서도 IPO 대비 상대적으로 낮은 비용으로 진행이 가능하여, 최근 많은 기업들이 관심을 보이고 있는 자본 조달 방식이다.

토큰증권은 발행자와 투자자 모두에게 다양한 긍정적 효과를 제공한다. 발행자는 자본 조달 비용을 줄이고, 더 다양한 투자자 기반을 확보할 수 있으며, 자산 유동성을 높이고 운영 효율성을 개선할 수 있다. 투자자 입장에서는 고가의 자산에 소액으로 투자할 수 있는 기회가 열리며, 포트폴리오 다각화와 글로벌 투자 기회를 얻을 수 있다. 또한 거래 과정의 투명성과 효율성 증가로 인해 전반적인 투자 경험의 질이 향상된다.

토큰증권은 금융 시장에 새로운 패러다임을 제시하며, 자산의 소유, 관리, 거래 방식을 근본적으로 변화시키고 있다. 이러한 변화는 점차 더 많은 금융기관과 투자자들이 참여하는 계기가 되고 있으며, 향후 기술적 발전과 법적 제도의 정비가 이루어짐에 따라 더욱 활발히 성장할 것으로 기대된다.

4. 토큰증권 플랫폼 사례와 시장 동향

한국에서는 최근 몇 년 사이 부동산을 기초 자산으로 한 토큰증권 플랫폼이 급성장하고 있다. 대표적인 사례로는 루센트블록의 '소유' 플랫폼이 있다. 이 플랫폼은 2021년 금융위원회로부터 혁신금융서비스로 지정된 이후, 특히 소형 상업용 부동산을 중심으로 부동산 신탁 수익증권을 토큰화하여 투자자들에게 제공하고 있다.

'소유' 플랫폼의 주요 특징은 고액의 부동산 자산을 최소 1만 원 단위로 나누어 투자할 수 있게 한 것이다. 이는 일반 투자자들이 소액으로도 부동산 투자에 참여할 수 있도록 하여, 투자자의 진입 장벽을 크게 낮추었다. 또한, 블록체인 기술을 활용한 스마트 계약을 통해 임대 수익 분배, 소유권 이전 등 여러 과정을 자동화함으로써 운영 효율성을 극대화하고 있다. 이 플랫폼은 모바일 앱을 통해 쉽고 편리한 사용자 경험을 제공하여, 특히 젊은 세대와 디지털 친화적인 투자자들의 큰 호응을 얻었다. 실제로 2024년 초 기준 누적 공모액은 약 250억 원을 기록했고, 참여한 투자자 수는 약 4만 명에 달한다.

이외에도 국내에서는 펀블, 카사코리아, 에이판다파트너스 등 여러 기업이 유사한 부동산 토큰화 플랫폼을 운영하고 있다. 이 플랫폼들은 주로 도심 내 상업용 부동산이나 역세권 오피스 등 안정적인 임대 수익을 제공할 수 있는 자산을 선호하고 있다. 블록체인 기술을 통해 자산의 투명성과 투자 프로세스를 개선하고 있으며, 특히 기존 부동산 시장에서 소외된 소액 투자자들을 위한 새로운 투자 기회를 창출하고 있다.

부동산 토큰화는 기존 전통적 부동산 투자와 달리, 토큰의 거래 가능성을 높이고 유동성을 제공하는 것이 중요한 특징이다. 투자자들은 보유한 토큰을 거래 플랫폼에서 쉽게 사고 팔 수 있으며, 이를 통해 자금 회수의 유연성을 높이고 투자 위험을 관리할 수 있다. 이는 부동산 시장의 디지털 전환과 투자자층의 확대라는 측면에서도 중요한 변화로 평가된다.

미술품 분야에서도 토큰증권 플랫폼이 빠르게 자리 잡고 있다. 열매컴퍼니의 '아트앤가이드', 테사의 'TESSA', 서울옥션블루 등이 대표적이다. 특히 열매컴퍼니의 '아트앤가이드' 플랫폼은 2018년 10월부터 운영을 시작하여, 미술품 공동구매 형태의 투자 기회를 제공하고 있다. 이 플랫폼은 고가의 미술품을 여러 투자자가 공동으로 소유하도록 하여 소액 투자자들의 미술품 투자 접근성을 높였다. 예를 들어, 고가의 작품을 여러 개의 토큰으로 나누어 판매하고, 작품의 가치 상승 또는 경매 낙찰 시 투자자들이 수익을 배분받을 수 있도록 설계하였다.

특히 2023년 12월, '아트앤가이드'는 국내 최초로 미술품 분야에서 투자계약증권 공모를 성공적으로 진행하며 시장의 주목을 받았다. 투자자들은 미술품 토큰을 통해 작품의 소유권뿐 아니라 전시 및 판매 수익도 분배받을 수 있다. 이 방식은 미술품 투자의 진입장벽을 낮추고 미술시장에 대한 관심을 일반 대중으로까지 확대하는 데 크게 기여하고 있다.

미술품의 토큰화는 작품 소유권과 거래 이력을 블록체인에 투명하게 기록함으로써 위조품 문제나 거래 투명성 부족 문제를 효과적으로 해결한다. 또한 토큰화된 미술품은 블록체인 기반 거래소에서 보다 손쉽게 거래될 수 있어, 자산의 유동성 증대라는 측면에서도 긍정적인 평가를 받고 있다.

글로벌 시장에서도 다양한 유형의 자산을 대상으로 한 토큰증권 플랫폼이 활발히 운영되고 있다. 특히 싱가포르의 ADDX(구 iSTOX)는 사모펀드, 헤지펀드, 부동산 등 기존에는 고액 투자자만 참여 가능했던 자산을 토큰화하여 투자 단위를 획기적으로 낮추고 있다. 이를 통해 기존의 높은 투자 최소금액을 대폭 낮춰 일반 투자자들도 손쉽게 다양한 고급 자산에 접근할 수 있게 되었다. ADDX는 글로벌 투자자들이 24시간 거래 가능한 플랫폼을 제공하며, 자산관리 효율성을 높이고 있다.

미국에서는 티제로(tZERO), 시큐리타이즈(Securitize)와 같은 플랫폼이 주목받고 있다. 티제로는 부동산뿐 아니라 기업의 주식이나 채권도 토큰화하여, 투자자들이 보다 다양한 자산에 손쉽게 접근할 수 있도록 하고 있다. 또한 시큐리타이즈는 자산 발행부터 거래까지 전체 라이프사이클을 디지털화하여 운영 효율성과 거래 투명성을 크게 높이고 있다. 이들은 모두 증권 규제 기관의 승인을 받아 운영되며, 제도권 금융시장과 블록체인 기술의 융합을 선도하고 있다.

유럽에서는 스위스의 SIX Digital Exchange(SDX)가 토큰증권 분야에서 적극적인 움직임을 보이고 있다. SDX는 기존 증권 거래소와 같은 엄격한 규제 환경에서 디지털 자산과 토큰증권의 거래를 지원하며, 특히 기관투자자들의 시장 진입을 촉진하고 있다. 이를 통해 전통적 금융기관들이 블록체인 기반의 디지털 증권 시장에 적극적으로 참여하도록 유도하고 있다.

토큰증권 플랫폼들은 자산의 유동성과 거래 효율성을 크게 개선하며 전통적인 금융시장에 새로운 변화를 일으키고 있다. 다만, 시장이 더욱 활성화되고 성장하기 위해서는 규제 체계의 명확화와 표준화가 필수적이다. 현재 국가별로 규제의 방향과 강도가 다소 다르기 때문에 글로벌 플랫폼들이 운영상의 어려움을 겪기도 한다. 따라서 규제기관과의 협력을 통해 명확한 가이드라인을 수립하고, 글로벌 표준을 만들어가는 것이 중요한 과제로 남아 있다.

또한 블록체인 기술의 지속적 발전과 함께 투자자의 자산 보호를 위한 보안 체계의 강화도 꾸준히 추진되어야 한다. 다중 서명 방식, 콜드 스토리지 기술 등 블록체인 기반의 다양한 보안 기술이 적용되고 있지만, 해킹 등의 잠재적 위협에 대비한 기술적, 제도적 대비도 꾸준히 필요하다.

토큰증권 시장은 앞으로 더욱 다양한 자산 유형으로 확장되며, 금융시장의 디지털 전환을 주도할 것으로 전망된다. 블록체인 기술의 특성과 금융 자산의 결합은 보다 효율적이고 민주적인 금융 생태계를 구축할 수 있는 잠재력을 지니고 있으며, 시장 참여자들은 이를 면밀히 관찰하고 적극적으로 대응해야 할 것이다.

Part 05

블록체인의 현재와 미래

1장 블록체인 한계와 현실

2장 블록체인이 가져올 새로운 미래

1장 블록체인 한계와 현실

1절 블록체인의 한계와 현실

1. 경제학에서의 버블과 역사적 사례

경제학자 피터 M. 가너(Peter M. Garner)는 경제학에서 말하는 '버블'의 개념을 "내재가치로 설명되지 않는 자산 가격의 변동"으로 정의한다. 로버트 실러(Robert Shiller) 교수 역시 자산 가격이 불합리한 기대감에 의해 본질적인 가치, 즉 펀더멘털 가치(fundamental value)를 넘어서게 되면 결국 급격한 폭락을 겪을 수밖에 없다고 강조한다. 버블은 항상 시장의 비이성적이고 주관적인 심리, 즉 탐욕이나 과도한 기대감과 같은 감정적 요소와 밀접하게 관련되어 있다. 투자자의 과도한 상상력은 존재하지 않는 가치에 대한 환상을 만들어내고, 결국 그것이 버블을 형성하는 원인이 된다.

역사에서 가장 대표적인 버블의 예는 18세기 영국의 '사우스 시 버블(The South Sea Bubble)'이다. 사우스 시 회사는 원래 영국의 국채를 관리하고 국가 재정을 충당하기 위해 설립된 회사였다. 하지만 1720년 이 회사의 주가는 기대 심리에 의해 급격하게 상승한 후 다시 빠르게 폭락하면서 영국 경제에 큰 혼란을 초래했다. 당시 이 주식 광풍에는 물리학자로 유명한 아이작 뉴턴도 참여하여 상당한 손해를 입었다. 그는 이후 “천체의 운행은 예측할 수 있지만, 인간의 광기는 예측할 수 없다”는 유명한 말을 남기기도 했다.

사우스 시 버블은 영국 경제를 파산 직전까지 몰아넣었고, 이 사건 이후 영국 정부는 재정의 투명성과 신뢰성 회복을 위해 세계 최초로 제삼자를 통한 회계 감사 제도를 도입하였다. 이때부터 공식적인 정부 문서에서 처음으로 ‘버블’이라는 단어가 사용되기 시작하였다. 영국의 풍자화가 윌리엄 호가스(William Hogarth)는 1721년 사우스 시 버블의 혼란을 풍자한 그림을 남기기도 했다.

이러한 역사적 사례는 최근 암호화폐 시장에서 벌어지는 현상들과 매우 닮아 있다. 암호화폐의 급격한 가격 변동, 투자자들의 과도한 기대감, 그리고 실제로 일부 투자자들의 큰 손실은 사우스 시 버블과 비슷한 구조를 가지고 있다. 하지만 중요한 것은 암호화폐 시장과 과거의 사우스 시 버블을 동일하게 바라볼 수는 없다는 점이다. 암호화폐 시장의 근본에는 블록체인이라는 기술적 기반이 분명히 존재하기 때문이다. 따라서 암호화폐가 가진 펀더멘털 가치가 투기적 성격과 과도한 기대감을 상쇄할 가능성도 있다.

블록체인 기술은 투명한 거래 과정과 계약 당사자 간의 신뢰성 확보라는 실질적인 가치를 제공한다. 즉, 버블로 간주하기보다는 블록체인의 실제 비즈니스 적용 사례와 그 한계를 객관적으로 이해하는 것이 중요하다.

2. 블록체인 기술의 비즈니스 적용 문제점과 한계

블록체인 기술은 4차 산업혁명의 핵심 기술로 주목받고 있지만, 현실적인 비즈니스 환경에서 널리 사용되지 않는 이유는 다음과 같은 문제점과 한계 때문이다.

1) 고비용 문제

블록체인은 보안을 유지하기 위해 복잡한 계산과 작업 증명(proof-of-work)이 필요하다. 이를 위한 많은 컴퓨팅 자원과 전력 소모는 결국 높은 비용을 발생시킨다. 특히 금융 거래와 같이 신속하고 안전한 처리가 필수적인 경우, 블록체인을 기반으로 구축한 시스템의 비용이 기존 중앙집중형 시스템보다 높아질 수 있다.

2) 인증 과정의 비효율성

블록체인 네트워크에서 거래의 신뢰성을 검증하기 위해 모든 참여자 간 합의가 필수적이다. 하지만 때로는 참여자 간의 합의 도달에 어려움이 생기고, 이로 인해 시장 운영 지연, 추가 비용 발생 등 다양한 문제가 발생한다.

3) 개인정보 보호의 부재

블록체인의 핵심 원리는 거래 투명성이다. 거래 정보가 모든 참여자에게 공개되고 추적 가능하기 때문에 개인정보 보호가 어려운 구조를 가지고 있다. 이는 금융, 의료 등 개인정보 보호가 중요한 분야에서는 블록체인의 적용을 어렵게 하는 큰 장애물이 된다.

4) 제한된 확장성 문제

블록체인은 데이터의 불변성과 보안을 유지하기 위해 블록 추가 시마다 복잡한 계산을 요구한다. 이러한 특성은 거래 처리 속도를 제한하고, 빈번한 거래가 발생할 경우 저장 공간이 급격히 증가하여 시스템 확장에 어려움을 가져온다.

5) 보안 문제

블록체인 자체는 비대칭 암호화와 같은 강력한 암호화 기술을 사용하여 보안이 뛰어난 편이다. 그러나 블록체인에 기록되기 전의 단계, 즉 거래나 사용자 개인키 관리 과정에서 보안상의 취약점이 존재할 수 있다. 특히 개인키 분실이나 도난은 블록체인 시스템에서 돌이킬 수 없는 심각한 문제로 이어질 수 있다.

6) 취소 불가능성

블록체인의 강력한 위변조 방지 기능은 한편으로는 거래 취소가 불가능하다는 단점으로 작용한다. 실제 비즈니스 현장에서는 사용자 실수나 잘못된 거래가 발생할 수 있으며, 이를 수정하기 위해 추가적인 거래 입력과 같은 복잡한 절차가 요구된다.

7) 채굴의 비효율성

블록체인에서 거래를 검증하고 블록을 추가하는 과정을 '채굴(mining)'이라 부르는데, 채굴에는 많은 컴퓨팅 파워와 전기가 소모된다. 이로 인해 채굴 과정이 비효율적이라는 비판이 끊이지 않고 있다.

블록체인은 여전히 발전 과정에 있는 기술이다. 기술적 한계와 문제점들이 명확히 존재하지만, 동시에 블록체인이 가진 신뢰성과 투명성은 여전히 큰 잠재력을 가지고 있다. 초기 인터넷이 발전했던 과정을 돌이켜 보면 블록체인 역시 점차 기술적, 제도적 한계를 극복하며 발전할 것으로 예상할 수 있다. 현재의 문제점과 한계를 객관적으로 인식하고 이를 보완해 나가려는 노력이 블록체인 기술 발전과 활용 확산을 위한 필수적인 과정이 될 것이다.

3. 인터넷의 역사적 발전과 블록체인의 미래

블록체인의 현재 발전 단계를 이해하기 위해서는 인터넷 기술의 역사적 발전 과정과 비교하는 것이 효과적이다. 지금으로부터 약 30여 년 전인 1994년, 컴퓨터 과학자 팀 버너스 리(Tim Berners-Lee)는 자신이 개발하고자 했던 소프트웨어 시스템을 다음과 같이 묘사했다.

그가 꿈꿨던 시스템은 탈중앙화되어 있었고, 중앙의 통제기관 없이 운영되는 구조였다. 누구나 원하는 방식으로 자유롭게 시스템에 접근할 수 있었고, 참여와 실험을 장려하는 개방성을 특징으로 했다. 모든 컴퓨터는 장소와 하드웨어에 구애받지 않고 서로 통신할 수 있었으며, 사용자와 시스템은 합의된 표준을 준수하여 투명하게 소통했다.

이러한 특징은 마치 오늘날 우리가 이해하고 있는 블록체인의 핵심 원칙과 매우 흡사하다. 하지만 당시 그가 묘사한 시스템은 블록체인이 아니라 바로 인터넷이었다. 팀 버너스 리는 인터넷을 통해 보다 민주적이고 개방적인 정보의 공유와 접근성을 꿈꾸었다.

하지만 실제로 인터넷이 발전하면서 나타난 모습은 처음의 이상적인 기대와는 달랐다. 인터넷은 빠르게 성장했고, 전자상거래의 등장과 글로벌 IT 기업들의 출현으로 거대한 중앙집중적 플랫폼으로 변화했다. 초기의 개방성은 일정 부분 퇴색했고, 거대 기업들이 데이터와 정보를 독점하는 현상이 나타나기도 했다.

인터넷이 오늘날의 모습으로 발전하기까지 수많은 시행착오와 기술적, 제도적 한계를 극복하는 과정이 있었다는 점을 이해하면, 블록체인의 미래를 예측하는 데 큰 도움이 된다. 인터넷 초기에도 기술적 문제뿐 아니라 제도적, 법적 규제가 미흡해 여러 문제가 발생했으며, 이를 극복하기 위한 노력이 계속 이어졌다. 인터넷 기술의 발전은 블록체인 기술 발전의 청사진으로 삼기에 충분하다.

블록체인은 현재 인터넷의 초기와 같은 미완성 기술 단계에 있다. 초기 인터넷이 그랬듯이 블록체인 기술 역시 초기의 기대와 이상을 현실에 맞게 조정하고 발전시키는 과정이 필요하다. 기술적 한계와 규제 미비, 그리고 사회적 합의 부족과 같은 문제들을 단계적으로 해결하면서 진화하고 있기 때문이다.

현재 블록체인의 한계로 지적되는 고비용, 확장성 문제, 개인정보 보호 문제 등도 인터넷 발전 과정에서 나타났던 여러 가지 문제들과 유사한 측면이 있다. 인터넷은 이러한 문제들을 점진적으로 극복하면서 오늘날의 보편적이고 필수적인 기술로 자리 잡았다. 블록체인 기술 또한 지속적인 기술 개발과 제도적 정비를 통해 지금의 한계를 점차 해결해 나갈 것으로 기대할 수 있다.

특히 최근 들어 블록체인 기술의 활용이 금융, 물류, 의료 등 다양한 분야에서 조금씩 실제 비즈니스에 적용되면서 점진적으로 발전하고 있다. 예를 들어, 금융 분야에서 디지털 자산과 토큰 증권(STO)의 등장으로 새로운 투자 및 거래 방식이 확산되고 있으며, 물류 분야에서는 공급망 관리에서의 블록체인 활용으로 투명성과 효율성을 높이고 있다.

블록체인의 미래를 예측할 때 가장 중요한 것은 기술 자체보다는 기술이 사회적, 경제적 구조와 어떻게 상호작용하며 발전할 것인가를 이해하는 것이다. 기술이 사회적 문제와 요구를 반영하여 발전하는 방향을 잡는다면, 블록체인은 현재 인터넷이 그러한 것처럼 한 시대를 대표하는 기술로 자리 잡을 가능성이 높다.

앞으로 블록체인은 인터넷의 발전 과정과 유사하게, 초창기의 높은 기대와 이상을 현실과 타협하면서도 끊임없는 발전과정을 거칠 것으로 보인다. 현재 겪고 있는 기술적 문제와 한계는 결국 혁신을 위한 밑거름이 될 것이며, 기술적 진보와 제도적 정비가 병행된다면 인터넷이 그랬듯이 블록체인 또한 더 넓고 견고한 인프라로 성장할 것이다. 이렇게 되면, 미래에는 블록체인이 더 투명하고 신뢰할 수 있는 글로벌 경제의 새로운 패러다임을 여는 중요한 역할을 할 것으로 기대된다.

이러한 역사적 맥락과 현재의 문제 인식을 통해 블록체인 기술의 잠재력과 발전 방향을 좀 더 명확히 파악할 수 있다. 블록체인은 이제 막 걸음마를 뗀 단계이지만, 인터넷의 진화 과정에서 나타난 교훈을 통해 앞으로의 성장과 발전을 준비해 나가는 것이 가능하다.

블록체인이 가진 신뢰성과 투명성이라는 가치를 지속적으로 확장하고, 동시에 기술적 한계와 규제적 제약을 체계적으로 해결한다면, 블록체인은 궁극적으로 인터넷과 같이 보편적인 사회 인프라로 자리 잡을 것이다. 이를 위해서는 블록체인의 기술적 원리뿐 아니라, 그 기술이 가져올 사회적, 경제적 변화에 대해서도 포괄적으로 이해하고 준비하는 것이 중요하다.

4. 블록체인 정책과 규제의 필요성

블록체인 기술이 전 세계적으로 주목받으며 빠르게 확산되자, 각국 정부와 국제기구들은 이 기술이 가져올 수 있는 경제적, 사회적 영향을 고려해 관련 정책과 규제 마련에 적극적으로 나서고 있다. 블록체인 기술이 혁신적 가능성을 지니고 있음에도 불구하고, 제도적 기반이 충분히 마련되지 않은 상태에서는 기술 활용이 오히려 사회적 혼란이나 금융시장 불안정 같은 부작용을 초래할 수 있기 때문이다.

블록체인의 핵심 기술인 암호화폐는 최근 몇 년 사이 급격한 가격 변동과 투기적 거래 현상으로 인해 많은 논란을 불러일으켰다. 특히 초기 코인 공개(ICO)와 같은 자금 조달 방식이 인기를 끌면서 투자자 보호가 미흡한 상태에서 피해 사례가 속출했다. 2017년 ICO 붐 당시에는 다수의 허술한 프로젝트들이 시장에 난립했고, 심지어 사기성 프로젝트도 다수 존재하여 투자자 피해가 컸다. 이런 이유로 각국 정부는 암호화폐 및 블록체인 산업 전반에 대한 명확한 규제 체계를 구축할 필요성을 절감하게 되었다.

블록체인 기술이 가진 탈중앙화와 익명성이라는 특성은 혁신적인 장점이지만, 자금세탁, 불법 거래 등 각종 범죄 행위에도 악용될 소지가 크다는 점에서 정부의 관리 감독이 필수적이다. 이는 블록체인의 긍정적인 측면을 살리면서도 위험 요소를 최소화하기 위한 정책적 균형점이 필요하다는 것을 의미한다. 따라서 각국 정부는 블록체인 기술의 특성을 이해하고 이를 적절히 관리할 수 있는 규제 및 감독 체계를 구축하는 것이 중요하다.

미국, 유럽연합(EU), 일본, 싱가포르 등 주요 국가들은 블록체인 기술의 활용을 촉진하면서도 암호화폐에 대해서는 명확한 규제를 마련하고 있다. 미국의 경우, 증권거래위원회(SEC)는 증권형 토큰(STO)에 대해 기존 증권법을 엄격하게 적용하여 투자자 보호를 강화하고 있다. 특히 미국은 암호화폐를 자산의 한 형태로 인정하고 세금 보고 의무를 명확히 규정하여 시장 투명성을 높이고 있다. 또한 미국 재무부 산하의 금융범죄단속네트워크(FinCEN)는 자금세탁방지(AML)와 고객신원확인(KYC)을 암호화폐 거래소에도 의무화하여 투명성을 강화하고 있다.

유럽연합(EU)은 암호자산시장법(MiCA)을 통해 암호화폐 시장의 규제 틀을 통합적으로 제시하고 있다. MiCA는 암호자산 서비스 제공업체의 투명성을 확보하고 투자자를 보호하는 한편, 스테이블코인 발행 시 충분한 준비금을 유지하도록 규정하여 금융 시스템의 안정성을 높이고 있다. 특히 EU의 MiCA는 전 세계에서 최초로 제정된 포괄적인 암호자산 관련 규제법안으로 평가받으며, 글로벌 규제 표준으로 자리 잡을 가능성이 높다.

일본은 암호화폐를 법적으로 인정한 최초의 국가 중 하나로, 2017년부터 자금결제법을 개정하여 암호화폐 거래소에 대한 등록제를 도입했다. 암호화폐 거래소는 금융청(FSA)의 엄격한 관리 감독을 받으며, 고객 자산 분리 보관, 정기적인 회계 감사, 사이버 보안 시스템 구축 등을 의무적으로 수행해야 한다.

일본은 또한 암호화폐를 디지털 자산으로 인정하여 관련 과세 체계도 명확히 마련했다.

싱가포르는 블록체인과 디지털 자산에 대해 매우 개방적인 정책을 펼치고 있다. 싱가포르 통화청(MAS)은 암호화폐 산업 활성화를 위해 금융규제 샌드박스를 적극적으로 운영하여 혁신 기술의 실험을 촉진하고 있다. 하지만 동시에 강력한 AML 및 KYC 규정을 마련하여 금융 범죄 예방에도 힘쓰고 있다. 싱가포르는 이처럼 혁신과 규제의 균형을 잘 유지하면서 글로벌 블록체인 산업의 중심지로 자리 잡았다.

우리나라 역시 블록체인과 암호화폐에 대한 규제 체계를 정비하고 있다. 정부는 특정 금융거래정보의 보고 및 이용 등에 관한 법률(특금법)을 개정하여 암호화폐 거래소에 실명계좌 확보, 고객신원확인, 자금세탁방지 등의 의무를 부과했다. 2023년에는 금융위원회가 증권형 토큰(STO)을 제도권으로 편입시키고, 금융감독원은 토큰증권에 대한 감독 체계를 구체화하였다. 이는 국내에서도 블록체인 기술과 디지털자산 시장이 제도화 단계에 진입했음을 의미한다.

블록체인 산업이 지속적으로 발전하기 위해서는 규제와 혁신의 균형이 반드시 필요하다. 너무 엄격한 규제는 기술 발전과 시장 활성화를 저해할 수 있지만, 반대로 규제가 미흡하면 투자자 피해와 금융 범죄 등 부작용이 우려된다. 따라서 각국 정부는 기술 발전과 시장 변화에 유연하게 대응하면서, 블록체인의 혁신성을 살리고 위험을 최소화할 수 있는 효과적인 규제 체계를 구축하는 것이 중요하다.

블록체인 정책과 규제의 방향성은 단순히 제약을 만드는 것이 아니라, 안전하고 투명한 환경을 제공하여 장기적으로 시장 신뢰를 높이고 기술의 실질적 활용 가능성을 확대하는 데 목적이 있다. 규제는 블록체인 기술의 발전과 디지털 자산의 제도화를 촉진하는 중요한 수단으로 자리 잡아야 하며, 앞으로의 정책 방향 역시 이러한 원칙을 중심으로 설계될 필요가 있다.

블록체인 정책과 규제의 최종 목표는 블록체인의 혁신적 가능성을 충분히 활용하면서도 부작용을 최소화하여 사회적 신뢰와 지속 가능한 산업 생태계를 구축하는 것이다. 이런 점에서 글로벌 각국의 정책과 규제 사례를 폭넓게 이해하고, 이를 통해 우리나라의 블록체인 정책 방향성을 명확히 하는 것이 중요하다.

2절 세계 각국의 정책과 규제

초기 비트코인은 단순한 기술적 호기심으로 여겨졌지만, 시간이 흐를수록 디지털자산 시장이 급격히 성장하면서 규제의 필요성이 점차 부각되었다. 특히 다양한 사건들이 발생하며 각국 규제기관이 적극적으로 개입하기 시작한 것은 중요한 전환점이 되었다.

2014년 발생한 일본의 Mt. Gox 거래소 해킹 사건은 당시 약 85만 개의 비트코인이 도난당한 사건으로, 전 세계적인 충격을 주었다. 이 사건은 일본 정부가 암호화폐 거래소에 대한 최초의 등록제 도입을 결정하는 계기가 되었다. 일본 금융청(FSA)은 암호화폐 거래소가 일정한 자본금을 갖추고 보안과 소비자 보호 기준을 충족하도록 강제하는 규제 체계를 마련했다.

2017년의 ICO(Initial Coin Offering) 열풍은 혁신적인 자금조달 방식으로 주목받았지만, 사기성 프로젝트의 범람으로 인해 많은 투자자들이 피해를 입었다. 이에 미국 증권거래위원회(SEC)는 ICO를 기존 증권법의 적용 범위로 명확히 포함시키고 엄격한 규제를 시행하기 시작했다. 이로써 많은 프로젝트들이 법적 책임과 투자자 보호를 강화하도록 유도되었다.

2019년 페이스북의 리브라(Libra, 현재는 디엠(Diem)으로 변경) 프로젝트 발표는 각국 중앙은행과 금융 규제기관의 강한 우려와 반발을 불러왔다. 특히 민간기업이 발행하는 글로벌 통화가 각국의 통화주권을 위협할 수 있다는 경고 속에서, 스테이블코인에 대한 국제적인 규제 논의가 촉발되었다. 이후 스테이블코인은 엄격한 규제 프레임워크 안에서만 허용되는 방향으로 국제적 합의가 형성되었다.

2022년의 테라(Terra)·루나(LUNA) 생태계 붕괴와 글로벌 거래소 FTX의 파산 사태는 디지털 자산 시장의 위험성과 규제의 긴급성을 다시 한번 전 세계에 명확히 알렸다. 테라의 알고리즘 스테이블코인 실패는 디지털자산 생태계의 연쇄적인 위험 전이 가능성을 보여주었고, FTX 사태는 거래소 내 고객 자산 관리의 투명성과 규제의 부재가 얼마나 큰 피해를 초래할 수 있는지를 적나라하게 드러냈다.

이러한 사건들을 거치면서 디지털 자산 규제는 단순히 사건 발생 후 사후적으로 대응하는 방식을 넘어, 사전 예방적이고 포괄적인 규제 체계로 진화하게 되었다. 초기에는 각국 정부가 디지털 자산을 주로 '관망'하는 입장이었으나, 최근에는 사전적이고 종합적인 규제를 통해 잠재적 위험을 미리 관리하는 방향으로 전환하고 있다.

디지털 자산 시장이 글로벌 경제에서 차지하는 비중이 확대됨에 따라 각국의 규제 접근법은 크게 네 가지 방향으로 나뉘어 발전하고 있다.

1. 혁신 촉진형 접근법

스위스, 싱가포르, 아랍에미리트(UAE)와 같은 국가들은 디지털 자산 산업을 새로운 성장 동력으로 인식하고 규제 샌드박스 및 명확한 법적 지위를 부여하는 등 혁신 친화적인 환경을 조성하고 있다. 스위스의 주크(Zug) 지역에 형성된 '크립토 밸리'는 블록체인 스타트업과 글로벌 기업들을 끌어들이는 중심지로 성장했으며, 싱가포르는 통화청(MAS)이 주도하는 규제 샌드박스를 통해 혁신적인 사업모델의 개발을 적극 지원하고 있다.

2. 제도권 통합형 접근법

미국, 영국, 일본, 한국 등은 기존 금융제도 안에 디지털 자산을 포섭하여 제도화하는 방식으로 접근하고 있다. 미국 SEC는 디지털 자산을 증권으로 명확히 규정하여 기존 증권법을 적용하고 있으며, 한국도 특정금융정보법(특금법)을 통해 암호화폐 거래소에 대한 실명계좌 발급과 AML/KYC(자금세탁방지 및 고객신원확인) 의무를 부과했다. 이 방식은 기존 금융기관의 시장 진입을 촉진하고 시장의 안정성을 높이는 효과를 거두고 있다.

3. 포괄적 규제형 접근법

유럽연합(EU)의 암호자산시장법(MiCA)과 홍콩의 디지털 자산 규제 체계는 디지털 자산만을 위한 별도의 포괄적이고 통합된 규제 틀을 구축하고 있다.

EU의 MiCA는 암호자산 발행과 거래, 스테이블코인 규제 등 전방위적인 규제 체계를 제시하고 있으며, 이는 글로벌 표준으로 자리 잡아가고 있다. 홍콩도 2023년부터 새로운 라이선스 제도를 도입하여 디지털자산 시장을 포괄적으로 규제하고 있다.

4. 제한·금지형 접근법

중국과 러시아는 민간의 암호화폐 활동을 강력히 제한하거나 금지하면서 국가 주도의 중앙은행 디지털화폐(CBDC) 개발에 역점을 두고 있다. 중국은 암호화폐 거래와 채굴을 엄격히 금지한 반면 디지털 위안화(e-CNY) 발행을 통해 금융 시스템에 대한 국가 통제를 강화하고 있다. 러시아 역시 민간 암호화폐를 제한적으로만 허용하며, 중앙은행 주도의 디지털 루블 개발을 추진 중이다.

한국의 경우 특금법 시행 이후 암호화폐 거래소의 구조가 근본적으로 재편되었다. 거래소가 실명계좌 확보를 의무화하면서 중소형 거래소가 대부분 정리되고, 대형 거래소 중심으로 시장이 통합되었다. 이러한 규제 변화는 단순히 규칙을 강화한 것 이상으로, 시장 구조를 근본적으로 변화시키는 효과를 가져왔다.

디지털 자산 규제는 이제 글로벌 금융 시스템의 필수적인 부분으로 인식되고 있다. 각국의 다양한 규제 접근법은 그 나라의 경제적 환경과 정책 목표에 따라 다르지만, 공통적인 목적은 디지털 자산 시장의 투명성을 높이고 투자자를 보호하며, 궁극적으로는 금융 시스템의 안정성을 강화하는 것이다. 앞으로의 규제 방향성 역시 이러한 목표를 중심으로 더욱 정교하고 체계적으로 발전해 나갈 것으로 기대된다.

5. 미국의 디지털 자산 규제 변화와 트럼프 행정부의 전략

2025년 1월, 도널드 트럼프 대통령의 취임은 미국의 디지털 자산 규제 환경에 중대한 전환점을 가져왔다. 그 이전까지는 증권거래위원회(SEC)와 상품선물거래위원회(CFTC)의 규제 관할권 경쟁으로 인해 시장 참여자들이 큰 혼란과 불확실성에 직면해 있었다. 그러나 트럼프 행정부는 암호화폐 산업을 적극적으로 지원하고 규제를 완화하는 정책을 펼치며 시장에 명확한 방향성을 제시했다.

2025년 3월 7일 백악관에서 열린 첫 번째 암호화폐 서밋에서 트럼프 대통령은 디지털 자산 산업을 미국 경제 성장을 이끌 핵심 동력으로 인정하고, 규제 완화를 공식 선언하였다. 그 직전인 3월 6일에는 전략적 비트코인 비축고와 미국 디지털 자산 비축고 설립을 골자로 하는 행정명령에 서명했는데, 이는 비트코인을 '디지털 금'으로 공식적으로 인정하는 상징적 의미뿐 아니라 국가 자산 관리의 중요한 축으로 자리 잡게 하는 계기가 되었다.

이와 더불어, 미국 의회는 '스테이블코인 규제와 은행 인허가 집행(STABLE) 법안'을 발의하고 입법을 추진하고 있다. 이 법안은 기존 은행뿐 아니라 비은행 금융기관에게도 스테이블코인 발행 자격을 허용하여, 스테이블코인의 활용도를 높이고 금융 혁신을 촉진하는 데 중점을 두고 있다. 이 법안은 2025년 8월까지 대통령 서명을 받을 예정으로, 스테이블코인 시장의 폭발적인 성장을 지원할 것으로 예상된다.

트럼프 행정부는 SEC 위원장 자리에 친암호화폐 성향의 인물을 임명함으로써 기존의 규제를 대폭 완화했다. 이로 인해 은행들이 사전 승인 절차 없이 특정 암호화폐 서비스에 참여할 수 있게 되었으며, 이는 전통 금융기관들이 디지털 자산 시장에 더욱 적극적으로 진입할 수 있는 기반을 마련했다. 기관 투자자들의 암호화폐 시장 참여는 이미 2023년 현물 비트코인 ETF 승인 이후 활발해졌으며, 트럼프 행정부의 이러한 친시장적 규제 환경은 제도화를 더욱 촉진하며 시장의 성숙도를 높이고 있다.

이러한 미국 정부의 새로운 정책 방향은 '비트코인 초강대국'이라는 비전 아래, 세 가지 전략적 목표를 중심으로 전개되고 있다. 첫째는 국가 차원의 비트코인 전략적 비축을 통해 국가 자산의 안정성과 가치를 높이는 것이며, 둘째는 스테이블코인의 활성화를 통해 글로벌 달러 패권을 유지하고 확대하는 것이다. 마지막으로, 명확하고 간소화된 규제 프레임워크 제공을 통해 디지털 금융 혁신을 가속화하는 전략이다. 이러한 정책들은 디지털 자산을 단순한 투자 수단이 아니라, 국가 경쟁력과 금융 패권을 지키는 중요한 전략적 수단으로 삼겠다는 명확한 의지를 반영한다.

6. 유럽연합(EU)의 블록체인 전략과 규제 체계

유럽연합(EU)은 블록체인 기술을 디지털 경제 성장의 필수적인 혁신 기술로 판단하고, 블록체인 기술과 관련된 산업의 안정적인 발전을 도모하기 위한 전략을 적극적으로 추진하고 있다. 특히 기술 혁신과 규제 안정성 간의 균형 잡힌 접근법을 통해 지속가능한 디지털 전환을 선도하고 있다.

EU는 이러한 전략적 접근을 위해 2018년 '유럽 블록체인 파트너십(EBP)'을 결성했다. 유럽연합 회원국 27개국과 노르웨이, 리히텐슈타인이 참여하는 EBP는 블록체인의 기술적 발전과 공공서비스 적용을 위한 공동 연구와 협력 체계를 구축하고 있다. EBP의 대표적인 프로젝트가 바로 '유럽 블록체인 서비스 인프라(EBSI)'이다. EBSI는 유럽 내 공공 영역에서 블록체인을 활용한 다양한 서비스를 제공하고 있으며, 2023년 기준으로 이미 유럽 전역에서 40개 이상의 블록체인 노드를 운영하고 있다. 특히 교육 자격 인증과 디지털 신원 관리 서비스는 유럽의 디지털 단일 시장 형성에 중요한 역할을 하고 있다.

2024년부터 본격적으로 시행된 EU의 '암호자산시장규제(Markets in Crypto-Assets, MiCA)'는 세계 최초로 마련된 포괄적이고 통일된 디지털 자산 규제 체계이다. MiCA는 EU 내 모든 디지털 자산 사업자에게 엄격한 법적 책임과 자본 요건, 투명한 정보 공개 의무를 부과하여 시장의 안정성과 투자자 보호를 대폭 강화하고 있다. 특히 스테이블코인과 같이 금융 시스템에 큰 영향을 미칠 수 있는 자산에는 매우 엄격한 규제 기준을 적용하여 글로벌 금융 시장에 미치는 잠재적 리스크를 사전에 관리하는 것을 목표로 하고 있다.

MiCA 규제의 가장 중요한 특징 중 하나는 '동일 리스크, 동일 규제' 원칙을 도입하여 암호자산의 유형을 명확히 구분하고 그에 맞는 규제를 적용하는 점이다. 예를 들어, 자산 연계형 토큰(ART)과 전자화폐형 토큰(EMT)은 명확한 준비금 요건과 지배구조 기준을 충족해야 하며, 기타 암호자산은 투명한 정보 공개 의무와 소비자 보호 기준을 준수해야 한다. 이를 통해 유럽 전역에 걸쳐 디지털 자산 시장의 규제 장벽이 사라지고, 단일한 규제 기준이 형성되어 유럽 디지털 자산 시장의 통합이 더욱 촉진되고 있다.

EU의 금융기관들도 블록체인 기술 도입에 적극적으로 나서고 있다. 유럽투자은행(EIB)이 2021년 이더리움 블록체인을 이용해 1억 유로 규모의 디지털 채권을 성공적으로 발행한 사례는 블록체인이 전통 금융 분야에서도 효과적으로 활용될 수 있음을 보여준다. 또한 유럽중앙은행(ECB)은 디지털 유로 발행을 위한 중앙은행 디지털화폐(CBDC) 개발 프로젝트를 적극 추진하면서 금융 시스템의 디지털 전환을 위한 준비를 하고 있다.

EU는 산업 분야에서도 블록체인 기술을 적극적으로 도입하고 있다. 독일의 글로벌 기업 지멘스는 블록체인 기반의 에너지 거래 플랫폼을 구축하여 에너지 관리의 투명성과 효율성을 높이고 있으며, 프랑스의 유통기업 까르푸는 블록체인 기반 식품 이력 관리 시스템을 통해 소비자 신뢰를 향상시키고 있다. 이러한 산업 분야의 성공적인 사례들은 블록체인이 실물 경제에 미치는 긍정적 효과를 잘 보여준다.

EU는 블록체인의 환경적 영향을 최소화하기 위한 노력도 하고 있다. 에너지 효율성이 높은 합의 알고리즘 개발을 지원하고 지속 가능한 블록체인 생태계를 구축하려는 전략을 추진함으로써, 환경과 사회적 책임을 다하는 기술로서의 블록체인 발전을 장려하고 있다.

이러한 EU의 전략적 접근은 기술 혁신과 규제 안정성의 균형을 잘 유지하며, 유럽이 글로벌 디지털 자산 시장의 표준을 선도하는 중요한 계기를 마련하였다. 특히 MiCA는 사실상 글로벌 디지털 자산 규제 표준으로 자리 잡으며 세계 각국의 규제 환경에도 영향을 미치고 있다. 이는 디지털 자산 산업의 건전한 발전과 시장의 투명성 제고를 위한 글로벌 협력의 필요성을 시사하는 중요한 사례로 평가된다.

7. 한국의 디지털 자산 규제 환경의 변화

한국의 디지털 자산 시장 규제는 2020년 개정된 「특정금융거래정보의 보고 및 이용 등에 관한 법률(특금법)」을 기점으로 본격화되었다. 특히 2024년 7월 19일 시행된 「가상자산 이용자 보호에 관한 법률(가상자산법)」은 국내 디지털 자산 시장의 제도적 기반을 보다 명확히 하고 체계적으로 다듬은 중요한 규제다.

한국은 암호화폐 산업에 대해 특별한 규제가 없었으나, 특금법 시행 이후부터 강력한 규제 환경이 형성되기 시작했다. 특금법 시행으로 인해 거래소는 실명확인 입출금 계정(실명계좌) 발급과 정보보호 관리체계(ISMS) 인증을 반드시 받아야만 사업을 계속할 수 있게 되었다. 그 결과, 많은 중소형 거래소가 원화 거래 지원을 중단하거나 폐업에 이르게 되었고, 국내 거래소 시장은 업비트, 빗썸, 코인원, 코빗, 고팍스 등 소수의 대형 거래소를 중심으로 한 과점 구조로 빠르게 재편되었다.

이러한 재편은 단지 거래소 숫자의 감소에 그치지 않았다. 대형 거래소들은 이 시기를 계기로 글로벌 시장 진출과 사업의 다각화를 본격적으로 추진했다. 특히, 디지털 자산 보관(커스터디), 지갑 서비스, 블록체인 네트워크의 노드 운영 등 새로운 영역으로 적극적으로 사업을 확장하기 시작했다.

2024년부터 본격 시행된 가상자산법의 핵심 목표는 이용자 보호와 시장의 건전성 강화에 있다. 가상자산법은 무엇보다 고객 자산 보호를 강력히 의무화하였다. 거래소는 고객의 예치금을 100% 분리 보관하고, 고객의 가상자산 중 최소 70%를 오프라인 저장방식인 콜드월렛에 보관해야 하며, 예치금과 가상자산 모두 외부 감사기관의 정기적인 감사를 받아야 한다. 이로 인해 이용자 자산의 보호 수준이 크게 높아졌고, 투자자들이 시장 참여 시 느끼는 신뢰도도 향상되었다.

가상자산법은 불공정거래 행위를 금지하는 조항을 도입해 자본시장에서 적용되던 규제를 가상자산 시장에 적용하였다. 이에 따라 시장에서 시세조종, 미공개 정보 이용, 부정거래와 같은 행위가 명확히 금지되었으며, 가상자산 시장에서의 공정성 및 투명성 확보가 법적 의무로 부과되었다.

거래소들이 예상치 못한 사고로부터 소비자 보호를 더욱 철저히 하도록 보험 가입 또는 준비금 적립 의무를 신설하고, 이상 거래 탐지 시스템(FDS)을 운영하도록 권고하여 시장 리스크 관리 수준을 높였다. 나아가 금융감독원에 가상자산 사업자(VASP)에 대한 감독 및 제재 권한을 부여함으로써 규제 집행력 또한 크게 강화했다. 이에 따라 미등록 상태에서 사업을 진행할 경우 형사처벌과 과징금을 받을 수 있어, 디지털 자산 사업자들의 법적 책임이 한층 엄격해졌다.

이러한 규제 환경의 진화는 국내 디지털 자산 시장의 신뢰성을 높여, 기관투자자들이 시장에 참여할 수 있는 안정적인 기반을 제공하였다. 2023년과 2024년에 걸쳐 국내 주요 거래소들은 기관 투자자를 위한 전문적인 커스터디 서비스, 디지털 자산을 활용한 연금 플랫폼 등 기업 고객을 위한 B2B 사업을 빠르게 확대하였다. 특히, 거래소들은 '투명한 운영과 규제 준수'를 강조하며 이를 핵심 경쟁력으로 삼고, 국내는 물론 해외 시장까지 적극적으로 진출하는 글로벌화 전략을 펼쳤다.

한국의 디지털 자산 규제 체계는 현재 1단계인 특금법과 가상자산법 시행을 넘어, 향후 더욱 세밀하고 포괄적인 2단계 규제로 발전할 예정이다. 2025년 이후에는 가상자산 발행시장(Primary Market)에 대한 규율이 주요 논의 과제로 부상하고 있다. 구체적으로는 가상자산 발행자의 등록제 도입과 백서 공개 의무화 등이 논의되고 있다. 이는 암호화폐 발행 과정의 투명성과 책임성을 높여, 투자자 보호를 더욱 강화하겠다는 취지이다.

또한 NFT(대체불가능토큰), DeFi(탈중앙화 금융), DAO(탈중앙화 자율 조직) 등과 같은 새로운 유형의 디지털 자산과 관련된 규제 논의도 본격화되고 있다. 이들은 기존의 법적 틀로는 규제가 어려운 혁신적인 영역으로, 별도의 규제 체계가 필요하다는 목소리가 높아지고 있다. 이러한 신규 영역에 대한 명확한 규제 체계 수립은 한국의 디지털 자산 생태계를 보다 안전하고 지속 가능한 형태로 성장시키는 데 핵심적인 과제가 될 것이다.

결국 한국의 디지털 자산 규제는 소비자 보호와 시장 건전성을 중심으로 점진적이고 체계적으로 발전해왔으며, 앞으로도 명확한 규제 프레임워크를 통해 글로벌 경쟁력을 확보해 나갈 것으로 전망된다. 국내 디지털 자산 시장은 이미 주요 거래소 중심의 과점 구조에서 벗어나 글로벌 경쟁력을 갖춘 디지털 금융시장으로의 진화를 가속화하고 있다.

8. 일본의 디지털 자산 규제

일본은 디지털 자산 규제 체계를 가장 먼저 도입한 국가 중 하나로, 그 경험은 다른 국가들에게 많은 시사점을 준다. 일본의 규제 환경 변화는 큰 사건들을 계기로 총 네 단계에 걸쳐 진화했다. 초기 규제 도입부터 세부적인 보완까지, 실제 시장에서의 사고를 경험하며 단계적으로 규제를 발전시킨 일본의 사례는 매우 주목할 만하다.

첫 번째 단계는 2016년 「자금결제법」 개정이다. 이 법 개정을 통해 일본 정부는 비트코인과 같은 가상통화를 공식적으로 법정 지급수단으로 인정하고, 가상통화 거래소가 금융당국에 반드시 등록하도록 하는 거래소 등록제를 시행하였다. 일본이 이렇게 빠르게 법적 지위를 부여한 것은 2014년 발생한 Mt.

Gox 해킹 사건의 영향이 컸다. 이 사건 이후 디지털 자산 시장에 대한 규제가 시급히 요구되었고, 일본은 이를 신속히 대응한 것이다.

두 번째 단계는 2018년 발생한 코인체크(Coincheck) 해킹 사건을 계기로 진행되었다. 당시 5억 달러 이상의 피해를 낸 이 사건은 일본 규제 당국에 추가적인 보안 강화 필요성을 각인시켰다. 이에 일본은 거래소들에게 고객 자산의 철저한 분리 보관과 콜드월렛의 사용을 의무화하였으며, 보안 기준을 강화하였다. 또한 일본가상통화교환업협회(JVCEA)를 공식적인 자율규제 기구로 승인하여, 협회를 통한 업계의 자율 규제를 강화하는 체계를 갖추게 되었다. 협회는 거래소 모니터링, 토큰 상장 심사, 소비자 보호 등 다양한 기능을 수행하며 시장의 신뢰성 확보에 기여하고 있다.

세 번째 단계는 2020년 자금결제법과 금융상품거래법 개정이다. 이 법 개정을 통해 일본은 기존에 사용하던 용어인 '가상통화'를 '암호자산'으로 변경하였으며, 증권형 토큰(Security Token)에 대한 명확한 법적 기준을 마련하였다. 이는 디지털 자산이 단순한 통화 형태에서 벗어나 다양한 증권형 상품으로 발전하는 현실을 반영한 규제 변화였다.

네 번째 단계는 2023년 스테이블코인 규제 법안의 시행이다. 이 법안은 스테이블코인을 '디지털 머니'로 정의하고 발행 자격을 허가받은 금융기관으로 엄격히 제한하였다. 또한 같은 해 일본 정부는 디지털청을 중심으로 'Web3 정책 본부'를 설립하여 규제와 산업 육성을 동시에 추진하며 블록체인 산업 생태계 전반을 육성하는 정책을 펼치고 있다.

일본의 금융그룹 SBI는 이러한 규제 환경을 발판으로 삼아 적극적으로 디지털 자산 사업을 확대하고 있다. SBI는 규제 준수를 기반으로 커스터디, 결제, 증권형 토큰 발행(STO) 등 다양한 영역에 진출해 디지털 자산 시장의 성숙도와 안정성 향상에 중요한 역할을 하고 있다. SBI 사례는 명확한 규제 체계가 오히려 전통 금융기관의 시장 진입과 안정적인 성장을 촉진할 수 있음을 잘 보여준다.

일본의 사례는 규제가 단순히 엄격함이나 완화의 문제가 아니라, 시장의 실제 요구와 문제에 유연하고 점진적으로 대응해야 한다는 교훈을 제공한다. 규제의 명확성과 예측 가능성이 시장 안정과 발전에 얼마나 중요한지 보여주는 대표적 예이다.

9. 중국: 암호화폐 금지 정책과 CBDC 추진의 역설

중국의 디지털 자산 정책은 강력한 통제와 기술 혁신 지원이라는 상반된 두 가지 방향을 동시에 추구한다. 중국 정부는 민간 암호화폐 거래와 채굴을 전면 금지하면서도, 블록체인 기술 자체는 국가적 전략 기술로 적극 육성하고 있다. 이런 접근 방식은 금융 리스크 관리와 자본 유출 통제라는 중국 특유의 국가 전략을 잘 보여주는 사례다.

중국은 한때 비트코인 채굴과 거래량에서 세계 시장의 중심에 있었지만, 2021년부터 암호화폐 거래 및 채굴을 엄격히 금지하는 정책을 단계적으로 시행하여 결국 전면 금지에 이르렀다. 이 조치는 전 세계 암호화폐 시장 구조에 직접적이고 즉각적인 영향을 주었으며, 중국 내에서 이루어지던 채굴과 거래는 미국, 카자흐스탄, 러시아 등 다른 국가로 빠르게 이동했다. 그러나 중국 기반의 암호화폐 거래소들은 홍콩과 싱가포르 등 해외로 본사를 옮겨 사업을 지속하고 있다.

암호화폐를 금지하면서도 중국은 블록체인 기술 자체에 대해서는 강력한 지원과 육성 정책을 펼치고 있다. 시진핑 국가주석은 블록체인을 "기술 혁신의 핵심 돌파구"라고 지칭하며 정부 차원에서 기술 개발과 응용을 장려하고 있다. 중국 정부는 14차 5개년 계획(2021-2025)에서 블록체인을 인공지능(AI), 빅데이터 등과 함께 7대 핵심 전략 기술로 선정하고 대규모 투자와 지원을 진행 중이다.

이러한 전략의 중심에는 중국 정부가 주도하는 국가적 블록체인 인프라인 '블록체인 서비스 네트워크(BSN)'가 있다. BSN은 중국 내외의 블록체인 기반 애플리케이션 개발과 운영을 지원하는 플랫폼으로, 기업들이 저렴하고 효율적으로 블록체인 기술을 활용할 수 있도록 돕는다. 특히 BSN은 민간 암호화폐를 사용하지 않는 '암호화폐 없는 블록체인' 모델을 채택하여 국가적 통제와 기술 혁신을 동시에 이루려는 중국의 전략적 목표를 분명히 드러내고 있다.

중국 정부는 또한 중앙은행 디지털화폐(CBDC)인 디지털 위안화(e-CNY)의 개발과 보급을 적극 추진하고 있다. 디지털 위안화는 중앙은행이 발행하고 상업은행을 통해 유통되는 구조를 채택하며, 시범 서비스 단계에서부터 수억 명이 사용하는 대중적 결제 수단으로 자리 잡고 있다. 디지털 위안화는 결제의 효율성과 투명성을 높이는 동시에 금융 거래에 대한 국가 통제력도 강화할 수 있다는 점에서 중국 정부가 디지털 자산 분야에서 추구하는 전략적 이중성을 잘 나타낸다.

결과적으로 중국의 디지털 자산 정책은 민간의 탈중앙화된 암호화폐 대신 정부 통제 아래 블록체인 기술과 중앙은행 디지털 화폐를 활용하는 전략을 취하고 있다. 중국의 이러한 독특한 정책은 디지털 자산과 관련된 국가적 전략 수립 과정에서 기술 혁신과 국가의 통제력 사이의 균형이 얼마나 중요한지를 명확하게 보여주는 대표적 사례이다.

10. 스위스: 명확한 규제와 혁신이 만난 크립토밸리

스위스는 일찍부터 명확하고 유연한 규제 환경을 구축하여 디지털 자산 산업의 글로벌 중심지로 자리 잡았다. 특히 중부 도시 주크(Zug)는 '크립토밸리(Crypto Valley)'라는 이름으로 세계적인 블록체인 및 디지털 자산 허브로 성장했다. 크립토밸리의 성공은 단지 기술적 혁신만으로 이루어진 것이 아니라, 규제의 명확성, 정부의 적극적인 지원, 그리고 유리한 세제 환경이라는 삼박자가 맞아떨어졌기에 가능했다.

스위스 정부는 토큰을 지불형 토큰(Payment Token), 유틸리티 토큰(Utility Token), 자산 토큰(Asset Token)의 세 가지 유형으로 명확히 구분하여 각각에 맞는 구체적인 규제 기준을 제시했다. 이는 기업들이 규제에 대한 불확실성을 줄이고, 법적 안정성을 기반으로 사업을 추진할 수 있는 환경을 제공했다. 또한 혁신적인 금융 서비스의 시장 진입을 촉진하기 위해 규제 샌드박스(Regulatory Sandbox)를 도입하여 블록체인 프로젝트들이 자유롭게 테스트하고 발전할 수 있도록 지원하고 있다.

이러한 환경을 바탕으로 이더리움 재단, 카르다노(Cardano), 솔라나(Solana) 등 세계적인 블록체인 프로젝트들이 주크에 본부를 두고 있으며, 크립토밸리에는 약 1,000개 이상의 블록체인 및 암호화폐 관련 기업들이 활발히 활동하고 있다. 스위스의 사례는 명확하고 예측 가능한 규제 체계가 디지털 자산 산업의 성장과 혁신을 가속화하는 데 필수적이라는 점을 잘 보여준다.

또한 국가 규모에 맞는 유연한 정책적 지원과 국제 협력이 생태계 활성화의 핵심적 요소임을 시사한다.

11. 싱가포르: 아시아 디지털 자산 혁신의 중심지

싱가포르는 아시아에서 가장 활발한 디지털 자산 허브로 자리매김했다. 싱가포르 통화청(MAS)은 '혁신과 규제의 균형'을 핵심 원칙으로 하여 금융 안정성을 유지하면서도 혁신을 촉진하는 정책을 펼치고 있다. 특히 싱가포르는 명확한 법적 틀과 규제 샌드박스를 제공하여 글로벌 기업과 스타트업들이 안심하고 진입할 수 있는 환경을 마련했다.

싱가포르는 일찍부터 블록체인 기술을 금융 시스템에 접목하여 실질적인 성과를 이끌어냈다. 대표적인 사례는 MAS 주도로 진행된 '프로젝트 우빈(Project Ubin)'이다. 프로젝트 우빈은 블록체인을 활용한 금융 결제 시스템의 효율성과 가능성을 탐색하기 위해 2016년부터 5단계로 진행되었다. 특히 마지막 단계에서는 JP모건, 테마섹 등 주요 금융기관과 협력하여 다중 통화 결제 네트워크를 성공적으로 개발했고, 국제 결제 과정에서 처리 속도를 최대 80% 높이고 비용을 40% 이상 절감하는 성과를 거두었다.

또한 싱가포르는 2023년 '싱가포르 달러 및 G10 통화에 연동된 스테이블코인 규제 프레임워크'를 발표하여 테라·루나 사태 이후 높아진 스테이블코인 리스크에 적극 대응하였다. 이 규제 프레임워크는 안정적인 스테이블코인 시장 형성을 위한 전략적 조치로, 싱가포르의 규제 대응력을 보여주는 대표적 사례다.

2024년부터 시행된 '금융서비스시장법(Financial Services and Markets Act, FSMA)'은 싱가포르 내 디지털 자산 서비스 업체들이 준수해야 할 구체적인 기준을 제시했다. 명확한 자본 요건, 보안 기준, 리스크 관리 체계 등을 정립하여 이미 수십 개 이상의 기업들이 라이선스를 취득하고 안정적으로 활동하고 있다.

싱가포르 정부는 블록체인 기술과 디지털 자산 산업이 지속 가능한 성장을 이루기 위해 규제뿐 아니라 기술 인재 양성에도 적극 투자하고 있다. '테크스킬스 액셀러레이터(TechSkills Accelerator)'와 '금융 섹터 기술 및 혁신 계획(Financial Sector Technology and Innovation)'과 같은 프로그램을 통해 블록체인 분야의 기술 역량을 갖춘 인재를 지속적으로 배출하고 있다.

금융기관 차원에서도 싱가포르는 디지털 자산의 활용을 적극적으로 추진하고 있다. 싱가포르 최대 은행인 DBS은행은 기관 투자자를 위한 'DBS 디지털 거래소(DBS Digital Exchange)'를 설립하여 디지털 자산 거래 및 자산 토큰화를 활발히 진행하고 있다. 이는 전통적 금융 자산의 접근성과 유동성을 높이고, 금융 서비스의 효율성과 투명성을 크게 개선한 사례다.

이와 같은 싱가포르의 전략은 규제 명확성, 혁신 지원, 국제 협력이라는 세 가지 요소가 효과적으로 결합된 사례로, 글로벌 디지털 자산 생태계 발전을 위한 모범 사례로 손꼽히고 있다. 특히 국제적인 금융 기관들과의 협력을 통해 글로벌 금융 시스템에 블록체인 기술 도입을 촉진하고 있으며, 디지털 자산 시장의 선진화를 이끄는 핵심적인 역할을 하고 있다.

12. 스테이블코인: 민간 화폐와 국가 통화 주권의 충돌

스테이블코인은 가격 안정성을 특징으로 하여 결제와 교환 수단으로 널리 쓰이고 있어 전 세계 규제당국의 주목을 받고 있다. 특히 테라·루나 사태 이후 규제 당국은 스테이블코인의 위험성에 대한 경각심을 높였고, 규제의 필요성도 한층 더 강조되었다. 이는 단지 소비자 보호를 넘어 화폐 주권과 금융 안정성에 대한 근본적인 우려 때문이다. 페이스북이 추진했던 디엠(Diem, 구 Libra) 프로젝트가 각국 중앙은행과 규제당국의 강력한 반발로 좌절된 사례는 민간에서 발행하는 화폐가 기존의 국가적 통화 질서에 얼마나 큰 도전이 될 수 있는지를 극명히 보여준 사례다.

스테이블코인은 대부분 법정화폐를 담보로 하여 가치를 유지하는 방식으로 운영되고 있다. 대표적인 스테이블코인인 USDC와 USDT는 발행량만큼 달러화를 1:1로 예치하여 사용자가 언제든지 법정화폐로 전환할 수 있도록 하고 있다. 이러한 운영 방식은 이용자에게 신뢰성을 제공하지만, 발행 기관의 투명성과 재정 건전성 관리가 핵심 과제로 떠오른다.

스테이블코인 규제 방식은 국가별로 다양한 양상을 보인다. 미국은 2025년 트럼프 행정부가 들어서면서 STABLE 법안을 통해 은행뿐 아니라 비은행 금융기관도 스테이블코인을 발행할 수 있도록 허용했다. 대신 준비금을 100% 예치하도록 엄격한 규정을 마련하였다. 미국의 이러한 접근은 스테이블코인을 통해 미국 달러의 글로벌 패권을 유지·강화하려는 전략적 의도가 반영된 것으로 평가된다.

유럽연합(EU)은 암호자산시장규제(MiCA)를 통해 스테이블코인을 자산참조형 토큰(ART)과 전자화폐형 토큰(EMT)으로 구분하여 관리한다. 특히 규모가 크고 영향력이 큰 스테이블코인에 대해서는 엄격한 준비금 관리와 투명한 정보 공개를 요구하며, 이용자가 언제든지 1:1로 법정화폐와 교환할 수 있는 권리를 보장하도록 규정하고 있다.

일본은 스테이블코인 발행을 엄격히 제한하여, 발행 자격을 은행과 송금업자, 신탁회사로 국한시키는 가장 보수적인 규제 방식을 채택하고 있다. 이는 스테이블코인의 금융 안정성에 미치는 잠재적 위험을 최소화하려는 일본 금융 당국의 신중한 접근 방식을 나타낸다.

싱가포르는 2023년 8월부터 자국 통화인 싱가포르 달러를 포함한 G10 통화에 연동된 단일 통화 스테이블코인(Single-Currency Stablecoin)에 대해 명확한 규제 체계를 마련했다. 이를 통해 시장의 투명성을 높이고 건전한 발전을 유도하고 있다.

반면 중국은 민간에서 발행하는 스테이블코인을 사실상 전면 금지하고, 국가가 통제 가능한 중앙은행 디지털 화폐(CBDC), 즉 디지털 위안화를 통해 디지털 결제 생태계를 직접 관리하는 전략을 채택하고 있다. 이는 금융 시스템과 통화 주권을 국가가 전적으로 통제하려는 의지를 명확히 나타낸다.

이러한 글로벌 규제 현황은 스테이블코인이 단순한 디지털 결제 수단이 아니라, 통화 주권 및 글로벌 금융 안정성에 직결된 문제임을 명확히 드러낸다. 앞으로 스테이블코인 규제는 기술적 혁신과 금융 안정성 사이의 균형을 어떻게 유지할 것인가를 핵심 과제로 삼고 발전할 것이다.

13. DeFi(분산금융): 규제의 새로운 도전

DeFi(Decentralized Finance, 분산금융)는 블록체인 기술을 활용하여 중개 기관 없이 금융 서비스를 제공하는 새로운 개념이다. 이는 전통 금융과는 달리 법인이 아니라 코드에 의해 자동으로 운영되고 있으며, 글로벌 이용자가 국경을 넘어 자유롭게 접근 가능하다는 점에서 전통적 규제' 접근법을 근본적으로 어렵게 만든다.

DeFi 규제에서 가장 큰 난제는 '누구를 어떻게 규제할 것인가'라는 점이다. 전통 금융 규제는 금융 기관과 같은 중개자를 대상으로 규제 의무를 부과해왔으나, DeFi는 애초에 중개 기관을 없애고 탈중앙화된 프로토콜을 통해 금융 거래를 자동화하기 때문이다. 이에 따라 규제 당국은 프로토콜 운영자, 인터페이스 제공자, 코드 개발자, DAO(탈중앙화 자율조직) 등 다양한 요소를 중심으로 규제 접근법을 새롭게 모색하고 있다.

미국은 아직 DeFi에 대한 구체적인 규제 프레임워크를 확립하지 않았으나, 기존 금융 규제 틀을 응용하여 프로토콜의 탈중앙화 정도에 따라 규제 적용 여부를 결정하는 '실질적 통제력(substantial control)' 기준을 적용하고 있다. 개발자나 사용자 인터페이스 제공자가 특정 프로토콜을 통제할 수 있다면, 이들을 규제 대상으로 간주할 가능성이 크다.

EU 역시 현재의 MiCA 규정에서 DeFi를 명시적으로 다루지는 않고 있지만, 별도의 DeFi 규제 프레임워크를 개발하고 있다. 기술 중립적 원칙과 '동일 리스크, 동일 규제' 철학을 기반으로, 프로토콜의 탈중앙화 수준을 고려한 차등적 규제를 검토 중이다.

영국은 금융서비스 및 시장법(FSMA)의 개정을 통해 DeFi를 명확히 규제 대상에 포함시키려는 움직임을 보이고 있으며, 주체가 아닌 금융 활동 자체에 집중하는 '활동 기반 규제(activity-based regulation)' 방식을 채택하고 있다. 이를 통해 혁신과 규제 사이의 균형을 유지하려는 전략을 추구한다.

싱가포르와 스위스는 DeFi 분야에서도 유연한 원칙 기반 규제를 적용하며, 개별 사례마다 심층적 평가를 통해 적절한 규제를 적용하고 있다. 이는 혁신과 리스크 관리를 동시에 촉진하는 접근법으로, 규제 명확성이 높은 지역으로 글로벌 DeFi 프로젝트를 유치하는 결과를 낳고 있다.

MakerDAO는 이러한 규제 환경에 대한 현실적 대응 사례로, 조직을 여러 개의 Core Unit으로 분리하여 법적 위험성을 관리하면서도 프로토콜의 탈중앙성을 유지하는 방식을 선택했다. 이는 DeFi 프로젝트들이 현실적 규제 압력 속에서 생존과 혁신을 동시에 추구하는 실용적 전략의 모범 사례로 평가받는다.

결국 DeFi 규제는 기술 혁신과 금융 안정성, 소비자 보호 사이의 균형점을 찾아가는 과정에 있으며, 앞으로 글로벌 금융 생태계에 중요한 영향을 미칠 것으로 보인다. DeFi에 대한 명확한 규제 틀이 마련될수록 제도권 금융과의 연계가 강화되면서 금융 혁신의 폭이 더욱 확대될 가능성이 높다.

14. 중앙은행 디지털화폐(CBDC)와 민간 디지털자산의 공존 가능성

중앙은행 디지털화폐(CBDC)가 등장하면서, 민간 영역에서 발행되는 스테이블코인과 암호화폐가 기존 금융 시스템과 어떻게 공존할 것인지에 대한 논의가 본격적으로 진행되고 있다. CBDC는 국가 주도로 발행된 디지털 화폐로, 현금과 동일한 법적 지위를 가지면서 동시에 디지털 환경에서 편리하게 사용할 수 있는 장점을 갖추고 있다. 이러한 CBDC의 도입은 디지털 금융 생태계 전체에 근본적인 변화를 초래할 전망이다.

CBDC와 민간 디지털 자산의 공존 방식은 각국의 경제 상황과 정책 목표에 따라 여러 가지 유형으로 나타나고 있다. 특히 중국, 유럽연합, 일본, 미국, 한국은 각기 다른 접근법을 통해 민간 부문의 디지털 자산과 CBDC 간의 관계를 설정하고 있다.

중국은 CBDC 도입에서 가장 앞서 있으며, 디지털 위안화를 이미 실생활 결제 수단으로 폭넓게 확산시키고 있다. 중국의 전략은 명확히 민간 디지털 자산을 배제하는 방식이다. 민간 스테이블코인을 사실상 금지하면서 디지털 위안화를 통해 결제 시장을 중앙에서 엄격히 통제하는 대체 모델을 채택하고 있다. 중국 정부는 이를 통해 자본 유출을 막고 금융 주권을 강화하려 하고 있으며, 이는 중앙 집중적 금융 통제력을 유지하려는 의도로 볼 수 있다.

유럽연합(EU)의 경우, ECB가 디지털 유로를 준비 단계에서 시범 운영으로 전환하며 CBDC 도입을 적극 추진하고 있다. EU는 민간에서 발행되는 스테이블코인의 존재 자체는 허용하되, '암호자산시장규제(MiCA)'를 통해 엄격한 규제를 부과하여 공존 모델을 구축하고 있다. MiCA는 민간 스테이블코인 발행자들에게 준비금 유지와 사용자 보호 의무를 부과해 민간 자산의 신뢰성과 안정성을 제고한다. 이를 통해 CBDC와 민간 디지털 자산 간의 경쟁보다는 협력과 상호보완 관계를 추구한다.

일본은행은 디지털 엔 도입을 추진하는 동시에 민간 스테이블코인 발행을 은행, 송금업자, 신탁회사와 같은 제한된 기관에만 허용하는 이원화 모델을 선택했다. 일본은 CBDC를 통해 공공 부문이 제공하는 금융 인프라를 강화하고, 민간 스테이블코인을 제한적으로 허용하여 공공과 민간의 금융 서비스가 상호보완적으로 작용하도록 설계하고 있다. 이는 공적 영역과 민간 영역이 각각의 역할을 명확히 분담하는 모델이라고 할 수 있다.

미국 연방준비제도(Fed)는 디지털 달러 도입에 대해 매우 신중한 태도를 보이면서도 연구와 실험을 지속하고 있다. 특히 2025년 트럼프 행정부 이후 미국은 달러 기반 민간 스테이블코인을 적극 지원하는 동시에, 디지털 달러 연구를 병행하여 미국 달러의 글로벌 지배력을 강화하려는 전략을 펼치고 있다. 미국의 접근법은 CBDC와 민간 디지털 자산을 서로 경쟁시키는 대신, 민간이 발행하는 스테이블코인의 글로벌 영향력을 활용하여 CBDC의 보완재로서 활용하는 상호보완 모델로 분류할 수 있다.

한국의 경우는 CBDC 도입을 위한 파일럿 사업을 본격화하고 있으며, 금융기관과 핀테크 기업의 적극적인 참여를 유도하는 이중층 모델을 설계하고 있다. 한국은행이 발행한 디지털 원화를 민간 금융기관이 중개하고 유통하는 구조로서, 민간의 스테이블코인 및 기타 디지털 자산과의 공존을 허용할 것으로 예상된다. 다만, 아직까지는 민간 스테이블코인에 대한 명확한 규제 체계가 정립되지 않아 향후 추가적인 논의가 필요하다.

각국의 다양한 접근법은 CBDC와 민간 디지털 자산이 반드시 상호 배타적인 관계가 아니라, 목적과 활용 방식에 따라 다양한 공존 방식을 형성할 수 있음을 보여준다. CBDC 도입은 민간 디지털 자산 시장의 재편을 촉진할 뿐 아니라 금융 중개기관의 역할 변화를 초래할 가능성도 있다. 또한 국제 결제 시스템에도 영향을 미치며, 금융 프라이버시와 정부의 감시 권한 사이의 균형 문제도 함께 고려해야 한다.

앞으로 CBDC가 글로벌 금융 시스템에서 차지하는 비중이 높아질수록 민간 디지털 자산과의 관계 설정은 더욱 중요한 정책 과제로 자리 잡을 것이다. 이 과정에서 각국은 민간의 혁신 역량을 활용하면서도, 금융 안정성과 소비자 보호, 국가 통화 주권이라는 중요한 가치를 유지할 수 있도록 적절한 균형을 찾아야 한다. 이러한 균형점을 찾는 과정에서 글로벌 협력과 규제 조화의 중요성도 더욱 강조될 것이다.

15. 디지털 자산 규제와 시장 구조 변화

디지털 자산 규제가 본격적으로 도입되면서 암호화폐 시장은 근본적인 구조 변화를 경험하고 있다. 초기의 암호화폐 시장은 규제가 없거나 매우 제한적인 환경에서 성장했으나, 본격적인 규제의 도입으로 시장 질서와 경쟁 구도가 새롭게 재편되고 있다.

16. 대형 거래소 중심의 과점화 현상

규제가 도입된 이후 가장 눈에 띄는 변화는 대형 거래소를 중심으로 한 과점 구조의 형성이다. 거래소 운영에 필수적인 고객신원확인(KYC), 자금세탁방지(AML), 최소 자본금 유지 등의 규제 준수 요건이 까다로워지면서 중소 규모 거래소들이 생존에 어려움을 겪고 있다. 한국에서는 특정금융정보법(특금법)이 시행되면서 '빅5'로 불리는 업비트, 빗썸, 코인원, 코빗, 고팍스와 같은 대형 거래소 중심의 시장 재편이 가속화되었다.

이러한 현상은 글로벌 시장에서도 마찬가지다. 바이낸스, 코인베이스, 크라켄과 같은 글로벌 대형 거래소들이 규제 준수 비용을 상대적으로 잘 감당할 수 있게 되면서, 이들의 시장 지배력이 강화되는 양상을 보이고 있다. 이러한 과정에서 시장 진입 장벽이 높아져 혁신적이지만 자본력이 부족한 소규모 스타트업이 어려움을 겪는 현상도 나타난다.

17. 지역적 규제 차이로 인한 시장 분화 현상

국가마다 디지털 자산에 대한 규제 방식이 다르다 보니 시장이 지역적으로 세분화되는 현상도 나타나고 있다. 미국 시장의 경우, 비트코인 현물 ETF 승인이 이루어지면서 전통 금융기관들의 참여가 본격화되었고, 기관 투자자 중심의 제도권 금융시장으로 편입되기 시작했다. 이에 따라 ETF와 같은 규제된 투자상품이 시장의 핵심을 이루고 있다.

유럽연합(EU)은 '암호자산시장규제(MiCA)' 시행으로 인해 명확한 규제 환경을 조성했다. 이로 인해 유럽 내 디지털 자산 시장은 더욱 활성화되었으며, 스타트업과 혁신 기업들이 유럽으로 몰리는 현상이 뚜렷하다. 싱가포르나 홍콩과 같은 아시아의 금융 중심지 역시 명확한 규제를 기반으로 글로벌 디지털 자산 허브로서의 지위를 굳히고 있다. 반면 중국이나 인도와 같이 강력한 규제를 적용하는 국가에서는 시장이 제한적이고 폐쇄적으로 운영되고 있다.

18. 규제 명확성과 기관 투자자의 시장 참여 확대

규제 명확성 증대는 전통 금융기관과 기관 투자자의 암호화폐 시장 진입을 촉진하는 역할을 하고 있다. 특히 2023년 비트코인 현물 ETF 승인 이후 기관 투자자들의 자금 유입 속도가 빨라지고 있으며, 글로벌 자산운용사와 은행, 연기금 등도 디지털 자산 관련 상품과 서비스를 적극적으로 확대하고 있다.

이러한 기관들의 참여 증가는 암호화폐 시장의 전반적인 안정성과 신뢰성을 높이는 긍정적인 효과를 가져오고 있다. 동시에 기존의 암호화폐 기업들도 규제 준수를 위한 제도권 금융의 방식과 유사한 운영구조를 채택하고 있다. 이와 같은 '기관화' 현상은 소비자 신뢰 확보와 규제 준수를 용이하게 만드는 전략적 선택이지만, 초기 암호화폐 시장이 강조했던 탈중앙화라는 본래의 가치와는 다소 거리가 멀어진다는 비판을 받기도 한다.

19. 혁신과 규제 사이의 균형

디지털 자산 규제에서 가장 중요한 과제는 소비자 보호와 금융 안정성을 확보하면서도 혁신을 억제하지 않는 균형점을 찾는 것이다. 이를 위해 여러 국가들이 다양한 접근 방법을 시도하고 있다.

1) 혁신을 장려하는 규제 샌드박스 모델

규제 샌드박스는 혁신을 장려하면서 규제 목적을 달성하는 대표적인 접근 방식이다. 영국 금융행위감독청(FCA)은 핀테크와 암호화폐 기업이 제한된 환경에서 혁신적 비즈니스 모델을 안전하게 시험할 수 있도록 규제 샌드박스를 운영하고 있다. 이 모델은 싱가포르, 호주, 한국 등 여러 국가로 확산되어, 기술 혁신과 규제 간 균형을 유지하는 효과적인 수단으로 인정받고 있다.

스위스의 '토큰 경제법'도 좋은 예이다. 스위스는 기존 금융법을 토큰 기반 경제에 맞추어 개정하면서 혁신의 속도를 유지하는 유연한 규제 환경을 제공하고 있다. 이를 통해 법적 불확실성을 해소하고 혁신적인 기업의 성장을 지원하고 있다.

2) 자율규제를 통한 민간과 정부의 협력

일본의 경우, 정부와 민간이 협력하는 자율규제기구를 통해 균형 잡힌 접근을 실현하고 있다. 일본가상통화교환업협회(JVCEA)는 정부 규제와 업계의 자율규제를 결합하여 규제의 전문성을 높이고 소비자 보호와 시장 신뢰성을 동시에 확보하는 역할을 하고 있다. 이는 규제 당국의 부족한 전문성을 민간의 전문성으로 보완하고, 동시에 업계의 자율성을 보장하여 혁신을 촉진하는 효과를 거두고 있다.

3) 규제 명확성 부족의 부작용과 최근의 변화

반면 미국 증권거래위원회(SEC)의 과거 접근 방식인 '규제를 통한 집행(regulation by enforcement)' 방식은 사전적으로 명확한 규제 지침 없이 개별 사건별로 규제를 적용하는 방식이었다. 이는 시장 참여자들에게 규제 예측 가능성을 떨어뜨리고 불확실성을 증가시키는 문제를 낳았다. 하지만 2025년 트럼프 행정부 출범 이후 명확하고 친산업적인 정책이 채택되면서 규제 접근 방식에도 변화가 나타나고 있다.

4) 성공적인 규제 허브의 공통점

규제 명확성과 혁신 지원 간의 균형을 잘 맞춘 국가들은 현재 글로벌 디지털 자산 허브로 주목받고 있다. 싱가포르, 스위스, 영국과 같은 국가들은 명확한 규제 환경을 구축하면서도 혁신 기업들이 마음껏 사업을 펼칠 수 있도록 다양한 지원을 제공하고 있다. 이들 국가는 기술 중립적이고 원칙 기반의 규제 방식을 채택하여 혁신을 촉진하면서도 시장의 안정성을 유지하고 있다.

디지털 자산 규제는 단순히 시장 참여자에 대한 규제를 넘어, 전체 금융 생태계의 미래를 설계하는 중요한 정책적 과제가 되고 있다. 앞으로의 규제 방향은 혁신을 위한 공간을 충분히 제공하면서도 소비자 보호와 금융 안정성을 확실히 담보할 수 있는 균형 잡힌 접근이 중심이 될 것이다. 이 과정에서 국제적 협력과 조율이 필수적이며, 명확한 규제 환경을 구축하는 국가가 디지털 자산 시장의 미래를 선도하게 될 것이다.

20. 지역별 산업 생태계 변화

디지털 자산 규제는 각 지역의 산업 생태계를 독특한 방식으로 형성하고 있다. 규제 환경에 따라 다양한 유형의 기업과 서비스가 발전하는 현상이 나타나고 있다.

미국은 트럼프 행정부의 친암호화폐 정책에 힘입어 제도권 투자 상품의 성장, 컴플라이언스 기술 기업의 발전, DeFi 혁신의 지속, 전통 금융과의 융합 등 다양한 변화를 보이고 있다. 특히 2025년 3월 트럼프 대통령이 서명한 비트코인 전략비축 행정명령은 비트코인을 국가 자산으로 인정하는 상징적 조치로, 미국 내 암호화폐 산업에 대한 신뢰를 크게 높였다.

유럽에서는 MiCA 규제가 디지털자산 생태계에 범유럽 서비스 확산, 스테이블코인 시장 구조화, 기관 간 협력 강화, 지속가능성 중심 혁신 등을 가져왔다. 2023년 6월 제정된 MiCA는 2024년 6월부터 일부 조항이 시행되었으며, 주요 규정은 2024년 12월 30일부터 전면 시행되었다. 이를 통해 암호화폐 발행자와 서비스 제공자에 대한 투명성, 공시, 승인 및 감독이 강화되었다.

아시아 지역은 국가별로 다양한 규제 접근법이 공존하면서 특색 있는 생태계를 형성하고 있다. 싱가포르는 명확한 규제 틀과 친화적 환경을 바탕으로 글로벌 디지털 자산 기업들의 아시아 허브 역할을 하고 있다. 일본은 포괄적 규제 체계와 소비자 보호 중심 접근법을 통해 소매 투자자들에게 안전한 환경을 제공하고 있다. 한국은 2024년 7월 가상자산법 시행 이후 이용자 자산 보호와 시장 건전성 확보에 중점을 둔 규제 체계를 구축했다. 홍콩은 암호화폐 규제를 완화하면서 중국 본토 시장과 글로벌 시장을 연결하는 교두보 역할을 수행하고 있다.

이러한 지역별 산업 생태계의 분화는 글로벌 디지털 자산 기업들이 지역 맞춤형 전략을 수립하는 결과로 이어지고 있다. 동일한 기업이라도 각 지역의 규제 환경에 따라 다른 서비스와 사업 모델을 채택하는 현상이 확산되고 있다.

21. 디지털 자산 규제의 국제 표준화 흐름

디지털 자산의 국경 초월적 특성은 규제 국제 표준화의 필요성을 높이고 있다. 현재 FATF, FSB 등 국제기구를 중심으로 디지털 자산 규제의 최소 표준을 수립하려는 노력이 진행되고 있으며, 이러한 움직임은 더욱 강화될 전망이다. 국제 표준화를 추진하는 주요 동인으로는 규제 쇼핑 방지, 글로벌 금융 안정성 보호, 효율적인 감독을 위한 국제 협력, 산업 발전 지원 등이 있다.

EU의 MiCA 규제는 사실상의 글로벌 표준으로 자리잡을 가능성이 커지고 있다. 2023년 6월 제정되어 2024년 12월 30일부터 주요 규정이 전면 시행된 MiCA는 '브뤼셀 효과'를 통해 EU 역외 지역에도 영향을 미치고 있으며, 많은 국가와 기업들이 MiCA 기준에 맞추어 자체 규제를 조정하고 있다.

G20과 주요 국제기구들도 글로벌 디지털 자산 규제 프레임워크 구축에 중요한 역할을 수행하고 있다. FATF는 가상자산에 대한 글르벌 자금세탁방지(AML) 기준을 제시하고 있으며, 2024년 6월에는 트래블 룰 이행 현황을 업데이트하며 각국의 신속한 준수를 촉구했다. FSB는 디지털 자산에 대한 글로벌 규제 권고안을 발표했고, BIS는 중앙은행 간 CBDC 협력 프로젝트를 추진하고 있다. IMF와 세계은행도 정책 가이드라인과 기술 지원을 등해 규저 체계 구축을 지원하고 있다.

그러나 글로벌 표준화에는 여전히 중요한 한계와 도전 과제가 존재한다. 국가별 금융 시스템과 법체계 차이, 지정학적 경쟁, 기술 발전 속도, 주권 문제 등이 완전한 국제 표준화를 어렵게 만들고 있다. 특히 미국 트럳프 헝정부의 친암호화폐 정책과 EU의 MiCA 접근법 차이는 글로벌 규제 조화의 복잡성을 단적으로 보여준다.

향후 완전한 글로벌 통일 규제는 어렵겠지만, 핵심 영역인 자금세탁방지(AML/CFT), 소비자 보호, 스테이블코인 규제 분야에서는 상당한 수준의 국제적 수렴이 이루어질 것으로 전망된다. 특히 FATF의 트래블 룰과 같은 기본적인 자금세탁방지 요건은 점차 글로벌 표준으로 자리잡을 가능성이 높다.

22. 디지털 자산 규제의 리스크 기반 접근

모든 디지털 자산을 동일하게 규제하기보다 리스크 수준에 따라 차별화된 규제를 적용하는 '리스크 기반 접근법'이 글로벌 트렌드로 자리잡고 있다. 이는 EU의 MiCA가 채택한 방식으로, 스테이블코인과 일반 암호자산에 대해 서로 다른 수준의 규제를 적용하는 것이 대표적 사례다.

리스크 기반 접근법은 비례성 원칙, 자원의 효율적 배분, 혁신 공간 확보, 적응성 등의 특징을 가진다. 과도한 규제로 인한 혁신 저해를 방지하면서도, 시스템적 리스크가 높은 영역에 대해 집중적인 감독을 가능하게 한다.

디지털 자산 규제에서 리스크 평가의 주요 기준은 시스템적 중요성, 소비자 노출도, 사용 사례, 기술적 리스크, 운영 복잡성 등이다. 특히 지급결제 시스템과 연결될 가능성이 높은 스테이블코인과 같은 디지털 자산에는 보다 엄격한 규제가 적용되는 경향이 있다.

향후 디지털 자산 규제는 더욱 정교한 리스크 기반 접근법으로 발전할 전망이다. 특히 AI와 데이터 분석을 활용한 실시간 리스크 모니터링과 동적 규제 시스템이 등장할 가능성이 높다. 이는 정적인 규제 체계보다 빠르게 변화하는 암호화폐 시장에 더욱 효과적으로 대응할 수 있는 방식이 될 것이다.

23. 적응적 규제 프레임워크의 중요성

디지털 자산 기술의 빠른 발전 속도를 고려할 때, 규제 체계 역시 빠르게 적응할 수 있는 유연성을 갖추는 것이 중요하다. 일본의 사례에서 볼 수 있듯, 시장 변화와 사고 경험을 반영하여 규제를 지속적으로 업데이트하는 '적응적 규제' 모델이 점차 중요해지고 있다.

적응적 규제 프레임워크의 핵심 요소로는 실험적 접근법, 단계적 구현, 성과 기반 규제, 지속적인 평가와 개선 메커니즘, 이해관계자 참여 등이 있다. 이러한 요소들은 규제가 기술 발전 속도를 따라가지 못해 발생하는 '규제 지체' 현상을 완화하는 데 도움이 된다.

한국은 특금법 시행 이후 가상자산법 제정을 통해 적응적 규제 프레임워크를 구축하고 있으며, 2025년 이후 2단계 입법을 예정하고 있다. 이러한 단계적 접근은 시장과 기술의 발전 속도에 맞춰 규제를 점진적으로 조정할 수 있게 해준다.

적응적 규제는 빠르게 변화하는 디지털 자산 환경에서도 혁신을 저해하지 않으면서 소비자 보호와 시장 안정성을 동시에 확보할 수 있는 효과적인 접근법이다. 한국이 이러한 접근을 지속한다면, 디지털 자산 산업의 건전한 발전을 지원함과 동시에 글로벌 경쟁력도 확보할 수 있을 것이다.

24. 디지털 자산 전략과 규제의 글로벌 흐름

각국은 자국의 금융 시스템 특성, 기술 발전 수준, 국제적 위상 등을 고려해 차별화된 디지털 자산 전략을 수립하고 있다. 이러한 전략적 대응은 단순한 규제를 넘어 국가 경쟁력과 금융 주권에 관한 장기적 비전을 반영한다.

미국 트럼프 행정부는 '비트코인 초강대국' 비전을 제시하며 디지털 자산을 국가 경쟁력 강화 도구로 활용하려는 전략을 채택했다. 2025년 3월 전략적 비트코인 비축고 설립, 스테이블코인 육성을 통한 달러 패권 강화, 명확한 규제 틀 제공을 통한 혁신 촉진이 핵심 전략이다. 이는 디지털자산을 국가 전략적 자산으로 인식하는 접근법의 획기적 전환을 보여준다.

EU는 MiCA를 통한 통합 시장 구축으로 규모의 경제를 활용하고, 디지털 유로 개발을 통해 국제 결제 시스템에서의 영향력을 유지하려는 전략을 추진하고 있다. 특히 글로벌 디지털자산 규제 표준을 선도하려는 목표를 갖고 있으며, MiCA는 이 전략의 핵심 기반이 되고 있다.

중국은 디지털 위안화를 통해 국내 지급결제 시스템을 현대화하고, 장기적으로는 국제 결제에서 달러 의존도를 줄이려는 전략을 추진하고 있다. 민간 암호화폐는 제한하는 반면 블록체인 기술은 적극 육성하는 이중 접근법을 채택하고 있다.

싱가포르는 글로벌 디지털 자산 허브로서 위상을 강화하고 있으며, 기존 금융 중심지 역할을 디지털 시대에 확장하려 하고 있다. 2023년 8월 도입한 단일 통화 스테이블코인 규제 프레임워크는 인재 유치, 연구개발 지원, 국제 협력 강화 등 생태계 육성 전략과 맞물려 추진되고 있다.

일본은 디지털 엔 개발과 함께 민간 스테이블코인을 제도권 내에서 육성하는 이원적 접근법을 채택했다. 2023년에는 스테이블코인 규제 법안을 시행하고, 디지털청 중심으로 'Web3 정책본부'를 출범시켜 Web3 산업 육성에 본격 착수했다. 일본은 소비자 보호와 금융 안정성을 중시하면서도 디지털 혁신을 촉진하는 균형 잡힌 전략을 추진하고 있다.

한국은 2020년 특금법 시행 이후 2024년 가상자산법을 통해 제도권 규제 체계를 정교화했다. 소비자 보호와 시장 투명성 확보에 중점을 두는 동시에, 2025년에는 CBDC 파일럿 사업을 통해 디지털 금융 혁신에도 나설 계획이다. 향후 2단계 입법에서는 발행시장 규율, NFT와 DeFi 영역의 법제화도 추진할 예정이다.

각국이 디지털 자산 전략을 수립할 때 고려하는 핵심 요소는 금융 주권과 통화 정책, 데이터 주권, 기술 주도권, 지정학적 영향력, 산업 경쟁력 등이다. 이러한 요소를 균형 있게 고려하는 국가가 디지털 금융 시대의 경쟁 우위를 확보할 가능성이 높다.

디지털 자산 규제의 진화 과정을 살펴볼 때 가장 중요한 교훈은 '균형'이다. 지나치게 엄격한 규제는 혁신을 저해할 수 있으며, 규제 부재는 소비자 피해와 시스템 리스크를 초래할 수 있다. 디지털 자산 규제의 성공 여부는 다양한 목표 사이에서 적절한 균형점을 찾는 데 달려 있다.

특히 한국과 같이 디지털 자산 채택률이 높고 기술 혁신이 활발한 국가는 단순히 외국 규제를 답습하기보다, 자국 상황에 맞는 독자적 규제 모델을 개발하는 것이 중요하다. 2024년 가상자산법 시행과 2025년 예정된 2단계 입법은 디지털 자산의 혁신적 잠재력을 활용하면서 금융 안정성과 소비자 보호를 동시에 확보할 수 있는 기회가 될 것이다.

결국 디지털 자산 규제는 단순한 통제 메커니즘이 아니라, 새로운 디지털 금융 패러다임으로의 안전하고 질서 있는 전환을 관리하는 도구로 기능해야 한다. 균형 잡힌 접근법만이 디지털 자산이 가진 혁신적 잠재력을 최대한 실현하면서 사회적 리스크를 최소화할 수 있는 길이다.

궁극적으로 디지털 자산 규제는 단기적 대응이 아니라, 21세기 금융 주권을 위한 장기적 전략의 핵심 축이 되어야 한다.

2장 블록체인이 가져올 새로운 미래

1절 변화의 시작

개인과 기업이 암호화폐와 블록체인 시스템을 사용하는 것이 일상이 된다면 국가는 어떤 모습일까? 국가 단위에서 암호화폐를 발행하고 블록체인 시스템이 국가와 기업의 주요 시스템으로 자리 잡은 미래의 모습을 상상해보자. 현재 에스토니아와 베네수엘라는 국가 차원에서 암호화폐를 발행하였고, 영국과 중국의 중앙은행도 암호화폐 발행을 검토하고 있다. 이 상상이 그리 먼 미래가 아닐 수 있다.

국가가 발행한 암호화폐와 블록체인 시스템이 경제활동에 일상적으로 사용된다면, 즉 국가가 발행한 암호화폐가 경제활동을 기록하는 블록체인 시스템과 연동된다면 놀라운 변화가 일어날 것이다.

첫째 조세제도에 일대 변화가 올 것이다. 세금을 부과하고 추징하는 역할을 하는 국세청, 회사나 개인의 납세 활동을 지원하는 회계법인과 세무사무소의 역할이 대폭 줄어들 것이다. 블록체인을 통해서 거래가 이루어진다면 국가는 국세청이나 금융기관을 거치지 않고도 P2P 네트워크에 분산되어 저장되는 블록체인 장부를 통하여 회사 또는 개인의 경제활동에 따른 손익을 분기나 연 단위가 아닌, 실시간으로 투명하게 알 수 있다. 회사들도 회계법인, 세무사무소 또는 금융기관을 거치지 않고 블록체인 시스템을 통해서 정부와 재무정보를 실시간으로 투명하게 공유할 수 있다.

국가가 발행하는 암호화폐에는 스마트 컨트랙트 기능이 있어서 회사나 개인이 국가가 발행한 암호화폐를 이용하여 경제행위를 할 때, 국가가 발행한 암호화폐에 프로그래밍되어 있는 세법에 따라 자동으로 세금이 납부될 것이다. 개인이나 기업으로서는 일상적인 경제활동을 통해서 자동으로 세금이 납부되기 때문에 탈세가 사라져 억울한 세무조사를 받지 않아도 된다. 국가는 세무조사를 통해서 개인이나 기업이 덜 낸 세금을 조사하고 이를 추징하기 위해 불필요한 국력을 낭비하지 않아도 된다.

둘째, 국가 또는 지역 공동체를 위해 헌신하는 사회의 구성원들에게 훈장이나 상장이 아닌 국가가 발행하는 암호화폐가 지급될 것이다. 스팀(Steem)이라는 암호화폐 플랫폼은 콘텐츠 창작자에게 암호화폐로 보상을 한다. 예를 들어 스팀 플랫폼에 글을 써서 올려 이용자들로부터 페이스북의 '좋아요'에 해당하는 업보트(upvote)를 많이 받으면, '스팀'이라고 불리는 암호화폐를 보상으로 준다. 좋은 글을 써서 플랫폼의 발전에 이바지한 이익을 플랫폼이 독차지하는 것이 아니라 글쓴이와 나눠 갖는 것이다.

암호화폐와 블록체인 시스템이 바꾸는 '분산경제'란 생산자(글쓴이)와 유통업자(플랫폼 소유주)가 이익을 공평하게 나누는 것이다. 이 논리를 국가라는 플랫폼에 적용하면 국가를 유지하는 데 이바지한 군인, 경찰, 소방관, 시민들은 국가라는 플랫폼이 존재하기에 안전하게 경제활동을 함으로써 이익을 창출한 개인들과 기업의 이익을 나누어 가질 권리가 있다. 국가라는 플랫폼의 유지 및 발전에 이바지한 국민은 훈장이나 상장뿐만 아니라 국가가 발행하는 암호화폐를 받게 될 것이다.

셋째, 국가의 암호화폐 제도화를 위한 국가의 전자지갑 및 사설거래소에 대한 규제가 바뀔 것이다. 국가는 모든 전자지갑을 실명으로 전환하고, 사설거래소를 폐지할 것이다. 국가는 암호화폐로 인한 범죄 및 탈세 행위를 막기 위해 익명 전자지갑을 금지할 것이다. 익명으로 된 전자지갑이 범죄나 탈세 행위에 사용된다면 암호화 기술로 증거를 찾기 어렵다. 이런 부작용을 막기 위해 암호화폐 사용을 위한 전자지갑은 국가의 블록체인 데이터베이스에 실명으로 등록해야 사용을 할 수 있을 것이다. 국민은 국가가 발행한 암호화폐뿐만 아니라 전 세계적으로 통용되는 암호화폐를 자유롭게 사용할 수 있으므로, 전자지갑을 숫자 제한 없이 만들 수 있다. 단 모든 전자지갑은 국가의 DB에 반드시 실명으로 등록해야 한다.

암호화폐의 세계에서 부가 집중되는 곳이 있다. 바로 거래소이다. 라이트닝 네트워크 등의 기술이 잘 개발되어 적용된다면, 거래소는 점차 사라지거나 P2P 거래소의 모습으로 변할 것이다. 새로운 기술을 적용한 P2P 거래소는 적은 수수료로 거래를 빠르게 처리할 수 있다. 이미 Decentralized Exchange 기술이 나왔다. 이 기술을 이용한 분산거래소는 사용자들끼리 자금을 통제하므로 익명성이 아주 높아지며 해킹이나 사고 가능성이 상대적으로 작다. 그러나 사용하기에 불편하고 다양한 기능을 구현하기 어려우며, 유동성이 낮다. Bitsquare, Bitshares, Openledger, Counterparty DEX, OmiseGo 등의 암호화폐가

이 기술을 적용하고 있다. 암호화폐 경제의 중간 거래자 역할을 하며 거래 수수료를 독점하는 사설거래소는 모두 폐지되고, 개인 또는 기업 간의 P2P 거래만이 허용될 것이다.

암호화폐는 세계 질서를 변화시킬 것이다. 암호화폐는 국가 단위의 경제생태계가 비즈니스 단위의 경제생태계로 변화해가는 역사의 수레바퀴가 더 빠르게 굴러가도록 도울 것이다.

국가 단위의 경제생태계에서는 국가별로 경쟁력이 약한 전략산업은 수입품에 대한 관세 및 국가보조금을 통해 보호하고, 경쟁력 있는 산업은 지원하여 수출한다. 국가별로 서로 다른 화폐를 사용한다. 이미 경제적 국경이 무너졌다고 하지만, 그것은 일정 규모가 되는 기업에 해당하는 이야기이고 소상인들에게 국경은 여전히 높은 장벽이다. 화폐의 이동에도 많은 법적 제한이 있다.

대부분 사업자는 국가 내부에서만 여러 가지 비즈니스를 운영한다. 이런 형태로 국가 단위의 경제생태계는 반 정도 닫힌 채 유지되어왔다. 국경이라는 장벽으로 닫힌 경제체제는 국가의 통제 속에 매우 오랜 시간 비효율적이면서 방만한 형태로 운영됐다. 통신 기술과 이동수단이 발달하며 폐쇄된 경제구조도 조금씩 변화하고 있지만, 여전히 국경뿐만 아니라 각 나라의 고유 화폐로 인한 경제적 장벽은 국가 단위의 폐쇄된 경제생태계 유지를 도왔다. 특정 국가 권력자들의 어리석은 욕심이나 정부의 잘못된 정책으로 인한 폐해는 해당 국가의 국민이 고스란히 감내해야 했다.

열린 경제생태계에서는 경제가 살아 움직인다. 경제적 주체들은 건전한 경쟁과 협력을 통해 효율성을 자발적으로 찾을 수 있다. 비효율적인 정책과 산업은 그 과정에서 자연스레 도태된다. 그러나 국경과 화폐로 닫힌 생태계에서 효율성을 찾으려는 시도는 번번이 국경과 화폐로 쌓은 벽에 부딪힌다. 이렇게 단절된 세계의 경제구조는 효율적이고 강한 국가에만 큰 성장을 가져왔고, 비효율적이고 약한 국가들과의 경제적 격차는 점점 커졌다. 닫힌 경제생태계는 강한 국가가 약한 국가를 착취하기 쉬운 형태를 만들었고, 그런 형태가 고착되어 수 세기 동안 국가별 경제력 차이가 줄어들지 않았다. 부유한 나라의 국민은 풍요로움으로 인한 다이어트를 걱정하고, 가난한 국가의 국민은 생존을 위한 물과 식량이 부족하여 영양실조와 작은 질병에도 죽어간다.

강한 국가에서는 약한 국가에 '원조'라는 이름으로 작은 경제적 혜택을 베푼다. 만약 국경이 막히지 않았고, 화폐가 통일된 열린 경제생태계였다면 부유한 나라의 공장이 쉽게 옮겨갔을 것이고 약한 나라는 기술을 습득할 기회를 얻었을 것이다. 어떻게 하면 이 벽을 허물어서 같은 인간으로서 같은 지구에 사는데 한쪽에서는 식량이 없어 죽어가고, 다른 한쪽에서는 다이어트를 걱정하는 현실을 바꿀 수 있을까?

암호화폐에서 답을 찾을 수 있다. 암호화폐는 그 특성상 국가라는 중앙 관리체제의 속박을 받지 않는다. 수요와 공급이라는, 가장 빠르고 간결하며 효율적인 경제 흐름을 따라갈 뿐이다. 암호화폐의 특성과 경제 효율이라는 원리에 따라 전 세계가 단일 경제권으로 묶이면 자연스레 전 세계는 국경을 초월하여 경제적 교류와 협력을 이어갈 수 있다. 이렇게 시간이 지나면 국가라는 개념도 희박해질 것이다. 암호화폐의 세상에서는 이미 이런 상상이 현실이 돼가고 있다. 현시점에서도 비트코인과 이더리움이 기축통화의 역할을 하고 있고, 다른 알트코인과 자유롭게 교환되고 있다. 비트코인과 이더리움이 달러와 같은 역할을 하고 있다. 국경을 넘나드는 암호화폐의 교환에는 어떤 법적 구속도 없다.

앞으로 사회는 기술에 따라 생활 방식이 바뀔 것이고, 그런 생활 방식의 변화와 기술 진보를 통한 습관의 변화는 지속해서 새로운 필요를 만들어갈 것이다. 그리고 매 순간 그 필요에 맞는 새로운 암호화폐가 생성되어 운영될 것이다. 즉 경제기반이 국가 단위에서 산업, 비즈니스 단위로 변화하는 것이다.

이미 암호화폐 세계에서 우리는 이런 현상을 경험하고 있다. 음악을 듣기 위해서는 뮤직코인, 책을 읽기 위한 북코인, 목재가 필요할 때는 목재코인, 석유가 필요할 때는 석유코인 등의 형태로 니즈(needs) 중심의 경제지도가 만들어질 것이다. 이렇게 사용자의 니즈를 알아채고 그것을 비즈니스화하는 구조가 정착될 것이다.

사용자의 니즈는 시대의 흐름에 맞추어 계속 변화해왔다. 소비자의 니즈를 파악하고 새로운 비즈니스를 구축하는 형태는 이미 많은 비즈니스에서 일어나는 일이지만 암호화폐를 이용할 경우 아이디어만 가지고도 효율적으로 투자를 받을 수 있으며, 적은 자본으로도 시장에 진입할 수 있어 진입장벽이 크게 낮아진다. 이렇게 국가 간에 여러 니즈를 암호화폐에 녹여 바다에 띄워 보낸다면 국경을 넘어 자본과 기술자들을 태우고 돌아와서 비즈니스를 함께할 수 있는 날이 곧 오게 될 것이다. 암호화폐는 국경을 매우 쉽게 넘는다.

2절 디지털 경제와 블록체인

1. 디지털 경제의 부상과 데이터의 가치

디지털 기술의 발달과 함께 기존에 존재하지 않았던 새로운 산업군의 기업들이 등장했다. 대표적인 산업이 공유경제이다. 차량을 소유하지 않는 우버는 이용객 기준으로 택시업계의 1위 기업이 되었고, 호텔을 소유하지 않는 에어비앤비는 호텔업계 매출 1위 기업이 되었다. 이들은 전통산업으로 분류되기보다 새로운 디지털 기술기업으로 분류된다.

디지털 기술은 전통산업의 경계를 무너뜨리며 산업을 빠르게 변화시키고 있다. 정보통신과 인터넷 기술의 발달로 전 세계 사람들이 디지털 경제에서 소통하게 되었다. 이제 '데이터는 디지털 경제 시대의 금'이라는 표현이 등장했다. 즉, 디지털 경제에서는 정보와 지적 산출물, 데이터의 가치가 핵심이 되었다.

디지털 경제에서 수혜를 누리는 기업들은 중앙 시스템을 통해 고객 데이터를 관리하고 소유하는 기업들이다. FANG(Facebook, Amazon, Netflix, Google)이나 BAT(Baidu, Alibaba, Tencent)와 같은 기업들은 고객이 남긴 디지털 지문(Digital footprint)을 중앙 시스템으로 분석하며 성장의 밑거름으로 삼는다.

2. 데이터 가치와 프라이버시의 문제

어느 날, 한 아버지가 우연히 딸의 노트북에서 아마존에 접속했을 때, 육아 관련 제품들이 자동으로 추천되는 것을 보고 딸의 임신을 짐작하게 된다. 아마존은 딸의 구매 패턴을 분석하여 임신을 예측하고 맞춤형 상품을 추천했을 것이다. 그러나 원하지 않는 방식으로 임신 소식이 전해진 딸은 프라이버시 침해를 느꼈을 것이다.

이처럼 고객들은 자신도 모르는 사이에 '디지털 지문'이라 불리는 데이터를 남긴다. 이 데이터가 기업 성장에 절대적인 공헌을 하지만, 기업은 고객들에게 성장의 과실을 나눠주지 않는다. 데이터가 기업이 관리하는 중앙 시스템에 있기 때문에, 데이터를 관리하는 주체들은 소유권이 자신들에게 있다고 믿는다.

3. 자본주의의 한계와 공유경제의 시작

자본주의의 근간은 주주가 회사의 주인이라는 개념의 주식회사이다. 이 시스템은 산업화 시대에 효율적인 경제체제로 여겨졌지만, 한계가 분명하다. 회사의 진정한 주인이 누구인지에 대한 근본적인 질문에 공정한 답을 제시하지 못하기 때문이다.

회사는 노동력을 제공하는 노동자와 재화나 서비스를 소비하는 소비자에 의해 성장한다. 그러나 회사의 주인은 자본을 투자한 주주이다. 단지 설립 시 자본을 투자했다는 이유만으로 주주는 회사의 주인으로 대접받으며 성장에 따른 과실을 차지한다. 시간과 노력을 투자한 노동자와 제품을 소비하며 기업 성장에 간접적으로 이바지한 소비자들은 자본주의에서 소외된다.

공유경제는 이러한 질문에서 시작한다. '우버'와 '에어비앤비'가 탄생하며 공유경제라는 개념이 유행했다. 여기서 공유의 의미는 개인 소유물을 다른 사람과 공유한다는 것으로, 한번 생산된 재화나 서비스를 여러 사람이 공유해 쓰는 협업 소비를 기본으로 한다.

4. 현대 공유경제의 실상

공유경제를 비즈니스 모델로 삼은 우버와 에어비앤비는 세계적인 기업으로 성장했다. 그러나 플랫폼에 자신의 차량과 집을 제공한 적극적 참여자들은 직접적인 비용에 대한 대가만을 받았을 뿐, 회사 성장에 기여한 것에 대한 이익은 공유받지 못했다.

우버는 실제로 막대한 적자를 내는 회사로, 지난 3년간 누적 적자만 약 12조 원에 이른다. 하루에 100억 원 이상의 손실을 보고 있어 '좀비 기업'이라는 별명까지 얻었다. 우버는 직원을 아예 고용하지 않는 전략을 취하며, 운전자들은 직원이 아닌 자유 계약자 신분이다. 기존의 택시기사 2명이 받던 월급을 3~4명에게 쪼개 주고 회사가 20~25% 이상을 챙기는 구조로 운영된다.

이 과정에서 최저임금, 건강보험, 산업재해, 퇴직금 등 사용자가 져야 할 책임까지 회피하여 일자리가 불안정해지고 세금 징수가 어려워지는 등 국가 경제에도 부정적 영향을 미친다. 공유경제 기업의 가장 중요한 기술은 첨단 기술이 아닌 법률 회피의 기술이라고 볼 수 있다.

세계적인 블록체인 기반 암호화폐 개발자 조시는 우버의 최대 약점이 소수의 수익을 위해 존재하는 것이라고 지적했다. 우버의 공유경제체제는 사용자들에게 저렴하고 편리한 선택권을 주지만, 결국 수익은 플랫폼 참여자가 아닌 소수의 경영진과 주주들에게 돌아간다.

페이스북이나 인스타그램도 마찬가지이다. 사용자들은 무료로 창작물을 제공하고, 이런 콘텐츠가 모여 거대한 공유 공간이 되었지만, 플랫폼 성장에 기여한 참여자들은 회사 성장의 과실을 공유받지 못했다. 창업자 마크 저커버그를 세계 최연소 갑부로 만들어주었을 뿐이다.

5. 블록체인: 진정한 공유경제의 가능성

우리는 그동안 우리의 창의력과 노력이 착취당했음에도 인식하지 못했다. 이들 기업은 디지털 기술을 착취의 도구로 사용하고 있다. 그러나 디지털 기술 자체는 착취의 기술이 아니다.

블록체인 기술과 암호화폐는 이런 부조리한 공유 시스템에 도전장을 내민다. 구글, 유튜브, 페이스북, 네이버, 에어비앤비, 우버에 집중된 부가가치를 블록체인 시스템을 통해 재분배할 수 있다.

블록체인은 착취가 아닌 신뢰의 기술이다. 사용자 모두가 참여하여 중간자 없이 서로를 신뢰하고 과정을 투명하게 공유하게 해준다. 데이터를 생산하는 주체가 직접 관리하고 정당한 대가를 받을 수 있을 때, 진정한 디지털 공유경제가 가능해진다.

나아가 블록체인 기반 암호화폐가 활성화된다면, 금융의 중간 역할을 담당하며 각종 수수료 형태로 독점했던 금융의 부가가치들도 재분배될 것이다. 블록체인은 소수가 부를 독점했던 기존 시스템에 변화를 가져올 수 있는 혁신적 기술이다.

3절 대한민국의 미래를 위한 제언

1. 분단 현실과 통일의 경제적 가치

대한민국은 세계 유일의 분단국가다. 반세기가 넘는 분단의 세월 속에서 통일의 당위성에 대한 의문도 커지고 있다. 특히 약 5,000조 원에 달할 것으로 추정되는 통일 비용은 경제적 후퇴에 대한 우려를 심화시키고 있다.

그러나 한반도에 전쟁이 발발할 경우, 단순한 경제적 후퇴를 넘어 한국전쟁 이후 쌓아온 모든 경제적 성과를 잃을 수 있다는 점을 간과해서는 안 된다. '잃지 않으면 버는 것과 같다'는 관점에서 보면, 통일을 통한 전쟁 위험 제거는 그 자체로 막대한 경제적 이익이다. 통일 논의에는 전쟁 위험 해소에 따른 경제적 가치도 함께 고려되어야 한다.

남북한은 50년 이상 서로 다른 정치·경제 체제를 발전시켜 왔다. 통일은 주변 강대국들의 복잡한 이해관계를 고려해야 하는 난제다. 이러한 상황에서 현실 세계의 국경과 정치구조를 유지하면서, 암호화폐와 블록체인 기술을 매개로 경제적 협력을 선제적으로 추진하는 것은 실현 가능한 대안이 될 수 있다.

2. DMZ: 완충지대에서 경제협력 구역으로

개성공단의 가장 큰 성과는 경제적 이익보다 전쟁 위기를 조기에 감지할 수 있는 '경보 기능'에 있었다. 개성공단 폐쇄 이후 이러한 완충장치가 사라지면서, 작은 긴장에도 전쟁 가능성이 곧바로 거론되는 위험 증폭 현상이 나타나고 있다.

DMZ(Demilitarized Zone)는 본래 무력 충돌 방지를 위한 완충지대였다. 그러나 북한이 대륙간탄도미사일(ICBM)을 보유한 현재, DMZ는 상징적 의미만 남고 실질적인 억제 효과는 크게 약화되었다. 현대 군사기술 발전을 고려할 때, 새로운 방식의 전쟁 억제 방안이 필요하다.

3. 크립토커런시 밸리: 혁신적 DMZ 활용 방안

DMZ를 'Demilitarized Zone'에서 'Decentralized Money Zone'으로 재정의하고, 글로벌 암호화폐 특구로 육성할 것을 제안한다.

남북이 공동으로 조성하는 이 특구에서는 양측의 기존 법률이 아닌 별도의 법·제도 하에 ICO(Initial Coin Offering)와 블록체인 기술 개발을 지원하는 생태계를 구축한다. 개성에 스위스 추크(Crypto Valley)와 같은 암호화폐 도시를 조성해 세계 자본과 기술을 유치한다면, 전쟁 위험 완화, 경제발전, 기술혁신이라는 세 가지 목표를 동시에 달성할 수 있다.

남한의 자본력과 북한의 우수한 컴퓨터 인력이 결합하면, 글로벌 경쟁력을 갖춘 블록체인 혁신 클러스터를 형성할 수 있다. 토크나이제이션(Tokenization)을 통한 미래 수익의 유동성 극대화, 스마트 컨트랙트를 통한 투명한 계약 자동화도 가능하다.

4. 통일 한국(United Korea) 암호화폐 발행

대한민국은 통일 재원 마련을 위해 'United Korea' 암호화폐를 발행해야 한다. 이 암호화폐는 전 세계 시민들에게 통일 한국의 경제적 가치에 투자할 기회를 제공하고, 글로벌 이해관계자 네트워크를 구축한다.

암호화폐의 특성상 소액 투자도 가능해 대규모 자본가뿐만 아니라 일반 시민들도 쉽게 참여할 수 있으며, 블록체인 기반 시스템을 통해 투명성과 신뢰성을 확보할 수 있다.

이러한 국가 단위 ICO는 전례 없는 혁신이지만, 정교한 경제발전 계획과 투자자 이익 배분 구조를 갖춘다면 성공 가능성이 충분하다.

5. 경제적 실리 추구의 전략적 중요성

통일 한국 ICO는 인도주의적 접근이 아니라, 철저히 경제적 실리를 추구하는 전략이어야 한다. 주변 강대국들은 강력한 군사력과 경제력을 가진 통일 한국의 등장을 경계할 수 있다. 그러나 통일 한국에 투자한 전 세계 시민들은 경제적 이해관계자로서 통일을 지지할 가능성이 높다. 따라서 ICO 백서에는 구체적이고 실현 가능한 경제계획과 수익 배분 구조를 명확히 제시해야 하며, 철저한 시장 조사와 경제 분석을 기반으로 투자자 신뢰를 확보해야 한다.

6. 디지털자산 시장에서 시작하는 경제협력 모델

현실 세계의 정치적 갈등은 그대로 둔 채, 디지털자산 시장에서 경제협력을 선제적으로 시도해야 한다. '유나이티드 코리아'는 남북 공동으로 참여하는 가상 경제 공동체이며, 암호화폐를 기반으로 운영된다. 디지털자산 시장에서의 성공적인 협력 경험은 현실 세계의 협력으로 확장될 수 있는 촉매제가 될 것이다.

7. 구체적 사업모델: 희토류 개발 프로젝트

북한은 전 세계 주요 희토류 매장국 중 하나로 평가된다. 유나이티드 코리아는 ICO를 통해 조성한 자금으로 희토류 개발 프로젝트를 추진할 수 있다.

희토류 생산, 유통, 판매 전 과정은 블록체인 분산원장 시스템으로 투명하게 관리되고, 스마트 컨트랙트를 통해 거래와 계약 이행을 자동화할 수 있다. 이는 디지털 기술을 활용한 국제 협력의 혁신적 사례가 될 것이다.

8. 블록체인 기반 통일 비전

블록체인과 암호화폐 기술은 분산된 생태계를 가능하게 한다. 유나이티드 코리아는 디지털 기술을 기반으로 한 통일 실험이자, 전쟁 없는 평화적 통일로 가는 실질적 경로가 될 수 있다. 궁극적으로 유나이티드 코리아는 글로벌 블록체인 기업들이 집결하는 차세대 금융 혁신 중심지가 될 것이며, 디지털 시대에 걸맞은 새로운 국가 운영 모델을 제시할 것이다.

참고문헌

가라타니 고진 지음, 조영일 옮김(2016), 제국의 구조, 도서출판b

과학기술정보통신부·한국과학기술평가원(2018), 블록체인의 미래

김경진(2018), 탈중앙화의 진짜 의미, 해시드 팀 블로그(https://medium.com/hashed-kr)

김병일(2017), 가상화폐에 대한 과세기준 정립 및 과세방향 모색, 국회 행정포럼

김승표(2015), 비트코인이란 무엇인가?, 앤써북

김열매(2018), 블록체인 이상과 현실, 어디쯤 와 있나, 한화투자증권

김준영(2018), 인물순서로 알아본 블록체인의 역사, https://medium.com/@kimjunyong

노구치 유키오, 김정환 옮김(2014), 가상통화 혁명, 한스미디어

다니엘 드레셔 지음, 이병욱 옮김(2019), 블록체인 무엇인가?, 이지스퍼블리싱

돈 탭스콧·알렉스 탭스콧 지음, 박지훈 옮김(2017), 블록체인 혁명, 을유문화사

머니넷·김문수(2018), 알면 돈 되는 알트코인 30선, WEEKLY BIZ BOOKS

박강희(2017), 블록체인 이해와 금융업의 활용에 대한 고찰, IBK기업은행

박세일(2009), 대한민국 국가전략, 21세기북스

박재호·박종호·이재원·강계일(2019), 블록체인 기업으로 가는 길, 책만

박찬석(2018), 블록체인이 가져올 변화와 한계(물류/유통산업을 중심으로), 우정경영연구센터

비트뱅크(주)·블록체인의 충격 편집위원회 지음, 김응수·이두원 옮김(2017), 블록체인의 충격, BookSTAR

삼정KPMG 경제연구원(2016), 블록체인이 가져올 경영 패러다임의 변화, 금융을 넘어 전 산업으로, 삼정KPMG ISSUE MONITOR

삼정KPMG 경제연구원(2018), 블록체인 물류/유통 혁신, 그리고 디지털 무역,

삼정KPMG ISSUE MONITOR
신경숙(2012), 경제적 상상과 상상의 경제: 사우스 시 버블과 영국 근대 금융의 한 단면, 유럽연구 제30권 2호
안드레아스 M. 안토노풀로스 지음, 최은실·김도훈·송주한 옮김(2015), 비트코인, 블록체인과 금융의 혁신, 고려대학교출판문화원
안혁 지음(2017), 제4차 산업혁명시대 비트코인에 투자하라, 원앤원북스
암호화폐 UTXO를 좀 더 쉽게 이해하자, goldenman, https://steemit.com/coinkorea/@goldenman/utxo
오키나 유리·야나가와 노리유키·이와시타 나오유키 지음, 이현욱 옮김(2017), 블록체인의 미래, 한스미디어
윌리엄 무가야 지음, 박지훈·류희원 옮김(2017), 비즈니스 블록체인, 한빛미디어
유안타증권 블록체인 리서치센터 기업분석팀(2017), 블록체인 꽃길을 걷다, 유안타증권
이운희·이진희(2017), 새롭게 바뀐 비트코인 쉽게 배우기, 한스미디어
이정현·송지성(2018), 서비스 디자인 기반의 개인 진료정보교류 플랫폼 서비스 현황 연구, 한국디자인문화학회 24호, 한국디자인문화학회지
이항우(2018), 블록체인의 디지털 민주주의 자유지상주의를 넘어 커먼주의로. 경제와 사회, 비판사회학회
이희종·조재영(2018), 암호화폐에 관한 연구, 비교사법
자크 르 고프 지음, 안수연 옮김(2011), 중세와 화폐, 에코리브르
주영광·강유성(2018), 공공분야 블록체인 적용 동향과 시사점, 우정경영연구센터
클라우디아 해먼드 지음, 도지영 옮김(2017), 돈의 힘, 위너스북
한국마케팅 연구원 편집부(2019), 공유경제(sharing economy)의 정의와 문제점, Excellence Marketing for Customer, 한국마케팅연구원
한반도평화포럼(2015), 통일은 과정이다, 서해문집
허용범(2018), 가상화폐 대해부, 국회도서관
헨리 키신저 지음, 이현주 옮김(2016), 헨리 키신저의 세계 질서, 민음사

저자 약력

심준식

대일외국어고등학교 졸업
University of Oklahoma 경제학 학사
고려대학교 정보보호대학원 빅데이터 분석 및 응용 석사
고려대학교 일반대학원 사이버국방학과 박사수료(블록체인 및 암호화폐 연구)

(현) 안암145 대표이사
(현) 비온미디어 대표이사
(현) 부산디지털자산거래소 블록체인산업전략 자문위원
(현) 미국공인회계사(CPA Licensed in Washington, U.S)

(전) 고려대학교 정보보호대학원 겸임교수
(전) 온더 대표이사
(전) 삼정 KPMG 회계법인 디지털본부 Director
(전) 딜로이트 안진회계법인 스타트업 자문그룹 이사
(전) 삼일 PwC 회계법인 미국회계사
(전) ESC Ever(e스포츠 리그오브레전드 프로팀) Co Founder
(전) 해병대 재정장교 중위

E-mail: jssim985@gmail.com

감수자 약력

고덕윤

명지대학교 컴퓨터공학 학사
서강대학교 정보통신대학원 석사
서강대학교 컴퓨터공학 박사

(현) 논스랩 주식회사 대표이사
(현) 한국금융연수원 디지털금융 블록체인 자문위원
(현) 한국건설기술연구원 블록체인 외부 연구원

(전) 서강대학교 지능형블록체인연구센터 산학 중점 교수
(전) 피노텍 블록체인 연구소 소장/수석 연구원
(전) 서강대학교 서강미래기술원 연구교수
(전) 신한대학교 겸임교수
(전) 서울여자대학교 강사
(전) 새한정보시스템 소프트웨어 개발 및 운영

블록체인, 디지털에 가치를 더하다

초판1쇄 2020년 2월 28일
5판1쇄 2025년 9월 8일
저 자 심준식
감수자 고덕윤
발행인 이준수
발행처 한국금융연수원 출판미디어사업부
(03053) 서울시 종로구 삼청로 118
전 화 02) 3700-1500
팩 스 02) 3700-1530
홈페이지 www.kbi.or.kr
등 록 1990년 4월 20일(제1-1040호)
정 가 19,000원
ISBN 978-89-287-8278-9 13320

한국금융연수원 자격검정시험 안내

•「국가공인자격」은 자격기본법에서 정한 기준과 절차에 따라 국가가 공인한 자격으로 신용분석사, 여신심사역, 국제금융역, 자산관리사(FP), 신용위험분석사(CRA), 외환전문역 I종, 외환전문역 II종 등 7개의 자격이 있습니다.

•「자체인증자격」은 우리 원이 인정, 수여하는 자격으로 공개시험형 자체자격인 프라이빗 뱅커(CPB), 은행텔러, 영업점 컴플라이언스 오피서(은행)(보험)(증권), KBI 금융DT 테스트, 자금세탁방지 업무능력 검정시험 등 7개 자격이 있습니다.

구분	자격명 (공인/등록번호)	응시료	자격소개
국가공인자격	신용분석사 (제2024-1호) (2008-0438)	전과목 : 66,000원 1부 : 28,000원 2부 : 39,000원	금융회사의 여신관련 부서에서 기업에 대한 회계 및 비회계자료 분석을 통하여 종합적인 신용상황을 판단하고 신용등급을 결정하는 등 기업신용 평가업무를 담당하는 금융전문가
	여신심사역 (제2024-2호) (2008-0439)	전과목 : 66,000원 1부 : 28,000원 2부 : 39,000원	금융회사의 여신심사 담당자로서 경제상황과 기업의 재무, 비재무상태 등을 분석, 파악하여 적정한 대출심사 의견서 작성, 대출이율 및 대출기간 결정 등 대출실행 여부를 판단하고 자금의 효율적 운용, 대손 방지를 위한 제반조치, 여신의 법률적 검토, 사후관리업무 등 여신업무와 관련한 종합적인 업무를 수행하는 금융전문가
	국제금융역 (제2021-1호) (2008-0440)	전과목 : 66,000원 1부 : 33,000원 2부 : 33,000원	금융회사의 국제금융 관련 부서에서 국제금융시장의 동향파악, 분석 및 예측 등을 통하여 외화자금의 효율적 조달과 운용업무를 담당하고 이에 따른 리스크관리 등 국제금융 관련 업무를 수행하는 금융전문가
	신용위험분석사(CRA) (제2023-2호) (2008-0442)	1차 : 77,000원 2차 : 88,000원	금융회사 및 기업신용평가기관 등에서 개인과 기업에 대한 신용상태를 조사평가하고 신용위험을 측정 · 관리하는 여신전문가
	자산관리사(FP) (제2020-1호) (2008-0441)	전과목 : 55,000원 1부 : 28,000원 2부 : 28,000원	금융회사 영업부서의 PB(Private Banking) 팀에서 고객의 수입과 지출, 자산 및 부채현황, 가족상황 등 고객에 대한 각종 자료를 수집, 분석하여 고객이 원하는 Life Plan 상의 재무목표를 달성할 수 있도록 종합적인 자산설계에 대한 상담과 실행을 지원하는 금융전문가
	외환전문역 I종 (제2020-1호) (2008-0436)	전과목 : 55,000원	금융회사의 외환업무 중 외국환 거래 법규 및 외환거래실무를 이해하고 고객의 외화 자산에 노출되는 각종 외환 리스크를 최소화시키는 등 주로 개인 외환과 관련된 직무를 담당
	외환전문역II종 (제2020-1호) (2008-0436)	전과목 : 55,000원	금융회사의 외환업무 중 수출입업무 및 이와 관련된 국제무역규칙을 이해하고 외환과 관련된 여신 업무를 수행하는 등 주로 기업 외환과 관련된 직무를 담당
자체인증자격	은행텔러 (2008-0437)	전과목 : 55,000원	창구에서 일어나는 제반업무에 대해 신속하고 친절한 업무수행과 정확한 업무처리로 고객에게 도움을 주고 상담을 통해 문제해결을 하도록 도와주는 금융전문가
	영업점 컴플라이언스 오피서(은행) (2010-0118) (보험, 증권) (2013-0702,0703)	전과목 : 각 44,000원	금융회사의 영업점에서 준법관련 법규와 감독기관의 감독규정이 정한 내용과 취지를 충분히 이해하고 업무 수행과정에서 이를 준수하며, 영업점에서 발생 가능한 금융사고 및 민원사항이 발생하지 않도록 사전적 예방 차원에서 그 준수사항의 이행을 점검하는 금융전문가(은행, 보험, 증권 분야별로 자격이 구분됨)
	프라이빗뱅커 (CPB) (2018-004091)	1차 : 110,000원 2차 : 342,000원 (실무교육)	개인고액자산가의 자산 및 수익증대를 실현하기 위해 금융분야 전반에 걸쳐 종합적인 금융상담과 실행을 지원할 수 있는 최고급 수준의 금융자산설계전문가
	KBI 금융DT 테스트 (2021-001872)	전과목 : 44,000원	금융인 및 예비금융인을 대상으로 디지털금융 전반에 대한 기본지식과 업무활용능력 등 금융DT 관련 기본역량 평가
	자금세탁방지 업무능력 검정시험 (2023-004792)	전과목 : 66,000원	금융시스템을 이용한 자금세탁행위와 공중협박자금조달행위를 적발 및 예방할 수 있는 전문적인 업무역량 평가

소비자 알림사항

•상기 "프라이빗뱅커(CPB)", "영업점컴플라이언스 오피서(은행)(보험)(증권)", "KBI 금융DT 테스트", "은행텔러", "자금세탁방지 업무능력 검정시험" 자격은 자격기본법 규정에 따라 등록한 민간자격으로, 국가로부터 인정받은 공인자격이 아닙니다.

•민간자격 등록 및 공인 제도에 대한 상세내용은 민간자격정보서비스 (www.pqi.or.kr)의 '민간자격 소개'란을 참고하여 주십시오.

기타

•응시료 환불 규정 : 접수기간 중 100%, 접수기간 종료 후 시험일 5일전 18시까지 50% 환불/이후 환불 불가

•자격 공인번호는 재공인시점에 따라 변경될 수 있으며, 응시료, 환불규정 등은 응시 시점에 따라 변경될 수 있으니 자격시험 응시 전 반드시 한국금융연수원 홈페이지에서 응시하고자 하는 자격시험에 관한 최신 정보를 확인하시기 바랍니다. 자격시험에 관한 자세한 사항은 한국금융연수원 홈페이지를 참조하시기 바랍니다.

•주소 : 서울특별시 종로구 삼청로 118 / TEL : 02-3700-1500 / 홈페이지 : www.kbi.or.kr

한국금융연수원 자격검정시험 안내

•「국가공인자격」은 자격기본법에서 정한 기준과 절차에 따라 국가가 공인한 자격으로 신용분석사, 여신심사역, 국제금융역, 자산관리사(FP), 신용위험분석사(CRA), 외환전문역 I종, 외환전문역 II종 등 7개의 자격이 있습니다.

•「자체인증자격」은 우리 원이 인정, 수여하는 자격으로 공개시험형 자체자격인 프라이빗 뱅커(CPB), 은행텔러, 영업점 컴플라이언스 오피서(은행)(보험)(증권), KBI 금융DT 테스트, 자금세탁방지 업무능력 검정시험 등 7개 자격이 있습니다.

구분	자 격 명 (공인/등록번호)	응시료	자격소개
국가공인자격	신용분석사 (제2024-1호) (2008-0438)	전과목 : 66,000원 1부 : 28,000원 2부 : 39,000원	금융회사의 여신관련 부서에서 기업에 대한 회계 및 비회계자료 분석을 통하여 종합적인 신용상황을 판단하고 신용등급을 결정하는 등 기업신용 평가업무를 담당하는 금융전문가
	여신심사역 (제2024-2호) (2008-0439)	전과목 : 66,000원 1부 : 28,000원 2부 : 39,000원	금융회사의 여신심사 담당자로서 경제상황과 기업의 재무, 비재무상태 등을 분석, 파악하여 적정한 대출심사 의견서 작성, 대출이율 및 대출기간 결정 등 대출실행 여부를 판단하고 자금의 효율적 운용, 대손 방지를 위한 제반조치, 여신의 법률적 검토, 사후관리업무 등 여신업무와 관련한 종합적인 업무를 수행하는 금융전문가
	국제금융역 (제2021-1호) (2008-0440)	전과목 : 66,000원 1부 : 33,000원 2부 : 33,000원	금융회사의 국제금융 관련 부서에서 국제금융시장의 동향파악, 분석 및 예측 등을 통하여 외화자금의 효율적 조달과 운용업무를 담당하고 이에 따른 리스크관리 등 국제금융 관련 업무를 수행하는 금융전문가
	신용위험분석사(CRA) (제2023-2호) (2008-0442)	1차 : 77,000원 2차 : 88,000원	금융회사 및 기업신용평가기관 등에서 개인과 기업에 대한 신용상태를 조사평가하고 신용위험을 측정 · 관리하는 여신전문가
	자산관리사(FP) (제2020-1호) (2008-0441)	전과목 : 55,000원 1부 : 28,000원 2부 : 28,000원	금융회사 영업부서의 PB(Private Banking) 팀에서 고객의 수입과 지출, 자산 및 부채현황, 가족상황 등 고객에 대한 각종 자료를 수집, 분석하여 고객이 원하는 Life Plan 상의 재무목표를 달성할 수 있도록 종합적인 자산설계에 대한 상담과 실행을 지원하는 금융전문가
	외환전문역 I종 (제2020-1호) (2008-0436)	전과목 : 55,000원	금융회사의 외환업무 중 외국환 거래 법규 및 외환거래실무를 이해하고 고객의 외화 자산에 노출되는 각종 외환 리스크를 최소화시키는 등 주로 개인 외환과 관련된 직무를 담당
	외환전문역II종 (제2020-1호) (2008-0436)	전과목 : 55,000원	금융회사의 외환업무 중 수출입업무 및 이와 관련된 국제무역규칙을 이해하고 외환과 관련된 여신 업무를 수행하는 등 주로 기업 외환과 관련된 직무를 담당
자체인증자격	은행텔러 (2008-0437)	전과목 : 55,000원	창구에서 일어나는 제반업무에 대해 신속하고 친절한 업무수행과 정확한 업무처리로 고객에게 도움을 주고 상담을 통해 문제해결을 하도록 도와주는 금융전문가
	영업점 컴플라이언스 오피서(은행) (2010-0118) (보험, 증권) (2013-0702,0703)	전과목 : 각 44,000원	금융회사의 영업점에서 준법관련 법규와 감독기관의 감독규정이 정한 내용과 취지를 충분히 이해하고 업무 수행과정에서 이를 준수하며, 영업점에서 발생 가능한 금융사고 및 민원사항이 발생하지 않도록 사전적 예방 차원에서 그 준수사항의 이행을 점검하는 금융전문가(은행, 보험, 증권 분야별로 자격이 구분됨)
	프라이빗뱅커 (CPB) (2018-004091)	1차 : 110,000원 2차 : 342,000원 (실무교육)	개인고액자산가의 자산 및 수익증대를 실현하기 위해 금융분야 전반에 걸쳐 종합적인 금융상담과 실행을 지원할 수 있는 최고급 수준의 금융자산설계전문가
	KBI 금융DT 테스트 (2021-001872)	전과목 : 44,000원	금융인 및 예비금융인을 대상으로 디지털금융 전반에 대한 기본지식과 업무활용능력 등 금융DT 관련 기본역량 평가
	자금세탁방지 업무능력 검정시험 (2023-004792)	전과목 : 66,000원	금융시스템을 이용한 자금세탁행위와 공중협박자금조달행위를 적발 및 예방할 수 있는 전문적인 업무역량 평가

소비자 알림사항

•상기 "프라이빗뱅커(CPB)", "영업점컴플라이언스 오피서(은행)(보험)(증권)", "KBI 금융DT 테스트", "은행텔러", "자금세탁방지 업무능력 검정시험" 자격은 자격기본법 규정에 따라 등록한 민간자격으로, 국가로부터 인정받은 공인자격이 아닙니다.

•민간자격 등록 및 공인 제도에 대한 상세내용은 민간자격정보서비스 (www.pqi.or.kr)의 '민간자격 소개'란을 참고하여 주십시오.

기타

•응시료 환불 규정 : 접수기간 중 100%, 접수기간 종료 후 시험일 5일전 18시까지 50% 환불/이후 환불 불가

•자격 공인번호는 재공인시점에 따라 변경될 수 있으며, 응시료, 환불규정 등은 응시 시점에 따라 변경될 수 있으니 자격시험 응시 전 반드시 한국금융연수원 홈페이지에서 응시하고자 하는 자격시험에 관한 최신 정보를 확인하시기 바랍니다. 자격시험에 관한 자세한 사항은 한국금융연수원 홈페이지를 참조하시기 바랍니다.

•주소 : 서울특별시 종로구 삼청로 118 / TEL : 02-3700-1500 / 홈페이지 : www.kbi.or.kr

KBI 금융DT 테스트

4년간 은행 임직원 약 1만명이 선택한 자격!

(누적 접수자 : 9,579명 / 누적 취득자 : 3,066명)

01 개요

1. 목적

금융인 및 예비 금융인을 대상으로 **디지털금융 전반에 대한 기본 지식과 업무 활용 능력 등 금융DT 관련 기본 역량 평가**

지식	금융DT 분야의 **포괄적 기초지식**
기술	금융DT 분야의 **일상적 업무를 수행**하고 **일상적 문제를 해결**하는 데 필요한 기술
소양	금융DT 분야의 **트렌드와 이슈를 이해**하고 이를 **자신의 업무수행에 활용**

2. 활용

- 본점 및 영업점 직원 등 금융인

금융회사 직원이라면 누구나 **금융DT 마인드**를 함양하고, **빅데이터, 인공지능, 디지털 마케팅** 관련 지식과 역량을 확인해 보세요!

나도 이제 **금융DT 이노베이터!**

- 금융회사의 인사담당자 및 인재개발 담당자

직원 금융DT 역량 제고, 신입직원 채용 및 DT부서 선발과 배치에 대한 고민, 한번에 해결!

02 인증시험 과목

과목	주요내용	세부내용	배점 (문항수)
디지털 금융의 이해 (30점)	DT의 이해	• 디지털전환의 이해 • 국내외 금융기관 디지털전환 사례 등	15점 (12문항)
	디지털금융 트렌드	• 디지털금융 관련 법규·정책 • 국내외 정책 사례 및 현황 등	15점 (12문항)
디지털 금융의 활용 (70점)	디지털금융 기술	• 디지털금융 기술*에 대한 지식 및 활용사례 등 * 빅데이터, 블록체인, 클라우드 컴퓨팅, 인공지능, 코딩 등	50점 (40문항)
	디지털 마케팅	• 디지털마케팅 현황 및 수립전략 • 디지털마케팅 성공사례 등	20점 (16문항)
계			100점 (80문항)

한국금융연수원
KOREA BANKING INSTITUTE

03053 서울특별시 종로구 삼청로 118
Tel. 02-3700-1500 | www.kbi.or.kr

03 인증기준

1. 인증기준

취득점수에 따른 등급인증

* KBI 금융DT 테스트는 2021년부터 인증시험 결과에 따라 등급을 부여합니다.

2. 등급인증

등급명	부여기준	역량
DT-Gold	90점 이상	• DT 역량과 디지털금융 업무 활용에 필요한 전문 지식 보유
DT-Blue	80점-89점	• DT 역량과 디지털금융 업무 수행에 필요한 실무 지식 보유
DT-Green	60점-79점	• DT 마인드와 디지털금융에 대한 기본 지식 보유

04 인증시험 운영

응시자격	제한 없음	평가시간	90분
문제유형	객관식(4지선다형)		
응시료	• 4.4 만원 * 환불규정 : 접수기간 중 100%, 접수 종료 후 부터 시험일 5일전 18시까지 50% 환불 / 이후 환불 불가		

시험일정

회차	원서접수	시험일시	지역
11회	6.17(화)~6.24(화)	7.26(토)	서울, 대전, 대구, 전주, 광주 부산, 제주
12회	9.23(화)~9.30(화)	11.8(토)	

05 기타 주요내용

1. 시험참고 도서

- 「디지털금융의 이해와 활용」
- 「블록체인, 디지털에 가치를 더하다」*
- 「빅데이터, 인공지능을 만나다」*

* 디지털금융기술 참고도서
(참고도서 외 기타 DT관련 일반지식에서도 출제)

2. 문의

- **시험 준비를 위한 연수과정 문의 :** DT연수부
  Tel 02-3700-1500 | E-mail dtlearning@kbi.or.kr
- **인증시험 관련 문의 :** 자격검정사업부
  Tel 02-3700-1500 | E-mail certif@kbi.or.kr

3. 소비자 알림사항

- KBI 금융DT 테스트는 자격기본법 규정에 따라 등록한 민간자격(등록번호: 2021-001872)으로 국가로부터 인정받은 공인자격이 아닙니다.
  민간자격 등록 및 공인 제도에 대한 상세내용은 민간자격정보서비스(www.pqi.or.kr)의 '민간자격 소개'란을 참고하여 주십시오.